EXPOSITION UNIVERSELLE DE 1900

COLONIES FRANÇAISES

LA RÉUNION

Deuxième Édition

PARIS
LIBRAIRIE AFRICAINE ET COLONIALE
J. ANDRÉ, ÉDITEUR
27, RUE BONAPARTE

1900

NOTICE
SUR
LA RÉUNION
DEUXIÈME ÉDITION

EXPOSITION UNIVERSELLE DE 1900

COLONIES ET PAYS DE PROTECTORAT

M. Charles ROUX,

Ancien Député,
Délégué des Ministères des Affaires Étrangères et des Colonies
à l'Exposition de 1900.

M. Marcel SAINT-GERMAIN,

Sénateur,
Directeur adjoint au Délégué.

M. Ivan BROUSSAIS,	**M. Victor MOREL,**
Sous-Directeur	Secrétaire-Général
de l'Exposition Coloniale	de l'Exposition Coloniale
de 1900.	de 1900.

M. Frédéric BASSET,	**H. MALO,**
Chef de Cabinet du Délégué.	Chef adjoint.

COMMISSARIAT SPÉCIAL DE LA RÉUNION

M. A.-G. GARSAULT,	**M. Auguste BRUNET,**
Commissaire.	Commissaire adjoint.

EXPOSITION UNIVERSELLE DE 1900

COLONIES FRANÇAISES

NOTICE
SUR
LA RÉUNION
Deuxième Édition

RÉDIGÉE SOUS LA DIRECTION

DE

M. A.-G. GARSAULT

Commissaire de La Réunion à l'Exposition universelle de 1900

PARIS

LIBRAIRIE AFRICAINE ET COLONIALE

J. ANDRÉ, ÉDITEUR

27, RUE BONAPARTE

1900

AVANT-PROPOS

Cet ouvrage, inspiré par une circulaire de M. le Ministre des colonies du 1er juillet 1897, publié par les soins du Comité local de l'Exposition de 1900 de la Réunion, est une œuvre collective rédigée par les auteurs les plus compétents du pays sur chacune des principales matières traitées.

Le seul désir d'être utile à la colonie a inspiré tous les rédacteurs, et ce travail, relativement considérable, a été fourni sans aucune rémunération pécuniaire.

Nombre de personnes que nous ne pouvons nommer toutes ici, mais que nous remercions sincèrement, notamment MM. Laffon, secrétaire de la Chambre de commerce, Crémazy, chef de service des douanes, Soinoury, trésorier payeur général, Chauvet, directeur de l'Agence des Messageries maritimes, Pancera, représentant de la Compagnie havraise péninsulaire de navigation à vapeur, Guignard, professeur au lycée de Saint-Denis, les Maires de Saint-Philippe, La Possession, Saint-André, nous ont fourni des renseignements, des avis, des documents, des dessins ou des tableaux statistiques, qui ont été utilisés dans le travail d'ensemble fait par le Délégué spécial du Comité de l'Exposition, qui prend la responsabilité de tous les articles non signés.

A.-G. GARSAULT.

COLLABORATEURS DE LA PRÉSENTE PUBLICATION

Chapitres I et II, Tabacs, travail d'ensemble et parties non signées............................	A.-G. GARSAULT
La main-d'œuvre................................	BLAY
Instruction publique....	MOUNIER
Enseignement primaire.....................	J.-B. BOSSARD
École primaire centrale........................	LAFFON
Eaux et Forêts................................	KEROURIO
Travaux publics................................	NATUREL
Port et Chemin de fer..........................	BIDEL
Vanille...	NEVEU
Eaux minérales........	A. PRÉMONT
Plantes médicinales................	B. DUCHEMANN
Thé..	A. DOLABARATZ
Fourrages.....................	A. DE VILLÈLE
Parasites.......................................	BORDAGE
Notes sur l'élevage des animaux et leurs maladies contagieuses.............................	J. GAUTHIER
Appendice. Le Pavillon de la Réunion à l'Exposition Universelle..................	BOULAND DE LESCALE

COMITÉ D'EXPOSITION DE SAINT-DENIS

MM. Beauchamp, gouverneur, président d'honneur.
A. Blay, président de la Chambre de commerce, *président*.
A. Vinson, docteur-médecin, *vice-président*.
Neveu, directeur du Jardin botanique, *secrétaire*.
Garnier-Laroche, *trésorier*.
L. Colson, président de la Chambre d'agriculture.
Bordage, directeur du Muséum.
Hugot, conseiller général.
Naturel, chef du service des Ponts et Chaussées.
Mounier, chef du service de l'Instruction publique.
Kerourio, chef du service des Eaux et Forêts.
Lachèse, négociant.

Commissaire de la Réunion à l'Exposition de 1900 :

E. Chabrier, ingénieur à Paris.

Délégué spécial de l'Ile de la Réunion à l'Exposition de 1900 :

A.-G. Garsault.

1. La Rade de Saint-Denis (*Cliché Mathieu*)

II. Un Pont sur la Rivière Dumas (*Cliché Mathieu*)

LA RÉUNION

I

Géographie. — L'île aujourd'hui. — Aspect actuel. — Coup d'œil général sur la colonie. — Une idéale pyramide. — Le tour de l'île en bateau. — Panorama des quartiers. — Un phare digne de la Réunion.

Tous les ans, des touristes, pleins d'ardeur, en grand nombre, font l'ascension du Vésuve. D'autres, plus calmes, préfèrent visiter les volcans éteints de l'Auvergne. Des malades, en foule, demandent à la mer, à la montagne, aux stations thermales, le rétablissement de leur santé. Ceux-ci se dirigent sur Vichy ou Luchon, ceux-là vont à Bade, à Uriage, ou au Mont-Dore, et des phtisiques recherchent au loin un air pur et glacial, tandis que d'autres passent à Nice leurs derniers beaux jours. Les amoureux des hauts sommets incrustent sur leurs alpinstocks, comme des symboles de victoire, les noms des pics qu'ils ont fièrement escaladés et sur lesquels des écriteaux administratifs indiquent les routes dangereuses. Des curieux de science géologique sondent les cavernes et les lacs souterrains; des chercheurs analysent les sables pour y trouver des métaux utiles ou précieux. De riches gourmets rassemblent sur leur table les produits venus, à grand frais, du Nord et du Midi. De pauvres gens, en haillons, grelottant sous la bise, rêvent des pays où « fleurit un éternel printemps », tandis que sous l'Équateur, des colons haletants songent aux milliers de lieues qu'il faudrait parcourir pour respirer l'air réconfortant des climats tempérés. Et des géographes traversent le monde entier pour étudier les races d'hommes et tous les phénomènes terrestres...

Quel sourire d'incrédulité, accueillerait le narrateur racontant que tous ces rêves peuvent être réalisés, à la fois, sur un point unique du globe, et que toutes ces merveilles, si disparates et si lointaines peuvent se trouver réunies dans un espace à peine grand comme un département français!

Et pourtant, si notre planète tout entière venait à reprendre l'une des formes que, sans doute, elle a revêtues dans son enfance, si toutes les terres venaient à disparaître sous une couche liquide, à l'exception d'un îlot, sauvé des eaux pour représenter un spécimen de l'aspect, la nature et les productions de tous les terrains ensevelis, il ne serait pas besoin au Créateur d'ordonner la formation d'une île nouvelle. Elle existe déjà. Cet abrégé du monde connu, qui résume toute la terre, qui contient un échantillon de tous les climats et de tous les produits du sol, qui offre, dans un espace restreint, un exemple des plus grands phénomènes de la Nature, depuis le lac insondable, jusqu'au volcan couronné de flamme; ce pays unique, cette île merveilleuse que ses habitants eux-mêmes ne connaissent pas assez, mais qu'on aime d'instinct, pour laquelle tous les voyageurs ont épuisé les

épithètes les plus admiratives, qu'ils ont qualifiée de
« *perle,* d'*Éden,* de *ce qu'il y a de meilleur au monde* »,
c'est une colonie française, — la plus ancienne qui nous
reste de notre ancien domaine colonial, — c'est *l'île
de la Réunion*.

Située au milieu de l'Océan Indien, à moitié chemin
environ de la France et de l'Australie, entre Madagascar
et Maurice, elle s'annonce de loin au navigateur par son
parfum de senteurs sylvestres et de miel, et comme une
idéale pyramide de fleurs et de fruits, elle étage ses climats et ses cultures, — toutes les cultures de la terre et
tous les climats, — depuis la chaude ceinture que lui font
les flots de la mer tropicale, jusqu'aux sommets croissants
de ses montagnes de basalte, dominés eux-mêmes par le
Piton-des-Neiges, ce géant solitaire et glacé de la mer des
Indes.

Et de gradin en gradin, sur ce double amphithéâtre,
pluvieux dans la *partie du Vent,* sec, mais fertile, dans la
partie sous le Vent, animaux, fruits, fleurs, produits de
la mer, du sol et des rivières, présentent à l'homme les
variétés spéciales à chaque partie du reste du monde,
choisies comme un bouquet des plus utiles et des plus
agréables.

Dans la zone du rivage, la mer prodigue ses poissons
et ses coquillages, non seulement les comestibles, mais
les curieux, les étranges, les rares pièces de musée.

Tous les légumes et tous les fruits tropicaux poussent
sur le littoral et donnent de délicieux produits. Les manguiers notamment, cultivés depuis longtemps et améliorés par la greffe, ont des mangues exquises. Les dattes
sont renommées à Savannah (Saint-Paul), et les mangoustans parfaits à Saint-Benoît. Les pêches à Saint-Denis
rivalisent avec celles de France. Les régimes de toute

taille, variant du violet au jaune, pendent sous les larges feuilles des bananiers jusqu'à 1.000 mètres d'altitude. Jusqu'à cette même hauteur, les ananas croissent en abondance.

Jusqu'à 400 mètres, le vanillier allonge ses lianes gonflées de suc sur les troncs des filaos, des pignons d'Inde et des nombreux arbres fruitiers servant de tuteurs à cette productive orchidée, tandis que le manioc[1] étend sous la terre légère, dans des champs voisins, ses racines nourrissantes, et que le litchys du Japon se couvre de ses abondantes et gracieuses grappes de fruits semblables à de gigantesques raisins roses.

De 300 à 600 mètres, les caféiers se chargent, presque en toute saison, de baies rouges dont les grains torréfiés ont un arome si fin. Mais les terres de l'île sont si propres à porter cet arbuste qu'on en trouve presque à toutes les altitudes, et que le caféier indigène sauvage se rencontre encore à 1.400 mètres.

Jusqu'à plus de 1.000 mètres, la canne à sucre couvre les champs de ses roseaux dont la sève est si douce et dont la fleur, comme un panache léger, tremble au moindre vent.

Plusieurs espèces de vignes donnent leurs raisins depuis le littoral, où ils sont précieusement cultivés, jusque sur les hauteurs de Salazie, où leurs lianes, à l'état presque sauvage, grimpent sur les arbres, comme en Italie, ou s'étendent sur les corbeilles d'or si envahissantes elles-mêmes.

Au-dessous de 600 mètres, les bibassiers (néfliers du

1. Toutes les altitudes données ici comme limites de production n'ont rien d'absolu. Non seulement elles varient, selon qu'il s'agit de la *partie du Vent*, ou de celle *sous le Vent*, mais encore elles sont différentes selon les qualités de la terre et les expositions dans chaque quartier.

Japon), les cognassiers, les orangers, les pommiers et nombre d'autres espèces, rappelant les fruits de France, poussent sans culture.

Vers 1.500 mètres, la couronne de calumets limite la zone des forêts (à laquelle un chapitre sera consacré plus loin), et dont la végétation s'arrête vers 2.400 mètres d'altitude avec les *Tamarins des hauts* (sorte d'acacia).

Plus haut, et jusqu'au sommet du Piton-des-Neiges, les branles (bruyères) et les fougères couvrent encore le sol dans les endroits où la moindre anfractuosité du roc a retenu un peu de terre végétale.

Partout enfin on marche sur les plantes médicinales.

Sur tout ce cône de verdure, dans les endroits où les plaines trop rares permettent l'élevage, les représentants de la race bovine et les ovidés fournissent une viande excellente. Partout les oiseaux de basse-cour s'élèvent facilement. Les porcs, dans les hauts surtout, ont une chair parfaitement saine, et dans les bas, les lièvres et les cailles sont un gibier très abondant et très savoureux.

La couronne étincelante de lumière du littoral sert de base à d'immenses triangles dont les sommets perdus dans les altitudes boisées, brumeuses et froides, se rejoignent et se confondent autour du massif central.

Ces triangles sont les territoires des *quartiers* de l'île, et chaque quartier jette un reflet particulier et s'enorgueillit de son caractère spécial.

Soyons passagers d'un navire faisant, à petite distance, le tour de l'île. Combien de tableaux changeants vont se dérouler sur un si faible parcours!

Saint-Denis. — Voici d'abord Saint-Denis, ville au triple aspect.

Comme une grande coquette qui, pour mieux séduire,

revêt le même jour plusieurs toilettes différentes, mais également seyantes, tantôt elle se drape dans sa sévérité élégante et fière de ville capitale, siège du gouvernement et des administrations publiques, avec ses monuments : le palais du gouverneur, l'hôtel de ville, le lycée, l'École centrale, les hôpitaux, les casernes, les nombreuses églises, le tombeau historique de la Redoute, la statue de Labourdonnais, le muséum d'histoire naturelle, son jardin botanique où se dressent parmi les fleurs les bustes de Poivre, Joseph Hubert, le Bailli de Monthyon, sa magnifique cathédrale inachevée, œuvre trop lourde pour l'effort colonial et que recouvrent ainsi qu'un linceul de velours vert chaque jour plus étouffant et plus riche le lierre symbolique et les lianes parasites, tandis qu'au bord de la mer, dans le rayonnement de la plage, sonnent, comme un appel au réveil, les clairons de l'infanterie de marine; tantôt, rieuse, animée, bruyante, tout active ou tout en fête, sauf aux heures torpides de midi, elle montre qu'elle est le centre des affaires, de la vie intellectuelle et des plaisirs mondains avec son théâtre, ses courses de chevaux et de bicyclettes, ses bals, son sports-club, ses soirées musicales, ses conférences littéraires, sa bibliothèque publique, sa presse, son bazar central, le mouvement des trains qui traversent la place, les signaux du sémaphore que surveillent, parfois anxieux, les pilotes et les négociants, tandis que les cris des petits marchands de lait, de poissons, de bonbons ou de journaux, retentissent gaiement dans les rues toutes blanches de soleil.

Cependant, le marin qui, du large, contemple pour la première fois la côte fleurie, se demande s'il a sous les yeux une ville ou un jardin, car la cité où les claires villas émergent des nids de verdure lui semble un superbe parc de manguiers et de palmiers verts, traversé par une rivière pittoresque, sillonné de chemins réguliers, orné de fontaines, de bosquets et de pavillons depuis la mer jusqu'au pied de la *Montagne* et du *Brûlé*, pays des roses en toute saison[1].

LA POSSESSION. — Le long du rivage, la voie ferrée allonge ses minces parallèles qui luisent au soleil comme deux fils d'argent. Elle quitte bientôt la capitale et disparaît sous un tunnel, — un des plus longs du monde, — pour traverser la montagne aux plateaux verts, aux flancs abrupts et arides qui parfois surplombent la mer, et pour revoir enfin le ciel sur le territoire de la commune suivante, la *Possession* qui tient son nom de la dernière prise de possession faite par Jacob de la Haye, au nom du roi, en 1691. Auparavant, c'est déjà près de cette commune que Salomon Goubert et de Pronis avaient procédé à la prise de possession. Pour arriver en vue de la Possession, le navire parti de la *Pointe-des-Jardins,* le point extrême-nord de l'île, a fait route vers le Sud-Ouest.

La Possession était autrefois un centre important, à cause du batelage qui transportait les voyageurs et les marchandises entre Saint-Denis et toute la partie sous le Vent. Le chemin de fer a remplacé les bateaux, et la commune est aujourd'hui exclusivement agricole. Le sol, morcelé entre de nombreux petits propriétaires, se prête à toutes les cultures. La fataque malgache et le foin du pays y croissent sans culture. Le *Dos-d'Ane* fournit des produits maraîchers renommés, notamment des artichauts et des fèves. Dans les hauts, sur la rive droite de la rivière des Galets, à travers les gorges sauvages de *Mafatte,* jaillit une source thermale sulfureuse, la seule

---

1. Saint-Denis est le pays natal du poète Léon Dierx.

bien connue de la mer des Indes, souveraine pour les maladies cutanées, les affections de la gorge et des yeux. C'est notre Luchon.

Une grande partie de la Possession est constituée par l'amas de sables, de galets, qui forme l'estuaire de la rivière des Galets. Le *Port*, lui, y est compris tout entier. Commune toute récente, destinée à devenir une des plus importantes de l'île, à cause de ses bassins et de ses docks, point de départ et d'arrivée des grands paquebots postaux, elle développe le damier de ses rues nouvelles sur les sables brûlants. Pas d'arbres, sauf les filaos voisins du *Phare* de la Pointe; pas de sources; une terre maigre et aride où les Indous industrieux récoltent à grand'-peine quelques rares légumes; l'aspect serait désolant sans le mouvement maritime qui vivifie cette terre désolée.

Autrefois, bien avant la création du Port, à l'époque où des pluies plus fréquentes fertilisaient le sol et où la rivière plus abondante entretenait la fraîcheur sur divers points du large delta qu'elle a formé, des prairies et des bois recouvraient toute la plaine. A l'endroit même où se trouve le Port, vaguaient des troupeaux de chevaux sauvages qui, descendus d'animaux domestiques, avaient formé une race indigène de petite taille, mais fine, vive, alerte, infatigable et assez facile à dompter. Elle y prospérait, en plein état de nature. Le climat a changé à la suite des déboisements et des défrichements des colons, et tout a disparu.

Le Port qui confine à Saint-Paul est, avec sa voisine, un des endroits les plus chauds de la colonie.

Saint-Paul. — A Saint-Paul, le paysage change d'aspect. Les champs de canne à sucre, se découpant nettement sur les cultures secondaires qui les environnent, semblent d'immenses tapis verts posés sur le flanc des coteaux pour y sécher au soleil, entre les ravines ombreuses, profondes et bizarrement découpées. Comme une mousse jaune et grise qui recouvre de vieux troncs, les forêts et les broussailles envahissent les collines et montent jusqu'au *Grand-Bénard*, massif arrondi qui domine Saint-Paul et dont la tête chauve, dépassant les montagnes voisines, expose au plein soleil, dans la lumière presque jamais ternie par les nuages, à 2.900 mètres, comme un vaste crâne de granit. Sur ce sommet, très facilement accessible, un observatoire astronomique pourrait être fondé pour profiter de l'extraordinaire limpidité de l'atmosphère. Nulle part ailleurs les nuits n'ont un pareil éclat.

Près du sommet se trouve la glacière naturelle qui, jadis, approvisionnait de glace les grands propriétaires, gentilshommes coloniaux, actifs, délicats, prodigues, curieux de confort et de luxe, au beau temps de la splendeur du quartier, lorsque Saint-Paul était capitale de la colonie, possédait le climat le plus sain, les terres les plus riches, les fruits les plus savoureux et les meilleurs produits du monde.

Temps légendaire déjà et pourtant peu ancien.

Aujourd'hui, au fond de sa rade toujours superbe, la plus sûre de l'île, entre la mer étincelante et les rives bleues du Bernica, la ville, bien diminuée et comme lasse de l'ancien effort, entourée des ruines des prospères habitations d'autrefois, cueille encore, d'un geste lent, les beaux fruits de ses vergers presque abandonnés. Avec une grâce indolente, elle s'allonge sur les sables noirs où les rayons solaires resplendissent plus chaudement et, toute fière d'avoir donné le jour à Parny, l'amiral Bosse, Leconte de Lisle, Dayot, Juliette Dodu, Blanche Pierson, docteur Guyon, etc., s'endort au bord de son étang fiévreux, sous l'éventail de ses cocotiers.

Saint-Gilles. — Le bateau contourne la *Pointe-des-Aigrettes*, le point extrême-ouest de l'île, et se trouve devant Saint-Gilles, Étretat de la Réunion. C'est une plage mignonne où les sables blancs couverts de sombres filaos donnent, en plein soleil tropical, l'illusion d'une plage de neige, bordée de noirs sapins dans les mers du Nord.

Les récifs de corail y élèvent une barrière entre les requins du large et les bassins où plonge pendant les vacances scolaires toute la jeunesse de l'île.

Saint-Leu. — *Saint-Leu*, enfermée entre les brisants d'écume, où parfois le *Souffleur* lance l'eau à une grande hauteur lors des raz de marée, et la montagne abrupte, s'enorgueillit de produire dans ses terres sèches, pierreuses et pourtant fertiles, le meilleur café du globe.

De nombreuses rivières, lits secs de torrents, creusent la montagne en ravines profondes qui sont de véritables chemins par où, à l'époque des pluies, les terres des hauts sont emportées sur le littoral et jusque dans la mer, lorsque la côte est accore. Ces ravines se découpent noires et profondes, et tranchent, par leur fraîcheur, sur l'aridité des flancs brûlés par le soleil. On les remarque de loin, en mer, autour de l'île tout entière. Mais elles méritent une mention particulière entre Saint-Leu et Saint-Louis. La ravine des Sables, notamment, est constituée par des sables ferrugineux qui seraient exploitables, car ils contiennent 50 0/0 d'un minerai d'une qualité toute particulière et comparable à celui qui fournit au Japon des aciers d'une exceptionnelle réputation.

Saint-Louis. — *Saint-Louis* fait mentir le dicton qui prétend que le créole est paresseux. Cette belle commune, sillonnée de canaux intelligemment aménagés, permettant de mettre en valeur tous les terrains et de planter toutes les cultures, étage ses riches plateaux où se déroulent les champs de cannes, de tabac, de maïs depuis le poissonneux étang du Gol, dont la surface bleue étincelle au soleil sur le rivage, jusqu'au-dessus des fermes prospères de la *Rivière*, depuis l'*Étang-Salé* jusqu'à l'*Entre-Deux*. Dans les bas, près de la ville, sur une des plus riches plaines de l'île, se trouvent le château historique et l'usine modèle du Gol, dans les hauts, la station balnéaire de Cilaos, le Mont-Dore de Bourbon, où les sources thermales ferrugineuses, dans un climat délicieux, sont d'une merveilleuse efficacité contre la plupart des maladies des pays chauds.

SAINT-PIERRE. — *Saint-Pierre* vient ensuite, à l'extrémité de l'île opposée à Saint-Denis, bâti sur une pente qui s'élève assez rapide presque dès le bord de la mer. Une brise continuelle y excite les courages et aussi, hélas! les rivalités politiques. Cette charmante cité, la ville la plus endettée de l'île, serait un bijou colonial si les ressources de la commune répondaient aux ambitions de ses habitants qui se sont imposé, pour creuser un port particulier, les plus lourds et les plus méritoires sacrifices, rendus aujourd'hui presque inutiles par la concurrence du port de la Pointe-des-Galets.

A *Saint-Pierre*, abondent les grandes propriétés sucrières. On y voit de nombreuses usines à sucre, une fabrique de conserves de fruits du pays, des distilleries de rhum et d'essences. A travers les rampes douces du *Tampon*, une belle route conduit à la plaine des Cafres, dont le climat âpre et rude rappelle bien plus celui de

France que celui des Tropiques. Les produits récoltés sur ce vaste plateau, assez fertile, pourraient être, avec une légère amélioration du sol, tous ceux de la métropole. Saint-Pierre est la patrie de Lislet Geoffroy, un des rares Noirs qui furent membres de l'Institut.

Saint-Joseph. — *Saint-Joseph*, bâti sur les deux rives de la rivière des Remparts, se mire avec bonheur dans ces eaux toujours courantes et toujours pures. Ce quartier tire ses richesses de sa vanille recherchée et de sa féculerie de manioc, une des trois qui existent à la Réunion.

Près de l'embouchure de la rivière des Remparts se remarque un long souterrain rempli de stalactites superbes.

En vue de Saint-Joseph, à la pointe de *Langevin*, point extrême-sud de l'île, la moitié au moins du tour de l'île est accomplie, et le bateau parti de Saint-Denis, et qui jusque-là se dirigeait au Midi, va remonter vers le Nord, ayant contourné plus de cent kilomètres de côtes dans la partie de l'île dont le climat est sec. Il lui en reste autant à voir pour terminer son voyage circulaire, par la *partie du Vent* que les pluies fertilisent.

Saint-Philippe. — Il rencontrera d'abord *Saint-Philippe* un des quartiers les moins peuplés et les moins riches. On verra plus loin qu'il n'en a pas été toujours ainsi.

Aujourd'hui, son sol suffit à peine à nourrir ses habitants, dont la principale industrie est la fabrication des sacs de vacoa, qui servent à emballer le sucre et qui sont presque la seule monnaie du quartier.

Saint-Philippe est cependant l'endroit où la végétation est la plus fraîche, à cause des pluies continuelles, et c'est là seulement qu'on peut admirer ce que devait être l'aspect de l'île tout entière, autrefois, lorsque les forêts vierges descendaient des sommets des montagnes jusqu'au bord de la mer. Ces bois verdoyants couvrent le sol même dans le cirque du volcan qui fait partie de cette commune et sur les laves refroidies que les coulées diverses ont répandues des divers cratères, notamment du Piton-de-la-Fournaise à 2.600 mètres de hauteur jusqu'à l'Océan. On s'attend à trouver autour du volcan une terre désolée. Mais, au contraire, les taillis et les arbres, même les arbres fruitiers, notamment les citronniers, y sont abondants et vigoureux et, implantant leurs racines dans les cendres à peine refroidies des anciennes forêts détruites par les précédentes éruptions, déploient de toutes parts leur riche manteau de verdure[1].

Sainte-Rose. — On double la pointe des Cascades, point extrême-est de l'île, et on est à *Sainte-Rose*, terre de scorie lavée par les pluies fertilisantes. On y admire de grandes forêts, de superbes cascades et de magnifiques vanilleries. Sur le rivage se dresse la colonne élevée par les Anglais en mémoire de leur débarquement en 1809.

Saint-Benoît. — Voici Saint-Benoît, la plus vaste commune de la colonie, avec ses fertiles plateaux de Beaufonds et de Beaulieu, ses arbres fruitiers de toute espèce, ses fraîches eaux de Sainte-Anne. Il est arrosé par la large rivière des Marsouins, riche en poissons et en coquilles. C'est la patrie de l'amiral Bouvet et de Joseph Hubert. On y traverse deux ponts remarquables, l'un situé au centre de la ville, l'autre, le plus hardi travail d'art de la colonie, jeté sur la *rivière de l'Est*. Une belle route conduit, sur les hauteurs, à la *plaine des Palmistes*, le Vichy colonial,

---

1. La route qui traverse les laves refroidies passe à travers une succession de bosquets charmants. Elle est bordée de fougères, de bégonias, d'arbustes et d'arbres en fleurs. Le macadam fourni par les laves est excellent et la route est meilleure en cet endroit que partout ailleurs.

où l'eau du *Bras-Cabot* refait les estomacs fatigués par le climat du littoral.

BRAS-PANON. — Bras-Panon est une terre fertile en cannes à sucre traversée par les deux belles rivières *Dumas* et des *Roches*.

Ici, l'aspect général change encore. Au lieu de pentes s'élevant rapides comme dans la partie sous le Vent, ou plus lentes comme dans le reste de la partie du Vent, nous sommes devant une plaine, à peine mamelonnée.

SAINT-ANDRÉ. — C'est la prospère commune de *Saint-André* qui sur une étendue totale de 6.000 hectares environ, présente sur le littoral un plateau évalué aux trois quarts de cette superficie. Au *Champ-Borne*, le manioc, la vanille, les oignons, le maïs, les tomates poussent comme dans un terrain d'élection. Presque toutes les terres de la commune sont excellentes; de grandes forêts de filaos abritent les plantations de vanille qui fournissent le cinquième de la production de l'île et sont renommées pour leur longueur et leur parfum.

Saint-André, qui produit une grande quantité de sucre et entretient une vaste féculerie, n'a pour ainsi dire pas de pauvres.

Les luttes politiques y sont plus ardentes qu'ailleurs, les habitants étant grands amateurs de combats singuliers, notamment de batailles de coqs. C'est un quartier riche et pittoresque où les maisons coquettes sont placées de distance en distance le long de la route qui mène dans les hauts à Salazie, le Vals de la mer des Indes, un des plus jolis sites du monde entier. Saint-André est la patrie d'Auguste Lacaussade.

SAINTE-SUZANNE. — Plus loin, toujours en remontant

vers le Nord, on arrive à Sainte-Suzanne, patrie du poète Bertin, sur la rivière du même nom, la seule, avec la rivière Saint-Jean située sur la même commune, qui présente une embouchure pleine et navigable.

Sur la côte s'élève le phare de *Bel-Air*, à feu fixe, signalant aux navigateurs les seuls écueils à redouter aux abords de la Réunion, le *Cousin* et la *Marianne*.

SAINTE-MARIE. — Par Sainte-Marie, bourg animé, au milieu des vergers et des massifs de verdure, on revient à Saint-Denis ayant terminé le tour de l'île.

On a été frappé par l'aspect enchanteur et constamment varié présenté par cet immense cône de cultures et de forêts, assis sur un plateau de riche terre cultivable tantôt étroit comme un mince ruban, tantôt s'épanouissant en larges nappes apportées par les torrents qui ravinent si curieusement les flancs des montagnes et sculptent si bizarrement les reliefs du sol.

Constamment le Piton-des-Neiges a dominé tout le paysage de sa masse imposante, où, à plus de 3.000 mètres de hauteur, le soleil levant se réfléchit souvent sur les neiges roses du pic éternellement glacé.

Des zébrures profondes, entaillant le sol plus profondément que les autres ravines, ont attiré l'attention; elles constituent le lit de torrents permanents qui roulent entre les remparts des précipices leurs cascades durant toute l'année et viennent mourir au rivage : rivières de Saint-Denis, des Galets, de Saint-Étienne, du Rempart, de l'Est, des Marsouins, des Roches, Dumas, de Saint-Jean, de Sainte-Suzanne, sans en compter d'autres moins importantes [1].

1. Dans ces rivières se trouvent, soit entre deux bras, soit entre un bras et le rempart presque à pic, des langues de terre formant ce qu'on appelle les *îlets*. Ces îlets d'un accès très difficile sont admirablement fertiles et en général bien cultivés. Leur climat est généralement plus frais que celui

Mais, de loin, alors qu'on ne distingue point tous ces détails, le spectacle n'est pas moins imposant; et ce qui rend ineffaçable le souvenir de cette grandiose pyramide où, comme on le sait, s'agitent toutes les races d'hommes, où vivent toutes les plantes, sur les terres de tous les âges, où s'étagent tous les climats, où se multiplient tous les phénomènes naturels, c'est qu'avant même de dresser complètement au milieu des vagues d'un bleu si profond, sa masse verte haute et mystérieuse, elle annonce par un phare digne d'elle, l'approche de ses merveilles. Elle s'empanache le jour, de la fumée bleue de son volcan et la nuit, lance vers les constellations australes, les rouges vapeurs de son cratère toujours en feu.

des autres terrains de même altitude. Ce sont des oasis au milieu des rocs et des précipices sauvages. Leur population pauvre, mais purement agricole est fort intéressante et rappelle les anciens colons. Ces îlets ne sont pas un aspect des moins curieux de la physionomie des torrents de Bourbon.

III. Hôtel de Ville de Saint-Denis (*Cliché Mathieu*)

IV. Le Muséum (*Cliché Mathieu*)

II

Géographie. — L'île autrefois. — Son histoire géologique. — Sa découverte. — Son utilisation. — Principaux événements de la vie politique de la colonie jusqu'à nos jours. — Son organisation actuelle.

L'île de la Réunion est située par 20°51,4 de latitude Sud et 53° 10,00 de longitude Est, en prenant pour point de repère le belvédère de l'hôtel du Gouvernement à Saint-Denis. Elle a une superficie non cadastrée qu'on évalue à 26.108 hectares, soit 2.611 kilomètres carrés, et certains calculs que nous citons pour mémoire lui donneraient une valeur marchande qui varie de 50 à 200 millions pouvant rapporter de quatre à six millions annuellement, sans tenir compte de son commerce local, de ses curiosités naturelles, de la variété de ses climats, des essences de plus en plus rares de ses forêts, de ses sources thermales qui sont inestimables, et en basant les calculs uniquement sur les produits principaux de l'agriculture.

L'île est de formation volcanique, et ce serait une erreur de croire, comme certains l'ont pensé, qu'elle a pu faire partie autrefois de la terre d'Afrique, qui aurait compris à cette époque lointaine l'Afrique, Madagascar, la Réunion et Maurice.

Le seul fait que la superficie de ces terres, de l'Afrique à Maurice, peut être comprise dans un angle décroissant n'étaye point suffisamment cette théorie, tandis qu'il est certain que les productions de Maurice, la Réunion et

Madagascar sont différentes de celles de l'Afrique et aussi la contexture et la composition des terrains.

Bien qu'on y trouve des formations corallifères sur certains points, elle n'est pas non plus semblable aux îles madréporiques de l'Océanie.

Il est plus vraisemblable qu'à l'origine, l'île qui devait être un jour la « Perle de l'Océan Indien » est sortie de l'onde en nappe de feu et qu'elle est due, tout entière, non point à une portion de sol détachée de l'Afrique par un bouleversement, mais aux matériaux, laves et cendres, rejetés par son volcan.

En revanche, il est certain que la cheminée principale du volcan primitif s'est, à diverses reprises, déplacée suivant une ligne du Nord-Ouest au Sud-Est.

Il est probable que, dans l'intervalle des éruptions, les masses de matières refroidies obstruaient suffisamment le cratère primitif pour que la poussée intérieure dût se frayer une route plus commode parmi les débris moins lourds à soulever.

Les premiers cratères ont été naturellement plus rapprochés les uns des autres. Mais à mesure que les éruptions sont devenues moins fréquentes et que l'île s'est agrandie, des bouleversements se sont produits et l'ouverture du cratère en activité s'est éloignée davantage.

Aujourd'hui, le volcan forme, au sud-est de l'île, un massif isolé du grand massif central où se trouvent les anciens volcans éteints.

Son cratère principal est situé dans un cirque presque parfait, le plus régulier qu'on connaisse, occupant à peu près la 25e partie de la superficie totale de l'île et borné par une paroi curviligne de deux à trois cents mètres de hauteur, lisse et uniforme par opposition aux autres cirques de l'île si profondément ravinés. Le cratère se déplace toujours suivant la même ligne. Le dernier a 600 mètres de hauteur et est à 6 kilomètres de la mer; la dernière coulée est de juillet 1899.

Les anciens cirques rappellent les anciens volcans de l'Auvergne; ils se distribuent, à l'intérieur de l'île, au nord et à l'ouest du Piton-des-Neiges. Leurs parois s'élèvent à 1.500 et 2.000 mètres de hauteur. Ils occupent les emplacements de Mafatte, Salazie, Cilaos. Tous les trois sont constitués par des plateaux plus ou moins ondulés, d'environ 10.000 hectares chacun, avec, çà et là, de fortes élévations, pics coniques se dressant brusquement dans la plaine[1].

Dans ces trois cirques, au fond d'une dépression, se trouvent, à une altitude sensiblement égale à 800 mètres, trois groupes de sources thermales qui ont été déjà indiquées dans le chapitre précédent : à Mafatte, source sulfureuse; à Salazie et à Cilaos, sources ferrugineuses salines parfois électrisées : ce qui explique l'efficacité de leurs eaux.

Le volcan actuel n'a pas de source thermale connue; mais, entre le massif principal et le volcan, au *Bras-Cabot*, dans les hauts de la plaine des Palmistes, se trouve une source minérale froide, très analogue aux eaux de Vichy.

Les curiosités et ressources naturelles de l'île sont encore loin d'être toutes connues. Les sources sont d'exploitation relativement récente. Il en existe nombre

---

1. Il ne faudrait pas croire que l'on ne trouve d'anciens cratères que dans l'intérieur de l'île. Il en existe parfois très près du rivage. Le bassin de Bernica, à Saint-Paul — site justement célèbre — est un ancien cratère et l'un des premiers. Une curieuse caverne y débouche, formée par une cheminée latérale de l'ancien volcan. Certains gouffres, au bord de la mer, n'ont pas d'autre origine.

d'autres qui seraient la fortune d'un département français et qui ne sont pas utilisées. D'ailleurs, à cause de son volcan, on ne peut dire que rien soit absolument définitif dans la partie sud-est de l'île. Elle se modifie sans cesse, et chaque jour peut fournir quelque leçon ou sujet de surprise et d'admiration au savant aussi bien qu'au simple touriste.

Pourtant, l'ensemble de l'île est définitivement constitué, et voici comment :

Autrefois, aux temps lointains où ses transformations évoluaient plus rapidement, elle a passé d'abord par la période ignée; puis a suivi une période de refroidissement pendant laquelle de nombreux cataclysmes ont dû se produire ; enfin la forme actuelle s'est établie ; les matériaux rejetés du volcan se sont modifiés profondément sous l'action de la pluie et de l'atmosphère et sont devenus peu à peu terre végétale. On assiste encore, de nos jours, à pareille transformation dans les environs du volcan.

Les premières graines apportées de Madagascar ou même de bien plus loin par les cyclones ont germé et, en quelques siècles, la nappe de feu sortie des eaux, changée plus tard en montagnes de laves horribles et dénudées, s'est trouvée transformée en une île conique, couverte du sommet à la base de la plus riche parure végétale.

Divers insectes, puis des animaux plus grands, notamment des oiseaux fuyant les tempêtes des terres voisines, sont venus s'y reposer et y vivre ; d'autres y ont été importés par les débris d'arbres charriés par les courants et amenés sur la côte; plusieurs s'y sont transformés et sont devenus des espèces indigènes, mais elles n'ont jamais compris un seul mammifère, sauf une sorte de chauve-souris[1] d'assez grande taille qui était comestible et qui a disparu.

Une terre sauvage nouvelle, sur un sol tremblant encore ; des forêts merveilleuses comprenant des fougères arborescentes, semblables aux espèces antédiluviennes, poussées avec une vitalité exceptionnelle dans ce terrain vierge et chaud encore du rayonnement du feu central, sous un climat particulièrement favorable ; des animaux en assez petit nombre, hôtes peu farouches du pays[2] ; partout des cascades alimentées par les réservoirs des hauts ; des pluies fréquentes entretenues par l'abondance des forêts qui prêtaient leur ombre séculaire contre les rayons du soleil brûlant ; un air sain et fortifiant, oxygéné par la croissance rapide des végétaux, ozonisé par de fréquents orages et les effluves électriques du volcan : telle était l'île à l'époque où les hommes y abordèrent pour la première fois.

Cette époque est difficile à déterminer. Tous les précis d'histoire indiquent que l'île doit avoir été découverte par les Portugais, dont elle aurait reçu le nom de *Santa Apollina*. Son nom de Mascareigne lui aurait été donné par Pedro Mascarenhas qui la visita en 1545, en même temps que Maurice et Rodrigues.

1. Les chauves-souris comestibles, qui ont disparu de Bourbon, existent encore à Anjouan où on les appelle des « Fanny ». Elles se nourrissent exclusivement de fruits et sont un excellent gibier.
2. Il faut signaler la grande quantité de *tortues* qui *encombrait* le rivage, et aussi un oiseau dont nous n'avons qu'une description incomplète : le *dronte*, volatile spécial à Bourbon, tenant le milieu comme taille entre le dindon et une petite autruche, et qui, paraît-il, fournissait un gibier précieux. Il était peu sauvage, puisqu'on le tuait à coups de bâton. Les premiers créoles étaient destructeurs. Il y a longtemps qu'il n'y a plus ni chauve-souris comestible, ni dronte, ni tortue, et l'espèce du dronte est éteinte *à jamais*, puisqu'on n'a retrouvé nulle part ailleurs de spécimen vivant de cette espèce.

Mais il est certain qu'elle était connue et fréquentée, peut-être même habitée et exploitée, au moins sur un point, bien longtemps avant cette époque.

Il existe en effet près de Saint-Philippe une trace fort curieuse des premiers occupants de l'île, marins ou habitants sédentaires, en tous cas hommes d'une civilisation *orientale* déjà fort avancée.

C'est un puits creusé dans la lave et qui n'a certainement pas été fait par des Européens, car il ne nous reste de sa construction aucune espèce de tradition, ni orale ni écrite[1].

On l'a attribuée vaguement à des pirates, sans réfléchir que ce travail demande un effort considérable qui suppose l'emploi de tous les moyens d'une population sédentaire patiente, probablement pourvue d'esclaves, fortement organisée et intelligemment dirigée, toutes qualités contraires à celles des chercheurs d'aventures.

Partout où l'on trouve un puits creusé de main d'homme, surtout dans les rochers durs à percer, on peut dire qu'on a la preuve de l'établissement d'une réunion d'hommes non nomades, assez nombreuse, ayant intérêt à conserver longtemps des habitations au même endroit, et assez riche et assez bien organisée pour exploiter régulièrement le pays.

Le puits de Saint-Philippe est semblable à ceux qu'on construisait déjà du temps de Salomon et tels qu'on en voit encore dans tout l'Orient.

C'est un trou carré dans lequel descend un escalier de quarante-deux marches pour atteindre le niveau de l'eau vers dix mètres de profondeur. Il est creusé dans la lave.

---

1. Il ne faudrait pas confondre ce puits avec celui dont la première pierre a été posée en mai 1822. M. le Secrétaire de la mairie de Saint-Philippe, à qui nous devons ces détails, semble le premier qui ait attiré l'attention sur l'ancien puits.

Chacun des degrés a 2ᵐ50 de largeur et est constitué par un énorme bloc de pierre non taillée.

Il est inadmissible que des pirates qui visitaient la côte par occasion se soient livrés aux opérations nécessaires pour creuser ce puits qui leur était presque inutile, puisque, avec leurs bateaux, ces pirates pouvaient trouver en abondance ailleurs, — et non loin, à Saint-Pierre, à Saint-Joseph ou à Sainte-Rose, de l'eau d'excellente qualité, tandis que celle du puits est un peu saumâtre et possède, peut-être à cause du voisinage du volcan, des propriétés médicinales.

Il faut donc penser que le puits a été creusé pour les besoins d'une population assez nombreuse et pour un établissement durable. Comme il ne l'a pas été depuis la découverte de l'île par les Portugais au XVᵉ siècle, il faut faire remonter forcément son origine à une époque plus lointaine.

Quels sont les navigateurs qui ont pu découvrir Bourbon bien avant les Portugais?

A moins de faire remonter cette découverte aux époques fabuleuses de l'authentique voyage entrepris par les Égyptiens et les Phéniciens, autour de l'Afrique, sous Néko, 700 ans avant l'ère chrétienne et raconté par Hérodote, nous ne pouvons rapporter la première découverte et l'utilisation de notre île qu'aux Arabes, qui déjà aux VIᵉ et VIIᵉ siècles étaient établis aux Comores. Et la forme, le genre de construction du puits, notamment son escalier, prouvent bien que ce sont les anciens Arabes qui sont les auteurs de ce travail.

On songe alors aux *Contes des Mille et une Nuits* et aux légendes arabes qui, mêlant toujours la vérité et la fable, plaçant au temps d'Haroun al Raschid par exemple, des événements qui n'ont eu lieu sous aucun gouverneur d'hommes, parlent souvent d'îles fumantes, de puits contenant des eaux merveilleuses, de cavernes[1] insondables, de trésors mystérieux, de vallées habitées par des serpents redoutables ou des oiseaux géants, des animaux inconnus, des génies puissants...

Quoi qu'il en soit, quelle qu'ait été la civilisation à laquelle nous devons le puits aujourd'hui inutilisé de Saint-Philippe, qu'elle puisse se rattacher à la société arabe qui a conquis Zanzibar, établi des postes à Madagascar et civilisé les Comores[2] bien avant que Bourbon fût connue, ou qu'on veuille y voir un établissement de colons encore plus anciens, il est certain que ces colons avaient disparu depuis bien longtemps, de même que les premiers Portugais l'avaient désertée, lorsque en 1638 Salomon Goubert, capitaine du navire *Saint-Alexis*, de Dieppe (qui se perdit un peu plus tard à Madagascar), en prit possession au nom du roi Louis XIII.

En 1652, de Pronis, envoyé à Madagascar par la Compagnie des Indes, toucha d'abord à la Réunion (à cette époque *Grande-Mascareigne*) et en prit de nouveau officiellement possession.

A peine arrivé à Madagascar, il eut à lutter contre ses subordonnés et contre les colons déjà établis. Les mutins, plusieurs fois apaisés, finirent par s'emparer de Pronis et le garder prisonnier pour le conduire à bord du premier bateau qui se présenterait.

1. Il y en a plusieurs à la Réunion et notamment près de Saint-Philippe.
2. Les Arabes ont, à différentes reprises, visité et occupé Madagascar, notamment la côte Nord-Ouest, et cela depuis des temps très anciens, puisque l'on a retrouvé sur la côte de Fort-Dauphin des Arabes d'une race *qui ne connaissait pas Mahomet*, qui se disait descendue d'Abraham et avait conservé certaines pratiques du Judaïsme. L'île *Sainte-Marie* s'appelait *Nossi Hibrahim* (l'île d'Abraham). Il est certain que dès le VIIe siècle les Arabes s'établirent aux Comores et que, vers le XIIe siècle, un géographe arabe décrivait Madagascar et *les îles voisines*.

Ce fut le *Saint-Laurent*, capitaine Le Bourg, qui amenait à Madagascar de nouveaux colons.

Mais les révoltés n'eurent point gain de cause près du capitaine Le Bourg. Pronis fut rétabli dans son autorité, et la paix fut conclue de nouveau entre les mutins et le chef de la colonie. Ils ne tardèrent pas à se révolter de nouveau et, cette fois, Pronis résolut de faire un exemple.

Il fit arrêter douze des meneurs, leur fit faire amende honorable, à la mode du temps : « en chemise, barbe et cheveux rasés, la torche en main, » et les déporta à la *Grande-Mascareigne* pour y vivre à leurs risques et périls.

Ils y arrivèrent à la fin de l'année 1646 et furent ainsi les premiers colons français de la Réunion ; mais ils abandonnèrent l'île pour rentrer à Madagascar peu de temps après (1649), lorsque M. de Flacourt remplaça de Pronis à la tête de Madagascar, et ils firent de la terre qu'ils venaient de quitter un tableau si enchanteur que Flacourt la déclara, une fois de plus, possession du roi de France et lui donna le nom d'*Ile Bourbon*, afin, dit-il, d'exprimer qu'elle représente « ce qu'il y a de meilleur au monde ».

Une tentative de colonisation d'un sieur Payen, en 1663, ne réussit point, ses esclaves l'ayant abandonné pour fuir dans l'intérieur et former le premier noyau des nombreux Nègres marrons qu'il fallut exterminer plus tard.

En 1665, la Compagnie française des Indes-Orientales à laquelle le roi avait cédé l'exploitation de l'île Bourbon y envoya de nouveaux colons qui, cette fois, solidement établis, régis par des gouverneurs dont le premier fut Étienne Regnault et restés en communication constante avec la mère-patrie, ne tardèrent pas à peupler la colonie naissante et à en développer les ressources.

Toutefois, ainsi que nous l'avons vu, Jacob de la Haye prit encore une fois solennellement possession de l'île au nom du roi en 1671.

Il n'y eut plus d'interruption désormais dans l'exploitation de l'île, dont la prospérité alla sans cesse en augmentant, bien que la Compagnie des Indes, dont les affaires allaient mal, eût rendu définitivement l'île au roi en 1764, juste un siècle après qu'elle en avait fait la première cession au roi.

On se demande pourquoi les Arabes sans doute, puis les Portugais, puis le petit noyau de colons franco-malgaches, qui avaient précédé le premier établissement sérieux de la Compagnie des Indes, avaient abandonné la colonie.

Une légende locale veut que ce soit l'abondance des rats[1] qui ait chassé les premiers occupants. Ces animaux auraient pullulé en si grand nombre qu'ils détruisaient tout : récoltes, provisions, magasins.

A partir de 1776, le sort de la colonie fut lié à celui de l'*Ile Maurice*, que la Compagnie des Indes hollandaises avait abandonnée pour des motifs qui nous sont inconnus et dont les Français avaient pris possession en 1721 sous le nom d'*Ile de France*.

Le gouverneur général des deux îles résidait à l'*Ile de France*, assisté pour le gouvernement de Bourbon d'un gouverneur particulier et d'un commissaire ordonnateur de la marine résidant à Bourbon.

En 1790, l'île élut des députés à l'Assemblée nationale

---

1. Les rats d'autrefois étaient-ils plus dangereux que ceux de nos jours ? Un fait paraît incontestable. Chez les anciens Égyptiens, le rat était le symbole de la *destruction,* et chose curieuse, de la *peste*, ce qui mérite d'être remarqué, maintenant que l'on a découvert que cette maladie nous vient des rats.

et prit le nom de *la Réunion*. Une assemblée coloniale, élue par le pays, l'administra au nom de la République, qui fut officiellement proclamée le 16 mars 1791.

Sous Napoléon Ier, l'administration fut remise de nouveau à un gouverneur résidant à l'Ile de France et prit le nom d'*Ile Bonaparte*.

C'est à cette époque que furent promulgués dans la colonie les différents codes en vigueur dans la mère-patrie.

En 1810, l'île, abandonnée à ses seules ressources, tomba au pouvoir des Anglais[1] et ne fut rétrocédée à la France que le 6 avril 1815.

Bourbon fut pour toujours séparé de l'*Ile de France* qui resta anglaise et prit le nom d'*Ile Maurice*. Sous la deuxième République, le nom de Bourbon repris en 1815 fut définitivement abandonné pour celui d'*Ile de la Réunion*.

L'abolition de l'esclavage, qui avait déjà été décrétée en principe par la première République, mais sans effet, fut définitivement proclamée en 1848, et la qualité de Français accordée aux anciens esclaves dont les propriétaires furent indemnisés.

Enfin la troisième République, en 1870, conféra le droit de vote et d'éligibilité à tous les citoyens, anciens esclaves ou non.

Toutes ces différentes révolutions se passèrent dans

1. L'Ile de France, mieux outillée, résista plus longtemps. Quelques anciens créoles ont encore présents à la mémoire les combats soutenus par les marins français contre les Anglais et dont plusieurs sont légendaires, notamment celui de Bouvet contre Corbett, qui eut lieu, non à Sainte-Rose, comme on l'a dit, mais dans les eaux du cap Bernard, non loin de Saint-Paul, et où l'on combattit glorieusement et victorieusement pour nos armées à *longueur de refouloir*. D'après un témoin oculaire, les Anglais qui s'étaient vantés de prendre Bouvet périrent tous et furent, malgré une résistance admirable, « pilés comme dans un mortier ».

un calme relatif bien fait pour prouver la douceur des mœurs et le caractère paisible des habitants du pays.

Aujourd'hui, l'île est régie par des institutions calquées sur celles de la mère-patrie, et il faudrait peu de modifications pour l'assimiler complètement à un département français.

Voici quelles sont les grandes lignes de son administration :

La constitution de la colonie est réglée par le sénatus-consulte du 7 mai 1854.

A la tête de l'administration se trouve le gouverneur, qui possède toutes les attributions d'un préfet en France, mais qui, en outre, a des pouvoirs plus étendus à cause de l'éloignement de la métropole.

Il a le commandement général, sous l'autorité directe du Ministre des colonies.

Il promulgue dans la colonie les lois nouvellement édictées en France et les rend ainsi exécutoires.

Il est assisté d'un conseil privé consultatif qu'il préside et qui comprend : le secrétaire général, le procureur général, le chef administratif de la marine, et deux conseillers privés choisis par le gouverneur et pouvant être remplacés par deux suppléants ; les chefs de service sont appelés à titre consultatif au conseil privé lorsque les affaires traitées concernent leur service.

Le conseil privé constitue, avec l'adjonction de deux magistrats choisis par le gouverneur, un tribunal spécial de contentieux administratif.

Le secrétaire général, chargé des détails de l'administration, et le procureur général, chef de la justice, viennent immédiatement après le gouverneur et le remplacent par intérim en son absence.

Un Conseil général, composé de 36 membres et élu au

suffrage universel, établit le budget local et vote toutes les dépenses autres que celles de souveraineté (gouvernement, armée, justice, cultes). Ses attributions sont celles des conseils généraux des départements français avec quelques additions, notamment en ce qui concerne l'établissement des droits de douane.

Entre les sessions du Conseil général, une commission coloniale donne son avis sur certaines questions d'intérêt public et délibère sur celles qui lui sont déférées par la loi. Elle est nommée à la fin de chaque session ordinaire.

L'organisation municipale est exactement semblable à celle de la France. Elle est régie par les mêmes lois.

Les électeurs de la Réunion sont appelés à élire deux députés et un sénateur, exactement dans les mêmes conditions que les autres électeurs français.

Une chambre de commerce et une chambre d'agriculture sont instituées à la Réunion, et nomment un délégué à Paris.

L'administration de la justice fonctionne comme en France, avec cette restriction que les membres de la magistrature coloniale ne sont pas inamovibles.

Elle comprend une cour d'appel, deux cours d'assises, deux tribunaux de première instance et neuf justices de paix. Les avocats, notaires, avoués, huissiers et greffiers, sont régis par les mêmes règlements qu'en France.

Un commissaire de marine est chargé de l'administration de la guerre et de la marine, et en général de tous les services dépendant du budget de l'État, des bureaux du commissariat de l'inscription maritime, des revues et armements, hôpitaux militaires, subsistances, travaux, etc.

Les pays étrangers qui sont représentés par des consuls à la Réunion sont : l'Angleterre, l'Italie, le Portugal, la Belgique, les États-Unis.

Le service du recrutement fonctionne depuis trois ans sur les mêmes bases qu'en France.

Le service de l'enseignement primaire et celui de l'enseignement secondaire ont pris un développement considérable depuis quelques années[1].

Les services des douanes, des contributions directes et indirectes, de l'enregistrement, du timbre et des domaines, des poids et mesures, des ponts et chaussées, de la police, des prisons, des hôpitaux, comprennent un nombreux personnel et fonctionnent avec les mêmes règlements qu'en France, de même que la Poste. Un trésorier payeur général dirige les services financiers à Saint-Denis, où se trouve aussi la Banque de la Réunion, établissement ayant le privilège d'émettre de la monnaie.

Le télégraphe électrique fonctionne entre les mains d'une Compagnie particulière, composée d'actionnaires peu nombreux, faisant des bénéfices, grâce à une subvention de la colonie, qui aurait peut-être plus d'avantage à exploiter elle-même le réseau. Nous n'avons pas à insister sur les inconvénients de la transmission des télégrammes par une Compagnie dont le directeur n'est pas un fonctionnaire de l'État. Il y a là une réforme à accomplir.

Citons enfin comme établissements d'utilité publique ressortissant aux diverses administrations : la chambre syndicale des agents de change, la commission des mercuriales, la commission des morues, l'hôpital militaire, déjà cité, avec une convalescence à Saint-François et une annexe à Hell-Bourg, l'hôpital colonial, les hospices pour vieillards et infirmes, la léproserie, le conseil d'hygiène et

---

1. Tout ce qui concerne l'enseignement est résumé plus loin dans les chapitres dus à MM. Mounier, chef du service de l'Instruction publique ; Bossard, inspecteur primaire; Laffon, directeur de l'École primaire centrale.

de salubrité publique, la commission sanitaire, la commission de santé, le conseil de surveillance des prisons, le pénitencier pour jeunes détenus, les orphelinats pour les jeunes filles, le conseil de défense, les commissions d'assistance publique, les archives coloniales, la bibliothèque publique riche de plus de 17.000 volumes, le muséum d'histoire naturelle possédant 23.000 pièces, le jardin colonial, l'asile des aliénés (à Saint-Paul).

Le port et les rades de la colonie sont fréquentés par 240 à 250 bateaux annuellement.

Enfin le clergé comprend 54 prêtres, et les écoles libres des Frères de la Doctrine chrétienne sont nombreuses dans la colonie.

Nous verrons avec détail dans les chapitres suivants comment l'île a été administrée et mise en valeur, quel parti les colons ont su tirer de ses richesses naturelles, quelles sont les conditions de la vie actuelle et quel est l'avenir du pays.

V. Un coin du jardin colonial a Saint-Denis (*Cliché Mathieu*)

VI. Sur la route du littoral (*Cliché Mathieu*)

LES FORÊTS DE LA COLONIE

I. — Superficie

Il est impossible de dire avec certitude quelle est encore actuellement la superficie boisée de l'île de la Réunion. La propriété foncière n'y est pas cadastrée. Les forêts domaniales, elles-mêmes, n'ont jamais été relevées topographiquement. Sous le bénéfice de la grande incertitude qui résulte de ces faits, il n'est pas exagéré de dire que les bois et forêts recouvrent encore actuellement plus du tiers de la superficie totale de l'île, se répartissant, approximativement par moitié, entre le Domaine et les particuliers.

Les forêts des particuliers recouvrent les parties supérieures des pentes douces de notre système orographique qui font partie des terrains concédés. Elles sont généralement comprises entre les altitudes de 400 à 1,200 mètres. Récemment, des forêts artificielles très importantes ont été créées par des particuliers dans les plaines basses du littoral. Ces dernières tendent à prendre de plus en plus d'importance pour servir à la création de vanilleries sous bois.

Les forêts domaniales s'étendent :

1º Sur les hauts plateaux de l'intérieur de l'île, situés

au delà de la ligne dite du sommet des montagnes, attribuée comme limite supérieure aux concessions originaires faites dans la colonie ;

2° Sur les pentes d'encaissement des torrents qui ont servi de bornes à ces mêmes concessions ;

3° Sur les pentes d'encaissement des cirques de l'intérieur de l'île, et sur quelques plateaux, situés au fond de ces cirques, qui n'ont pas été concédés ou envahis.

Elles comprennent enfin, sur le littoral, la zone dite des pas géométriques, partout où celle-ci n'a pas été louée, et quelques plaines de sable ou savanes rachetées et reboisées par la colonie pour cause d'utilité publique.

II. — Constitution des forêts particulières et domaniales

Si la superficie boisée de la colonie est encore assez grande, il n'en est malheureusement pas de même de sa richesse actuelle, en matériel ligneux. Cette richesse a été considérable lors de la première colonisation de l'île. Les forêts qui la recouvraient alors entièrement étaient constituées par des peuplements de très grande valeur, composés d'essences pour la plupart spéciales à la colonie.

Un étage dominant était formé d'essences de haute futaie atteignant de très grandes dimensions. C'étaient, suivant les lieux :

> Des petits nattes (Mimusops calophylloïdes).
> Des grands nattes (Mimusops imbricaria).
> Des bois puants (Fœtidia mauritiana).
> Des benjoins (Terminalia benzoin).
> Des tacamacas (Calophyllum tacamahaca).

Des bois de bassin (Homalium paniculatum).
Des bois rouges (Elæodendron orientale).
Des bois jaunes (Ochrosia borbonica).
Des bois noirs des hauts (Diospyros melanida).
Des bois de cannelle (Ocotea cupularis).
Des bois de cœur bleu (Linociera cyanocarpa).
Des tans rouges (Weinmannia tinctoria).
Des pêchers marrons (Securinega durissima).

Au-dessous d'elles, un sous-étage très dense était formé d'arbres de second ordre, atteignant des dimensions beaucoup moindres ; c'étaient, suivant les altitudes :

Des bois d'olive { Olea lancea.
 Olea chrysophylla.

Des bois maigres (Nuscia verticillata).

Des bois de pomme { Eugenia cymosa.
 Eugenia glomerata.
 Eugenia richardiana.
 Eugenia paniculata.

Des bois de nèfle { Eugenia cotinifolia.
 Eugenia orbiculata.

Des bois de judas (Cossiquia pinnata).
Des bois de gaulette (Cupœnia lavis).
Des bois de gaïac (Apodytes Frappieri).
Des bois blancs (Hernandia ovigera).
Des bois de gouyave marron (Psiloxylon mauritianum).
Des bois de prune marron (Guya caustica).

Des mahots { Dombeya punctata.
 Dombeya rechinata.

Des mapous (Monimia rotundifolia).

Des affouches { Ficus lucens.
 Ficus cinerea.
 Ficus mauritiana.
 Ficus terebrata.

Des bois de lousteau (Guettarda verticillata).
Des bois d'évi (Spondias borbonica).

Des andrèzes (Trema Commersonii).
Des bois de rempart (Agauria salicifolia).
Des bois d'éponge (Gastonia cutispongia).
Des bois de banane (Panax repandum).
Et une infinité d'autres essences de moindre importance.

Au-dessous de ce sous-étage, des morts-bois innombrables formaient un sous-bois presque impénétrable. C'étaient, pour les plus répandus:

Des ambavilles (Senecio ambavilla).
Des fleurs-jaunes (Hypericum lanceolatum).
Des bois de perroquet (Mallotus integrifolius).
Des bois de rat (Geniostoma borbonicum).
Des bois de quivi (Quiviita heterophylla).
Des branles (Stœbe passerinoïdes).
Des bois de merle (Schmidelia racemosa).
Des bois d'ortie (Obetia ficifolia).
Des bois cassants { Psatura borbonica. / — polyantha.
Des mussœndas (Mussœnda landia).

Le sol, enfin, était recouvert de fougères, de mousses et d'herbes formant un tapis continu, ne permettant nule part d'apercevoir le sol de la forêt. Telle était partout, dans la zone basse et dans la zone moyenne de l'île, a constituion primitive de nos forêts. Il n'y avait d'exception que pour les hauts plateaux de l'intérieur recouvers d'une essence spéciale à ces régions, le tamarin des hauts (Acacia heterophylla).

État actuel des forêts des particuliers. — Si à la forêt constituée comme nous venons de le dire on enlève tout l'étage dominant, qui en faisait la richesse, et dans le sous-étage la majeure partie des arbres pouvant fournir des matériaux de construction, on se fera une idée de ce que sont aujourd'hui, à de rares exceptions près, les forês particulières de la colonie. Ce sont, à proprement parler, des fourrés d'essences inférieures de faible valeur, ne présentant aucun avenir, parce que les éléments de leur régénération y font défaut. Ces forêts des particuliers vont, au contraire, s'appauvrissant chaque jour. Pour satisfaire aux besoins constants de la société, on continue, en effet, à les exploiter à outrance, et à en tirer tout le matériel ligneux au fur et à mesure qu'il y atteint une valeur marchande. Si nous faisons exception pour les forêts dépendant des propriétés exploitées par la Société du Crédit foncier colonial, qui s'occupe de leur amélioration, et pour quelques rares portions de forêt ayant toujours appartenu à quelques grands propriétaires, soucieux de leur conservation, nous pouvons affirmer que dans un avenir très prochain, il ne faudra plus compter sur les anciennes forêts privées de la colonie pour satisfaire aux besoins de la société créole. D'une part, les défrichements qui se poursuivent sur une grande échelle en diminuent, chaque jour, la superficie. D'autre part, les particuliers dont les ressources vont en diminuant, ne peuvent pas s'intéresser à une production qui demande plus d'un siècle pour devenir utilisable. Il n'y a donc aucune probabilité de les voir s'occuper de la régénération de leurs forêts.

État actuel des forêts domaniales. — Les forêts domaniales actuelles présentent trois types distincts :

1º Les hauts plateaux de l'intérieur de l'île, situés au-dessus de la ligne dite du sommet des montagnes, sont généralement recouverts de tamarins des hauts (Acacia heterophylla). Cette essence est des plus précieuses pour la colonie, parce qu'elle est la seule qui puisse actuellement, et sans aucune difficulté, être aménagée en futaie régulière. Le service des forêts de la colonie en a fait un essai dans la plaine de Bélouve, et les résultats acquis sont merveilleux. Nous pouvons dire aujourd'hui que le tamarin des hauts se prête aussi bien à l'aménagement en futaie régulière que les chênes et les pins en Europe.

Ces forêts domaniales des hauts plateaux, comprises généralement entre les altitudes de 1.200 à 1.600 mètres, sont encore actuellement à l'état de forêt vierge, si l'on excepte cependant une partie de celle de Bélouve, qui est soumise depuis 1889 à un aménagement régulier. On y rencontre, mélangés aux tamarins des hauts, quelques tans rouges, des mapous, des bois maigres, des bois de nèfle, des mahots, des palmiers, et en abondance, des fougères arborescences atteignant de grandes dimensions. Ces tamarins, crus à l'état de nature, ont généralement des formes défectueuses. Ils sont tortueux, et, le plus souvent, ramifiés à une faible distance du sol. Leurs branches latérales et d'innombrables troncs gisants recouvrent inutilement de grandes superficies de terrain qui sont ainsi perdues pour la production forestière. Des morts-bois forment au-dessous d'eux un fouillis impénétrable, et le sol de la forêt est recouvert, sans discontinuité, sur une épaisseur de plus d'un mètre, d'une variété infinie de fougères et de mousses qui défendent l'accès du sol aux semences. Dans cet état, ces forêts sont presque improductives. Le matériel ligneux utile qui s'y trouve est beaucoup moins important que ne pourrait le faire croire un examen peu attentif des lieux.

Par contre, ces forêts présentent tous les éléments nécessaires à un aménagement rapide. Qu'on enlève tout le sous-bois, qu'on réalise tous les bois gisants et les arbres tortueux qui occupent inutilement le sol ; qu'on fasse une coupe d'ensemencement très claire ; qu'on débarrasse enfin momentanément le sol des fougères et mousses qui le recouvrent, et, quinze jours après, ce sol sera recouvert uniformément d'un semis très dense de jeunes tamarins des hauts, qu'il suffira de soumettre à des règles culturales appropriées pour conduire, en 80 ans au plus, jusqu'à la haute futaie exploitable.

Les forêts de tamarin des hauts pourront donc fournir un appoint considérable à la consommation du pays, lorsqu'elles seront aménagées et que des voies d'extraction y seront créées. Cet appoint sera d'autant plus important que le bois de tamarin des hauts se prête aux usages les plus variés. Il est à la fois bois de service, bois d'industrie et bois de marine. Il fournit, en effet, des bois de charpente. A l'industrie, il fournit des bois de sciage employés dans la construction des maisons et dans l'ébénisterie, des bois de fente ou bardeaux employés pour la couverture des toits et pour la protection des pans de bois. C'est encore lui qui fournit le meilleur bois de marine de la colonie. Son bois carbonisé donne un bon charbon, et il peut enfin servir comme bois de chauffage, quoique sa valeur sous ce rapport soit beaucoup moindre.

La loi forestière du 25 février 1874, qui régit la colonie, interdit tout défrichement sur les hauts plateaux de l'intérieur de l'île. On ne saurait rappeler ces dispositions sans rendre hommage à la sagesse des législateurs qui les ont édictées. Ces hauts plateaux constituent, en effet, les bassins de réception de nos principales rivières qui ne sont, à proprement parler, que des torrents. C'est à la végétation forestière luxuriante qui les recouvre et à l'emmagasinement des eaux fluviales dans l'humus qui en résulte que nous devons la permanence des eaux que débitent encore ces rivières. Que l'on défriche ces hauts plateaux, et l'on verra fatalement disparaître la permanence des dernières ressources en eau de la colonie, sans parler des modifications profondes qui en résulteraient pour la climatologie générale du pays. Déjà par suite du défrichement des forêts particulières et des forêts domaniales à une époque où elles n'étaient pas surveillées, cette climatologie a perdu ses qualités premières, et le débit des ruisseaux et des sources de la région moyenne de la colonie a considérablement diminué. Beaucoup de ces sources tarissent déjà pendant la période sèche dont la durée semble s'accroître chaque année. On ne saurait donc trop insister sur la nécessité de la conservation des forêts domaniales qui recouvrent les hauts plateaux de la colonie.

Un autre fait capital milite d'ailleurs pour la conservation de ces forêts. Le sol arable n'est pas encore formé sur ces hauts plateaux. Sur la lave généralement dure et non décomposée qui constitue leur sous-sol, on ne rencontre le plus souvent qu'une couche d'humus acide plus ou moins profonde formée par les résidus de la végétation herbacée et forestière. La décomposition de la roche sous-jacente n'est pas encore suffisamment intervenue pour fournir à cette couche d'humus les éléments minéraux indispensables à sa fécondité et, par suite, à sa mise en exploitation par les plantes agricoles. Que cette couche d'humus, souvent peu épaisse et sans cohésion, soit mise à nu par le défrichement et, en peu d'années, elle sera lavée et finalement entraînée par les pluies torrentielles de nos régions. La lave mise à nu ne pourra même plus alors porter la forêt qu'on tenterait d'y réinstaller. Le travail des siècles, accumulé sous forme d'humus par la vie des végétaux inférieurs (lichens, mousses, fougères), et des essences forestières, serait ainsi perdu en quelques années. Que l'on compare ces résultats infaillibles à la nécessité de la conservation des eaux de nos rivières, et à la possibilité de tirer indéfiniment de ces hauts plateaux une grande partie des bois indispensables à la société, et l'on se fera une idée du préjudice qui serait causé à celle-ci par leur défrichement.

2° *Un second type de forêt domaniale* est celui qui existe dans la zone moyenne de la colonie, entre les altitudes de 100 à 1.000 mètres environ. Dans cette zone, qui est une région agricole par excellence, toutes les terres susceptibles d'être cultivées ont été concédées. C'est dire que le Domaine y est très peu représenté. Il y possède encore :

1° Les pentes d'encaissement des rivières et ravins qui ont servi de bornes aux concessions originaires et les terrains situés au bas de ces pentes, qui n'ont pas été concédés ou usurpés ;

2° Une zone de deux gaulettes (9^{m}75), à prendre au sommet de ces pentes, sur les plateaux qui les couronnent ;

3° Les pentes d'encaissement des cirques de Cilaos, de la plaine des Palmistes et de la Nouvelle ;

4° Les parties de ces cirques eux-mêmes, plateaux ou remparts qui n'ont pas été concédées ou usurpées, étant inaccessibles ou impropres à la culture ;

5° Certaines portions de l'île situées aux alentours du volcan, dans la commune de Saint-Philippe, et qui, recouvertes de laves récentes et non encore décomposées, n'ont pas été concédées et qui sont impropres à toute exploitation agricole.

Nous devons enfin ranger parmi les forêts domaniales de cette région celles qui, situées au-dessus de la ligne dite du sommet des montagnes, sont comprises entre cette ligne et la zone des tamarins des hauts. Toutes les forêts domaniales de cette région moyenne présentent, en effet, à peu de chose près, les mêmes caractères.

Elles sont constituées des mêmes essences que les forêts particulières qui les avoisinent et que nous avons déjà citées; mais elles sont heureusement moins appauvries que ces dernières. Les essences précieuses de l'étage dominant n'y ont pas disparu complètement. Leurs derniers représentants sont, il est vrai, très disséminés et souvent dépérissants. Quelques essences, telles que le bois puant et le bois de fer, sont même devenues très rares et tendent à disparaître. Mais d'autres, telles que les nattes, les tacamacas, les bois de bassin, les bois de pomme, les bois rouges, les benjoins, les tans rouges sont encore en nombre suffisant pour assurer la régénération de ces forêts. Déjà, dans quelques-unes d'entre elles, on peut constater la présence d'un semis de ces essences précieuses assez dense pour donner confiance dans l'avenir. Malheureusement, les âges intermédiaires entre les semis et les très vieux arbres n'existent pas, ce qui rend l'aménagement de ces forêts impossible pour le moment. Le sous-étage de ces forêts domaniales est beaucoup plus dense et actuellement plus riche que l'étage dominant. On peut dire que leur valeur d'exploitation dépend beaucoup des essences qui constituent ce sous-étage. Les bois d'olive, les bois maigres, les bois de nèfle, les bois de gaulette fournissent, en effet, à la société, des produits de grande valeur. Beaucoup d'essences de moindre importance fournissent également des produits appréciés par le commerce local. Mais, dans l'état actuel des choses, ces forêts domaniales de la région moyenne fournissent également très peu de matériaux à la consommation locale, et il faut, à cet égard, les distinguer en deux catégories : celles qui recouvrent les pentes abruptes des encaissements des rivières ou ravines-bornes et des remparts des cirques, et celles qui s'étendent sur les pentes douces des montagnes ou sur les plateaux situés au fond des cirques, ou encore dans les bas-fonds des encaissements des grandes rivières de la colonie.

La loi forestière du 25 février 1874 interdit toute exploitation des premières, et ici, encore, l'on ne saurait trop louer la sagesse de ces dispositions. Il ne peut être question, en effet, d'exploiter des forêts sur des pentes abruptes où le moindre enlèvement d'arbres ou même d'arbustes du sous-bois provoquerait des éboulis ou des glissements capables de détruire en une seconde des résultats acquis à grand'peine. Le couvert forestier de ces pentes est tellement précieux pour assurer la conservation des sources qui y prennent naissance, et le maintien des terres, que l'on ne peut songer à y toucher. Quant aux secondes qui, par leur situation, pourraient être exploitées, il faudra attendre des années encore avant de pouvoir les aménager régulièrement dans ce but. Nous avons vu en effet, que dans l'étage dominant, les âges intermédiaires entre le semis et l'âge d'exploitation n'existaient plus. Une exploitation abusive a fait disparaître ces âges intermédiaires qui constituent la richesse d'une forêt en assurant son rapport soutenu. Pour le moment, le service forestier se contente de réaliser dans ces forêts les arbres très dépérissants qui ne grainent plus et dont la conservation conduirait à la détérioration complète du bois pour le plus grand préjudice de la société.

Un troisième type de forêt domaniale nous est fourni par les massifs créés artificiellement par le service des forêts de la colonie; nous en parlerons plus loin.

III. — Produits des Forêts de la colonie

Faute de statistique et d'un contrôle quelconque sur le commerce des bois dans la colonie, il est impossible, même approximativement, d'évaluer le chiffre auquel s'élève la consommation du bois dans le pays. Nous pouvons dire que cette consommation a été et est encore très grande. Jusqu'à ces dernières années, presque toutes nos maisons et bâtiments quelconques étaient construits entièrement en bois; charpentes, bordées, toit, tout y était construit avec le bois. La plupart de nos ponts sont également construits en bois. L'exploitation du chemin de fer est venue ensuite demander à nos forêts de grandes quantités de traverses.

La consommation du pays en bois de chauffage n'est pas moins considérable. La houille et ses dérivés y sont très peu consommés; bien rares sont les usines qui les utilisent. Toutes nos usines à sucre brûlent du bois de chauffage, et toute la population n'emploie, pour les besoins du ménage, que le bois à brûler et le charbon de bois. L'industrie de l'extraction des essences installée dans la colonie depuis quelques dizaines d'années a consommé une quantité considérable de bois de chauffage. C'est à cette industrie, principalement, que nous devons les défrichements opérés sur une grande échelle, ces dernières années, dans les forêts des particuliers.

La grande étendue de la colonie primitivement boisée, la très grande richesse des peuplements qui recouvraient ces surfaces boisées, et la force de végétation spéciale aux régions intertropicales expliquent comment il se fait que l'île de la Réunion ait pu, jusqu'à ces dernières années, satisfaire presque entièrement à tous ses besoins en bois de construction et en bois de chauffage.

Ses forêts fournissaient des bois de premier ordre à toutes les branches de la consommation.

Les bois de charpente de première qualité étaient fournis par le bois puant, le bois de fer, le petit natte, le benjoin, le bois noir des hauts, les bois d'olive. D'autres essences, telles que le bois de bassin, le bois de nèfle, le tamarin des hauts, le pêcher marron, le bois rouge, le tacamaca, fournissaient également des bois de charpente très estimés, quoique de qualité inférieure aux premiers.

Des bois de sciage de tout premier ordre étaient fournis par le bois de fer, le petit natte, le grand natte, le bois de bassin, les bois d'olive. D'autres, de qualité moindre, étaient ceux tirés du tamarin des hauts, du bois rouge, du tan rouge, du bois de cannelle.

Les bois de charronnage nous étaient fournis par le petit natte, le bois de gaulette, le bois noir des bas (Acacia Lebbeck), cette dernière essence importée dans la colonie depuis de nombreuses années et aujourd'hui complètement naturalisée.

Les bardeaux dont sont recouvertes nos maisons sont les seuls bois de fente utilisés dans le pays. Ils sont fournis par le petit natte, le bois de fer, le bois maigre, le tamarin des hauts, le mapou, le bois d'olive, le bois de rempart.

L'ébénisterie avait à sa disposition un choix des meilleurs bois connus pour cette industrie, dans ceux du grand natte, du bois de fer, du petit natte, des bois d'olive, du tamarin des hauts.

Le tacamaca et le tamarin des hauts nous fournissaient enfin d'excellents bois de marine.

Telle était, il n'y a pas très longtemps encore, la situation très prospère de la colonie, au point de vue de la production du bois. Nous ne faisons guère remonter à plus de quarante ans le commencement des exploitations à outrance qui ont amené la ruine des forêts du pays. Jusque-là, la colonie avait été très prospère ; les produits de son agriculture abondants et vendus à des prix rémunérateurs suffisaient au delà du nécessaire aux besoins des habitants ; l'aisance était partout. Si l'on touchait aux riches forêts qui existaient encore à cette époque, c'était pour en retirer les matériaux indispensables à l'entretien des maisons et aux constructions nouvelles. Bien rares étaient ceux qui exploitaient alors leurs forêts dans un esprit de lucre. On s'adressait bien à la forêt, également, pour avoir le bois de chauffage nécessaire aux usines et aux besoins des ménages ; mais alors la main-d'œuvre était abondante, et l'on n'hésitait pas à s'en servir largement pour ne retirer de la forêt que les bois morts gisant accumulés par les siècles. Depuis lors, arrivèrent les mauvais jours. La valeur marchande des produits du pays est allée s'avilissant chaque jour. La main-d'œuvre se fit de plus en plus rare. L'Hemileia vastatrix nous fut ensuite importée et détruisit nos caféières si riches autrefois. Pendant ces temps de crise aiguë, il fallut vivre, et, comme toujours en pareille occasion, la forêt en fit les frais dans une large mesure. On l'exploita de tous côtés et sans méthode. Des équipes d'ouvriers étaient envoyées dans la forêt, sans surveillance, avec mission de façonner le plus de matériaux possibles. Livrés à eux-mêmes, ceux-ci remplirent à merveille leur mission de destruction. Ils s'attaquèrent d'abord aux arbres les plus faciles à exploiter, c'est-à-dire aux jeunes et à ceux des âges intermédiaires d'un débit facile. Les autres, plusieurs fois centenaires, aux dimensions très fortes, ne furent exploités que plus tard, lorsque tous les âges intermédiaires avaient disparu, et avant qu'un nouveau semis eût pris possession du sol. Ces arbres très âgés et dépérissants avaient passé l'âge de la fructification, et il ne fallait plus compter sur eux pour la régénération de la forêt. On ne songea d'ailleurs jamais à cette régénération. L'étage dominant détruit, on s'attaqua au sous-étage qui disparut à son tour. Les défrichements vinrent ensuite pour livrer des terres nouvelles à l'agriculture. La hache et le feu firent conjointement leur œuvre pour faire reculer sans cesse la limite de la zone boisée.

Les faits qui précèdent font comprendre comment il se fait que les bons bois de construction soient devenus rares sur les marchés de la colonie, et que la production du pays ne suffise plus à sa consommation.

Dans l'état actuel des choses, l'on ne trouve en assez grande abondance sur le marché que des bois fournis par le tamarin des hauts, le tan rouge, le bois de bassin, le bois maigre et quelques autres essences du sous-étage. Le bois puant a disparu du marché. Le bois de fer y est devenu très rare. Les nattes s'y raréfient de plus en plus. Il en est de même du benjoin, du bois d'ébène, et des autres essences précieuses qui faisaient autrefois la richesse de nos forêts.

Le tableau ci-dessous donne les prix courants actuels des bois façonnés sur le marché de Saint-Denis. La vente des bois en grume n'est pas usitée dans le pays:

Bois de fer — Très rare, prix suivant convention.

Petit Natte
- Débit en bois de charpente, 150 fr. le m³.
- — traverses, 150 fr. le m³.
- — bois de sciage, 300 fr. le m³.
- — bois de fente (bardeaux), 55 fr. le millier.

Grand Natte	Débit en madriers, 210 fr. le m³.
	— planches, de 320 à 360 fr. le m
Bois de Bassin	Débit en bois de charpente, 90 fr. le m³
	— bois de sciage, 160 fr. le m³.
Tamarin des Hauts	Débit en madriers, 105 à 126 fr.
	— planches, 140 à 160 fr.
Tan Rouge	Débit en bois de charpente, 80 fr. le m³
	— bois de sciage, 120 fr.
Bois Rouge	— Débit en bois de charpente, 80 fr. le m³.
Bois Maigre	Débit en traverses, 100 fr. le m³.
	— bois de fente (bardeaux), 30 fr le millier.

Bois de Lousteau et autres essences, formant le tout bois du commerce, 70 à 90 fr. le m³.

Bois noir des bas	Débit en jantes, 315 fr. le m³.
	— bois propre à la confection des moyeux, 175 et 200 fr. le m³.

Il ressort de ce tableau que les bois de sciage ont dans la colonie une valeur beaucoup plus grande que celle des bois de charpente et de menu service. La raison en est que les troncs ayant le diamètre voulu pour être débités en madriers et en planches deviennent de plus en plus rares, tandis que les bois de charpente que l'on trouve dans le commerce sont généralement confectionnés avec des bois bruns de faible diamètre qui sont plus communs dans les forêts des particuliers. Ces bois de charpente confectionnés avec de tout jeunes arbres contiennent généralement une grande proportion d'aubier et n'ont dès lors qu'une faible valeur.

IV. — Importation des Bois dans la colonie

Par suite de la diminution de notre production, l'importation des bois étrangers dans la colonie augmente

VII. Village de Cilaos (*Cliché Mathieu*)

VIII. Dépendance de la Manufacture coloniale de Tabacs de Saint-Paul. Chalet des Cocotiers (*Cliché Garsault*)

d'importance chaque année. L'importation du bois de sapin remonte à une époque déjà reculée, car presque toutes nos essences fournissant des bois durs et denses, difficiles à travailler, les bois de menuiserie analogues au sapin nous faisaient défaut. Mais depuis quelques années nous importons également d'assez grandes quantités de bois de pin et de pitchpin qui sont aujourd'hui couramment employés dans la charpente, dans la menuiserie et dans l'ébénisterie. Cette importation s'est élevée :

En 1895, à 37,998 madriers de sapin et de pin, à 551 pièces et 150 planches de bois dur ;
En 1896, à 37,615 madriers de sapin et de pin, à 2,012 planches et 122 pièces de bois dur ;
En 1897, à 23,610 madriers de pin et de sapin et à 5,298 planches ; 754 traverses et 15 pièces de bois dur ;
En 1898, à 33,358 madriers de pin et de sapin et à 374 pièces, 943 planches et 1,738 traverses de bois dur.

Le sapin nous vient principalement de Norvège, et les bois durs, de l'Inde qui nous fournit le bois de teck, de l'Australie qui nous envoie du bois de jarrah, et de Madagascar qui nous envoie des bois provenant d'essences appartenant à la famille des Sapotées, très voisines de nos essences indigènes.

V. — REBOISEMENT

De tout ce qui précède l'on pourrait conclure que, dans un avenir prochain, les marchés de la colonie seront dépourvus de bois de construction et de bois de chauffage provenant du pays. Nous pouvons affirmer, aujourd'hui, que cette éventualité n'est plus à craindre, grâce au reboisement qui prend de jour en jour de plus grands développements.

Certes, les bois de nos essences précieuses, le tamarin des hauts excepté, se feront de plus en plus rares pendant de longues années encore. Les forêts des particuliers s'épuiseront de plus en plus au fur et à mesure qu'elles sortiront de l'indivision et que la propriété se morcellera. D'autre part, le Domaine, pour conserver les essences précieuses du pays, pour améliorer ses forêts et arriver à leur aménagement, sera tenu à des périodes de transition assez longues pendant lesquelles il ne pourra livrer à la consommation que les bois provenant d'arbres dépérissants devenus inutiles pour la régénération. Or, les produits de ce genre ne suffisent déjà plus pour satisfaire aux besoins des services publics coloniaux et municipaux.

Mais des esprits éclairés et soucieux des véritables intérêts du pays avaient vu depuis longtemps le danger que les défrichements immodérés feraient courir tôt ou tard à la colonie.

Les pouvoirs publics d'une part, durent légiférer, à plusieurs reprises, pour mettre un frein à ces dévastations, et le Règlement forestier du 25 février 1874, devenu le code des eaux et forêts de la colonie, a édicté à cet égard les prescriptions les plus utiles. Mais le rôle du législateur était fatalement limité aux intérêts d'ordre public ; aussi les servitudes forestières qu'il a imposées à la propriété privée n'avaient-elles pour principal but que la conservation et la protection des eaux de la colonie.

Pour satisfaire aux besoins constants de la société et assurer la prospérité de l'île, il fallait reconstituer ce qui avait été détruit, en reboisant les terres devenues incultes, soit par suite de leur épuisement, soit à cause de leur stérilité due aux sécheresses devenues permanentes dans certaines régions de la colonie.

IX. Type de Maison coloniale a Saint-Denis (*Cliché Mathieu*)

X. Sur la route de Cilaos (*Cliché Mathieu*)

Dès sa création, le Service des eaux et forêts s'est attaché à ce travail de reboisement. Les essais portèrent d'abord sur les terrains dénudés et arides du littoral. Une essence importée dans le pays en 1763, le filao (Casuarina equisetifolia), semblait y prospérer. On le propagea d'abord sur les pas géométriques de Saint-Paul et de Saint-Leu, et l'on obtint les meilleurs résultats. A l'Étang-Salé, un millier d'hectares de terrains sablonneux et de dunes étaient sans cesse en mouvement. On résolut de fixer ces dunes par le reboisement et, pour ce faire, le filao était tout indiqué. Là encore les essais furent couronnés de succès. Une forêt continue de cette essence recouvre aujourd'hui cette région autrefois aride. Toutes les parties des terrains domaniaux, appelés pas géométriques, qui n'étaient pas louées aux particuliers, furent ensuite reboisées avec la même essence.

A l'autre extrémité de l'île, dans une région fréquemment arrosée par les eaux pluviales, des filaos avaient été plantés en bordure de la route nationale et sur les pas géométriques. Les semences ailées et légères produites par ces arbres se répandirent petit à petit et de proche en proche, sur les laves arides qui constituent les terrains de la région. Sans aucune dépense, tous les terrains domaniaux de la zone basse de Saint-Philippe, qu'on appelle des brûlés, à cause de leur formation de laves récentes, furent de la sorte, transformés en forêts de filaos.

Plus récemment, en 1889, après la création du port de la Pointe-des-Galets, le Service des forêts entreprit de reboiser la plaine rocailleuse et aride qui enserre de toutes parts ce port dans un rayon de 4 à 5 kilomètres. Dans un an ou deux, ce travail de reboisement sera terminé sur tous les terrains qui ont pu être mis à la disposition du Service. Nous n'estimons pas à moins de 1,900 hectares la superficie des terrains autrefois arides qui ont été reboisés à ce jour avec le filao par le Service des eaux et forêts de la colonie, à savoir:

- 119 hectares sur les pas géométriques des communes de Saint-Paul et Saint-Leu;
- 30 hectares à la Savanne de Saint-Paul;
- 962 hectares sur les dunes de l'Étang-Salé;
- 225 hectares sur les pas géométriques des autres parties de l'île et dans les encaissements des torrents;
- 589 hectares à la Pointe-des-Galets.

Si à ce chiffre on ajoute 2.000 hectares environ de laves qui ont été reboisés, naturellement, par le filao, dans les communes de Saint-Philippe et de Sainte-Rose, on voit que le service local, à lui seul, possède actuellement 3,900 hectares environ de forêts de filaos.

Mais en même temps que le Service local, les propriétaires de la colonie multiplièrent également le filao sur les parties les moins fertiles de leurs domaines, et purent ainsi s'approvisionner facilement en bois de chauffage. Plus récemment, on s'aperçut que, dans les régions humides, le filao constituait un excellent tuteur et abri pour les plantations de vanilliers. Le reboisement par le filao prit alors un nouvel essor, et l'on peut voir aujourd'hui des peuplements considérables de cette essence sur tout le littoral de la colonie. Le Service des eaux et forêts n'a pas peu contribué à ce résultat en délivrant gratuitement des plants aux propriétaires de la colonie.

Ces forêts de filaos particulières et domaniales fournissent aujourd'hui presque tout le bois de chauffage consommé dans la colonie. Le bois de filao, très dense, est l'un des meilleurs bois de chauffage connus; le charbon qu'il fournit, également de première qualité. Jusqu'à ces dernières années, il n'était employé que comme bois à feu; mais depuis la raréfaction des bons bois de construction sur le marché, on l'utilise couramment pour la charpente. Employé à l'état âgé et à l'abri de l'humidité, il constitue en effet un bon bois de charpente, car il ne le cède en rien aux bois des bonnes essences du pays pour la dureté et les qualités de résistance. Son principal défaut est de se détériorer rapidement lorsqu'il est exposé aux alternatives de sécheresse et d'humidité. Injecté, le bois de filao pourrait peut-être fournir d'excellentes traverses et rendre ainsi de grands services à l'État, qui ne trouve plus dans la colonie les traverses nécessaires à l'exploitation du chemin de fer local. Il est regrettable que des expériences n'aient pas encore été faites à ce sujet. Au prix actuel du bois de filao âgé de 25 à 30 ans, la traverse reviendrait sur pied à 0 fr. 70 au plus. Si l'on estime que le façonnage de la traverse coûte un franc et que le prix de revient d'une bonne préparation à la créosote serait ici de 0 fr. 90 au plus par traverse, comme en Europe, on verra que la traverse de filao injectée ne reviendrait qu'à 2 fr. 60 l'une, alors que l'État paye actuellement 5 fr. en moyenne les traverses faites avec les bois des essences indigènes. Nous ne tenons pas compte des frais de transport qui seraient très minimes, car les forêts appelées à fournir ces traverses sont toutes traversées par la voie ferrée. L'exploitation du chemin de fer pourrait donc les prendre à pied d'œuvre. Le développement de la voie ferrée locale est de 115 kilomètres. Si l'on admet qu'il faille 1,250 traverses pour construire 1 kilomètre de chemin de fer à voie unique, y compris les voies de garage et que la durée des traverses soit de 10 ans, il faudrait une consommation annuelle de 15,000 traverses environ pour assurer l'entretien de la voie ferrée locale. Au prix de 2 fr. 60 la traverse, l'État réaliserait donc une économie annuelle de 36,000 francs environ, s'il pouvait substituer le bois de filao injecté au bois maigre et au bois de petit natte qu'il a employé jusqu'ici. Ces bois disparaissent d'ailleurs rapidement, et nous avons vu plus haut que déjà l'exploitation du chemin de fer était obligée de faire venir des traverses du dehors.

Les terrains de prédilection du filao sont les sables et les terrains d'alluvion du littoral; mais cette essence n'est pas difficile sur le choix du terrain; on la retrouve sur tous les terrains jusqu'à l'altitude de 400 mètres environ. Son habitat préféré est la zone basse du littoral; plus il s'éloigne de cette zone et plus ses dimensions se restreignent.

Le filao croît très rapidement et peut être exploité à l'âge de 15 ans. Il rejette alors de souche, et peut être aménagé en taillis. Exploité à un âge plus avancé, il rejette beaucoup plus difficilement de souche. A l'âge de 25 ans, les forêts du littoral de Saint-Paul et de Saint-Gilles fournissent par hectare 200 cordes de bois de chauffage qui est vendu au prix de 15 fr. la corde sur pied; ce qui constitue un produit de 3,000 francs, soit un revenu brut annuel de 120 francs par hectare. Ce revenu est beaucoup plus faible dans les autres régions de l'île, dont le sol plus ou moins compact lui convient moins que les sables du littoral de Saint-Paul et de Saint-Gilles.

Il résulte de tout ce qui précède que le filao est la plus précieuse de toutes les essences qui ont été importées dans la colonie; les services qu'il rend sont considérables.

Deux autres essences, importées également vers la même époque que le filao, ont contribué, quoique dans une mesure beaucoup moindre, au reboisement du littoral de la colonie. Ce sont, le bois noir des bas (Acacia Lebbeck) et le lilas de l'Inde (Melia Azedarach). On les rencontre à l'état disséminé dans les bois et forêts du littoral. Elles fournissent toutes deux du bois de charronnage et d'ébénisterie très estimé. Ces deux essences ont le défaut de se ramifier à une faible distance du sol et de ne donner ainsi qu'une faible hauteur de fût. Ce défaut serait sans doute corrigé en conduisant les peuplements en massif serré dans le jeune âge. Les essais entrepris dans ce sens sont trop récents pour qu'on puisse en parler. Une autre essence importée plus récemment et beaucoup moins importante, le tamarin de l'Inde (Inga indica), rend également des services pour le reboisement du littoral.

Dans les cirques de l'intérieur de l'île, dans les encaissements des torrents et dans la zone élevée des terrains concédés, de grandes superficies de terrain étaient devenues incultes, soit par manque de fertilité naturelle du sol, soit par suite de l'épuisement des terres dû principalement à l'érosion, car ces terrains sont généralement très accidentés ou situés sur des pentes rapides, soit encore par défaut des bras nécessaires à leur culture. Le Service forestier de la colonie, et quelques grands propriétaires, parmi lesquels il faut citer en première ligne la Société du Crédit foncier colonial, ont entrepris de reboiser ces terrains. Là, comme ailleurs, on ne pouvait pas songer à s'adresser aux essences indigènes, qui ne peuvent vivre et prospérer que dans l'humus de la forêt et à l'abri d'un couvert. On s'adressa d'abord au filao de la Nouvelle-Hollande (Casuarina tenuissima) et à l'acacia Bernier (Acacia dealbata). Le premier, qui vient bien sur les terrains argilo-ferrugineux et pauvres des altitudes élevées, croit rapidement et rejette facilement de souche, plut d'abord aux particuliers qui visaient à la production du bois de chauffage. Le second, par sa faculté de drageonner, a rendu des services pour le reboisement des pentes d'encaissement des torrents. Le bois de ces deux essences très répandues aujourd'hui entre les altitudes de 300 à 1,200 mètres fournit un excellent charbon; il est moins estimé comme bois de chauffage.

D'autres espèces d'acacia qui furent successivement introduites dans la colonie y prospèrent également; mais leurs peuplements sont encore peu nombreux, et nous manquons de données précises sur leur avenir. Quoi qu'il en soit, le forestier a, dès maintenant, à sa disposition dans la colonie, les

   Acacia dealbata.
   Acacia vera.
   Acacia decurrens.
   Acacia pycnanta.
   Acacia saligna.
   Acacia salicina.
   Acacia robinia.

Quelques-unes de ces espèces ont une écorce assez riche en tannin ; elles pourront peut-être rendre des services à cet égard dans l'avenir. On reproche aux acacias de ne pas résister à la violence des cyclones qui fréquentent nos régions; mais leur faculté de drageonner répare bien vite les dégâts occasionnés par les cyclones.

C'est également en vue de la production rapide du bois de chauffage qu'une troisième espèce de filao, le Casuarina quadrivalvis, a été répandue depuis quelques années par la Société du Crédit foncier colonial et par le Service des forêts. Cette espèce, qui n'atteint pas de grandes dimensions, croît très rapidement, drageonne et fournit un bois de chauffage supérieur à celui du filao de la Nouvelle-Hollande, dont il partage l'habitat. Elle prospère, en effet, jusqu'aux altitudes élevées, et est appelée, à cet égard, à rendre des services aux propriétaires de la colonie. Elle sera également très utile au Service des forêts pour le maintien des terres sur les pentes abruptes des cirques et des torrents. Malheureusement, il semble résulter des effets du cyclone qui a visité la colonie le 6 mars 1899, que cette espèce résiste mal à la violence des vents.

On conçoit que dans le travail de reboisement des terres incultes de la colonie l'on ait songé tout d'abord à multiplier les essences propres à fournir du bois de chauffage. C'est lui, en effet, qui, à la suite des défrichements, a fait, le premier, défaut aux usines et aux agglomérations d'habitants situées toutes primitivement sur le littoral. A mesure que les défrichements s'avançaient dans l'intérieur de l'île, le prix de revient sur le littoral, du bois de chauffage qui en provenait s'accroissait rapidement, par suite des difficultés de son extraction et de son transport, et le moment vint où les produits des forêts artificielles du littoral le remplacèrent complètement sur les marchés. Seul, le charbon de bois nous vient encore, à l'heure actuelle, des forêts de l'intérieur.

Les bois d'œuvre devenant de plus en plus rares, on dut songer également à en produire rapidement, et l'on s'adressa, également dans ce but, aux essences exotiques à croissance rapide. Parmi elles, ce sont les eucalyptus, les pins, les araucarias, le Grevillea robusta, le camphrier, le bois noir des bas (Acacia Lebbeck) qui ont été le plus propagés par le Service des forêts. Une essence indigène, le benjoin, qui peut être plantée en terrain nu, et dont le bois est excellent, a été également multipliée par le Service.

Les espèces d'eucalyptus importées dans la colonie sont très nombreuses, et nous ne sommes pas encore bien fixés sur la valeur respective de chacune d'elles. Celles qui ont été le plus répandues par le Service des forêts, sont :

Sur le littoral et dans la région moyenne de l'île, les Eucalyptus robusta, rostrata, resinifera, et sur les régions élevées l'Eucalyptus globulus. Il possède également des représentants des espèces suivantes :

Eucalyptus citriodora.
— gunnii.
— amygdalina.
— hæmastonia.
— calophylla.
— macrorhyncha, etc.

Ces espèces croissent très rapidement et fournissent un matériel ligneux considérable dès l'âge de 15 à 20 ans. On reproche au bois de certaines espèces de travailler beaucoup en se desséchant. D'autre part, beaucoup d'entre elles résistent mal à la violence des vents, à en juger par les effets du dernier cyclone. Il faudra donc, dans l'avenir, faire un choix judicieux des espèces à propager, car il nous faut compter d'une façon permanente avec les cyclones.

Le Service des forêts possède actuellement 85,000 eucalyptus environ répartis dans différentes régions de la colonie.

Une essence appartenant à la famille des Protéacées, le Grevillea robusta, récemment introduite dans la colonie, est précieuse pour le reboisement des terrains dénudés de la région moyenne de l'île. Cette essence est très rustique, croît rapidement et donne un fût droit et élevé. Les données pratiques nous manquent sur les qualités de son bois; mais tout fait espérer que ces qualités seront au moins égales, sinon supérieures à celles des bois fournis par les eucalyptus.

De l'année 1893 à ce jour, le Service des forêts a mis en terre 21,282 plants de cette essence, qui sont partout d'une très belle venue.

Le benjoin (Terminalia benzoin) est une des rares bonnes essences indigènes qui puissent servir au reboisement des terrains dénudés. Il vient bien dans la région moyenne de l'île, et dans les sols divisés et assez riches. C'est principalement dans les bas-fonds des torrents qu'il prospère le mieux. Le service en compte plus de 22,000 sujets mis en terre depuis sept ans.

Le bois noir des bas (Acacia Lebbeck) que nous avons déjà cité pour le reboisement du littoral, rend également de grands services au forestier dans les parties sèches et arides du cirque de Cilaos, jusqu'à l'altitude de 600 mètres environ. Peu difficile sur le choix du terrain, très rustique et se dépouillant pendant la saison sèche, cette essence résiste facilement aux plus grandes sécheresses. Il est vrai que dans ces conditions elle n'atteint pas un grand dévelopement; mais elle est précieuse pour créer un couvert là où aucune autre essence ne pourrait s'installer. Son feuillage est d'ailleurs très recherché pour la nourriture des bovidés et des ovidés. En outre de l'action de son couvert sur la climatologie de ces régions arides, elle rendra donc toujours des services à la société, même là où elle n'atteindra pas les dimensions voulues pour fournir du bois de charronnage. Depuis l'année 1892, 200 hectares de terrains arides ont pu être reboisés avec cette essence, dont 170 hectares dans la partie sud du cirque de Cilaos et 30 hectares dans la plaine des Galets.

Parmi les pins, les essais ont porté jusqu'à ce jour sur le pin maritime, sur le pin noir d'Autriche et sur le pin des Canaries. De ces trois espèces, c'est le pin maritime qui a donné les meilleurs résultats dans les parties élevées des cirques de Cilaos et de la Nouvelle. Le pin maritime est montagnard pour la colonie, et rendra de très grands services pour le reboisement des régions élevées. Là, il s'élève jusqu'à la zone des tamarins des hauts dont il partage l'habitat. Le Service des forêts a été naturellement tenté de créer des futaies mélangées de ces deux essences, et il a entièrement réussi. Le mélange du tamarin des hauts (Acacia heterophylla) et du pin maritime (Pinus pinaster) constitue, à notre avis, un des meilleurs peuplements que l'on puisse choisir pour reboiser les terrains des hautes régions de la colonie. Soit isolément soit en mélange, ces deux essences ont servi à reboiser jusqu'à ce jour, dans les cirques de Cilaos et de la Nouvelle et à la plaine d'Affouches, 300 hectares environ de terrains dénudés.

En même temps qu'il travaillait au reboisement de la colonie avec les essences ci-dessus énumérées, le Service des eaux et forêts faisait également des essais d'autres essences. C'est ainsi qu'il possède des peuplements, récemment créés et de faible importance, de chênes, de camphrier, d'Araucaria Cockii, d'Araucaria Bedvoilli, d'acajou, de santal, de teck, de niaouli et d'autres essences dont il suit avec soin le développement. Parmi ces essences, l'Araucaria Cockii, ou pin colonnaire de Nouvelle-Calédonie, donne dès ici les plus grandes espérances.

Le camphrier, dont quelques particuliers possèdent d'ailleurs des peuplements déjà âgés, rendra également des services pour le reboisement de la zone moyenne de l'île.

Des esprits avisés avaient également songé à cultiver le quinquina dans la colonie. Le docteur Auguste Vinson en recevait des semences, le premier en 1866, et dès cette époque la plante était introduite. Mais les plantations ne se multiplièrent pas dès le début. En 1884, le Service des eaux et forêts entreprit de donner plus d'essor à la culture de cette essence, et en fit des plantations dans différentes régions de la colonie, afin de mettre des résultats sous les yeux des propriétaires. Trente mille sujets de Cinchona succirubra, de Cinchona calisaya et de Cinchona officinalis furent ainsi mis en terre dans les communes de Saint-Denis, de Saint-Paul et de Saint-Leu.

De ces trois espèces, c'est le quinquina rouge (Cinchona succirubra) qui a donné les meilleurs résultats. Le quinquina jaune et le quinquina gris ne prospèrent, en effet, que dans les sols très fertiles ; ils restent chétifs et dépérissent rapidement dans les sols de fertilité médiocre. Le quinquina rouge lui-même, quoique plus rustique que les deux autres espèces, ne vient bien que dans les sols assez fertiles, entre les altitudes de 500 à 1,000 mètres environ. Le Domaine ne possédant que peu de terrains disponibles présentant ces conditions, les plantations ont été faites principalement sur des terres appartenant à des particuliers. Elles ont parfaitement réussi en ce qui concerne le quinquina rouge. A l'âge de 10 ans, les sujets de cette espèce produisent en moyenne 3 kilog. 500 d'écorce. De l'année 1892 à ce jour, le Service a délivré aux propriétaires de la colonie 53,000 plants de Cinchona succirubra. Ce chiffre aurait été beaucoup plus important si les demandes avaient été plus actives.

Dans le même ordre d'idées, et pour faciliter l'exploitation des terres des régions élevées de l'île, le Service des forêts y a fait des essais de culture de thé[1]. Le thé de

---

[1]. On peut voir, à l'Exposition, du thé de la Réunion préparé par le Crédit foncier colonial (Agence de la Réunion), et qui est un produit tout à fait remarquable. (NOTE DE L'ÉDITEUR).

Chine et le thé d'Assam, qui ont été principalement répandus, viennent très bien dans la colonie à partir de l'altitude de 300 mètres environ. Ces espèces se reproduisent déjà naturellement par la semence, et sont presque naturalisées. Les propriétaires de la colonie pourront étendre rapidement la culture de cette plante le jour où l'industrie de la fabrication du thé s'y installera.

Enfin, depuis quelques années, le Service a aussi entrepris des essais de culture de plantes à caoutchouc. Il possède plusieurs milliers de plants de Manihot Gladziovii et de lianes à caoutchouc de Madagascar. Le Manihot Gladziovii vient très bien partout où on l'a planté ; mais jusqu'ici, il ne semble pas que sa richesse en caoutchouc réponde aux espérances qu'on avait fondées sur lui. Les lianes à caoutchouc de Madagascar sont beaucoup plus riches en suc à caoutchouc ; mais son extraction est coûteuse. Il faudrait une main-d'œuvre abondante et à très bon marché pour en tirer des profits.

Il convient d'attendre les résultats que fourniront les essais déjà entrepris avant de se prononcer sur l'avenir de la culture de ces plantes dans la colonie.

G. KEROURIO,
Chef du Service des Eaux et Forêts.

LE TABAC

L'expérience a depuis longtemps démontré que dans les îles tropicales, surtout celles dont le sol est volcanique, tous les produits de la terre s'affinent et gagnent par l'action du terroir et du climat une délicatesse dont n'approche aucun produit continental.

La preuve n'est plus à faire en ce qui concerne l'île de la Réunion. Chaque fois qu'une plante y a été importée et qu'une culture rationnelle a suivi cette importation, elle a donné, après plusieurs générations, des produits supérieurs aux produits des pays d'origine.

Le café de Bourbon est considéré par les connaisseurs comme le meilleur du monde entier, la vanille l'emporte également sur les autres espèces, les fleurs à essence, les plantes à parfum, les bois précieux, les herbes médicinales, en un mot, tous les végétaux utiles à l'humanité acquièrent naturellement, dans ce sol privilégié, leur maximum de vertu.

Seul, le tabac produit dans l'île n'a pas, jusqu'ici, été prisé à sa valeur, faute sans doute d'avoir été soumis, par grandes quantités de la même qualité, aux connaisseurs du monde entier, ce qui est impossible actuellement. Car chaque petit planteur prépare son tabac à la Réunion selon sa fantaisie, inspirée généralement par la routine ou par le désir de courir moins de risques et par la nécessité de livrer son produit le plus rapidement possible.

Aussi rencontre-t-on les différences les plus considérables entre les tabacs des différents planteurs, même quand les terres sont voisines à la même altitude et composées des mêmes éléments naturels. On peut dire qu'il y a autant de sortes de tabac à la Réunion qu'il y a de planteurs ; chacun d'eux a « son secret¹ » dont le but est de pallier aux deux défauts primitivement reprochés aux tabacs de l'île, qui sont l'incombustibilité et l'amertume. Et comme on prépare le tabac en carottes, faites de feuilles provenant de différentes époques de coupe et de recoupe, on trouve des dissemblances même dans les différentes carottes mises en vente par le même planteur.

Ainsi qu'on le verra dans nos conclusions, tant qu'une sorte de Régie agissant pour toute la colonie ne centralisera pas les tabacs de l'île, afin de leur faire subir une préparation uniforme, il sera impossible de porter un jugement sans appel sur les tabacs de Bourbon, et l'on

---

1. Par une déplorable entente de leurs intérêts, par une sorte de gloriole trop fréquente dans la colonie, les paysans ne livrent point facilement leurs secrets de culture. Chaque habitant presque, a sa manière à lui. Or, des différences même légères, dans la préparation, se traduisent par des changements considérables dans la qualité. C'est un fait reconnu pour tous les produits fermentés, aussi bien pour le tabac que pour le vin.

Ici, on récolte les tabacs avant leur maturité (Plaine, Bois-de-Nèfles, Saint-Paul); là, on leur donne, à la place de fumier, des cendres de bois (Salazie) ; ailleurs, on recommande l'arrosage des plants avec de l'eau dans laquelle on a fait macérer des tronçons de feuilles d'agaves (Saint-Louis) ; ailleurs encore on use uniquement de fumier de porcs, mais surtout de porcs nourris de tubercules (Dos-d'Ane, la Nouvelle, etc. Toutes ces méthodes tendent à rendre les tabacs plus combustibles et ont pour principal effet de leur fournir de la potasse sous la forme la plus appropriée aux ressources des petits cultivateurs qui suivent ainsi sans s'en douter les avis de Schlœsing.

La mise en carottes qu'on verra plus loin, constitue une méthode de fermentation, en vase clos, dans laquelle le coup de corde remplace la pression exercée par le « tas » sur lui-même, tandis que l'enveloppe de bananier ou de palmiste empêche l'accès de l'air.

XI. Le Berniga, Saint-Paul (*Cliché Mathieu*)   XII. Une Cascade sur la route de Salazie (*Cliché Mat...*)

pourra avec raison, selon la source où l'on aura puisé, leur trouver les plus grands mérites ou, au contraire, les défauts les plus irréductibles.

De grands efforts ont déjà été tentés pour obtenir que nos tabacs soient acceptés sur les marchés d'exportation, et il est certain que, tôt au tard, les tabacs de Bourbon, qui peuvent parfaitement être préparés de façon à flatter le goût des consommateurs européens, seront cotés à un prix relativement aussi élevé que les cafés, les vanilles et les autres produits de l'île.

Déjà, aux diverses Expositions, de nombreuses récompenses sont venues encourager divers producteurs. Les cigarettes du *Moulin-Joli*, par exemple, sont d'autant plus recherchées qu'elles sont plus rares, la Régie française des tabacs ayant jusqu'à présent refusé de les mettre en vente, et l'on remarquera certainement à l'Exposition de 1900 les tabacs exposés. Mais l'initiative individuelle est forcément insuffisante, parce qu'elle ne peut s'exercer sur tous les tabacs de Bourbon à la fois.

Tel qu'il est généralement mis en vente aujourd'hui, le tabac de Bourbon a pourtant de nombreux amateurs, et il n'est pas sans intérêt de décrire la manière actuelle de le planter, de le récolter et de le préparer.

Nous montrerons les défauts du système actuel; nous ferons suivre cette étude sommaire du récit succinct des efforts faits pour améliorer les modes de préparation, et nous terminerons par un projet d'installation de fabrique unique ou de régie des tabacs de la Réunion.

DIFFÉRENTES ESPÈCES. — Toutes les espèces de tabac viennent bien dans le sol de l'île aux différentes altitudes, mais les planteurs recherchent surtout celles qui sont les plus rustiques, dont les feuilles épaisses et rudes ont le plus de poids et qui peuvent donner jusqu'à trois coupes.

Les espèces primitivement importées à une époque très lointaine se sont hybridées, car on n'a, en général, aucun soin spécial pour les porte-graines ; toutefois, on peut reconnaître principalement les caractères du tabac *langue de bœuf*, du *gros tabac bleu*, du *macouba* et du *mille feuilles* (sorte de havane).

Dans certaines localités, les espèces de *Sumatra*, *Manille*, *Tabac d'Orient*, *Connecticut*, plus récemment importées, ont fortement hybridé les anciennes. Le tabac des hauts de l'île, notamment celui de Salazie, se rapproche davantage du havane. Celui des bas ressemble surtout au tabac bleu et au connecticut, notamment à Saint-Paul.

Semis. — On sème le tabac à différentes époques selon l'altitude, mais il semble que l'on puisse faire des semis avec succès presque toute l'année, et certaines espèces étrangères réussissent même souvent mieux en contre-saison.

Sur le littoral, on commence les semis en août ou septembre, sur des plates-bandes de terre tamisée, élevées de dix à vingt centimètres au-dessus du sol et qu'on a foulées et tassées. On fait le semis aussi compact que possible, sachant bien que les fourmis ne manqueront pas d'enlever un grand nombre de graines et que beaucoup de petits pieds seront détruits par les oiseaux et les insectes. Les planteurs soigneux couvrent les semis avec des feuilles, les entourent de petites clôtures, les arrosent d'eau dans laquelle on a fait macérer quelques tronçons de feuilles d'agave (aloès, dans le pays), dont l'amertume écarte les insectes et dont la teneur en potasse peut favoriser la combustibilité du plant futur. Mais les graines ainsi tassées germent lentement, et la pousse, après la germination, est peu rapide.

Il faut un mois, au moins, et plus souvent deux, pour

XIII. Établissement thermal, Cilaos (*Cliché Mathieu*)

XIV. Établissement thermal, Hell-Bourg (*Cliché Mathieu*)

que les petits plants qui s'étouffent mutuellement, soient bons à être repiqués.

Mise en nourrice. — On les repique dans d'autres plates-bandes plus larges et bien fumées, où on les espace de dix centimètres et où on les laisse « en nourrice », disent les planteurs, pendant au moins un mois encore, pendant lequel on les arrose fortement, et on les écheniile tous les jours. Le semis continue, pendant ce temps, à fournir des plants pour de nouvelles plates-bandes.

Dernier repiquage. — Enfin on transplante les pieds de la « nourrice » à la place définitive qu'ils doivent occuper dans les champs, trop souvent parmi les jeunes cannes à sucre ou les maïs. On les surveille un peu, jusqu'à leur reprise, pour les abriter du soleil ou pour remplacer ceux qui se sont desséchés, puis on les abandonne sans soins, sans le moindre buttage, jusqu'à l'écimage et la coupe.

Le plant, qui a souffert longtemps sur le semis et en nourrice, et que deux transplantations successives ont arrêté deux fois dans son développement, vient pourtant assez beau, pour peu que quelques pluies l'arrosent en temps utile ; mais les feuilles sont épaisses et rudes, le tissu couvert de nervures et les nervures médianes « boisées ». Le tout sera chargé de résines et gorgé de nicotine. Le planteur s'en réjouit. Nous verrons plus loin pourquoi.

Écimage. — Lorsque le tabac est arrivé à douze ou quinze belles feuilles, on l'écime en enlevant le cœur, composé de petites feuilles, qui termine le sommet de la plante. On surveille les aisselles des feuilles pour pincer les bourgeons qui ne manqueraient pas de se former après l'écimage[1] : on retire, pour mettre sécher à part, les deux ou

1. Certains planteurs ont emprunté aux Chinois la méthode qui

trois feuilles voisines de la terre qui ont déjà jauni et dont on fera des carottes de qualité inférieure.

Coupe. — Enfin, lorsqu'il est mûr, c'est-à-dire lorsque les feuilles du haut, quand on casse la nervure médiane vers son extrémité, font entendre un certain bruit spécial bien connu des planteurs, on coupe le pied au ras du sol pour le mettre à la pente dans un grenier sec ou dans un hangar spécial, mais souvent aussi dans une étable, dans une ancienne cuisine, dans un magasin à fourrages ou à grains, dans la paillotte même où habite le petit planteur ! A ce moment, quatre à cinq mois se sont passés depuis le semis !

Repousses. — Pendant un mois au moins encore le planteur va récolter les repousses qui viendront sur la souche ayant fourni la première récolte. Ces repousses seront assez abondantes et vivaces pour qu'il soit nécessaire d'en limiter le nombre à une ou deux par pied. Le tabac de ces repousses sera composé de feuilles plus petites, mais beaucoup plus combustibles que celui de la récolte précédente avec lequel d'ailleurs, il sera généralement mélangé dans la confection des carottes.

Porte-Graines. — Les bons planteurs ont eu soin de laisser de côté intacts avant l'écimage les plus beaux pieds, afin d'obtenir la graine nécessaire aux plantations suivantes.

Plusieurs même ont entouré les fleurs de sacs de gaze pour empêcher l'hybridation de l'espèce à laquelle ils tiennent, mais beaucoup aussi n'ont pris aucun souci du lendemain et laissent simplement aux souches quelques repousses fleurir et produire la graine nécessaire.

consiste à placer une goutte d'huile de pistache (arachides) sur chaque aisselle qu'on a débarrassée du bourgeon naissant. Aucune pousse ne se produit plus aux endroits qu'on a eu la précaution d'huiler ainsi.

L'habitude de vivre au jour le jour et l'imprévoyance sont des défauts incurables chez nombre de petits planteurs.

Mise a la pente. — Le tabac reste à sécher à la pente plus ou moins, selon que la température est plus ou moins humide et selon que les travaux des champs laissent plus ou moins de liberté au planteur. En général, jamais, à moins que la récolte ne soit exceptionnellement abondante et que les magasins ne soient pas assez vastes pour contenir toutes les carottes qu'on pourrait faire, le tabac ne reste pas assez longtemps à sécher.

On ne se doute pas généralement, même dans les pays producteurs de tabac renommés, de l'influence exercée par une longue et lente dessiccation sur la future qualité du tabac.

Qu'il nous soit permis de rappeler à ce propos le résultat de quelques expériences personnelles.

Influence de la mise a la pente sur la combustibilité. — Le tabac, avant toute fermentation, s'améliore considérablement, dans les pays chauds, en vieillissant à la pente. La combustibilité, notamment, est accrue.

Il se produit un phénomène très intéressant et peu étudié qui montre que, même après les recherches de Schlœsing sur la combustibilité, recherches que ce savant a conduites avec une méthode si rigoureuse et un esprit d'une si précise lucidité, il y a encore à glaner dans ce vaste champ d'observation.

Les feuilles de tabac de Bourbon, notamment celles qui sont incombustibles, abandonnées longtemps à la pente dans un hangar, finissent par devenir beaucoup plus aptes à prendre le feu et à le conserver. Dans nos pays chauds, où chaque hangar constitue une sorte d'étuve naturelle, les feuilles perdent certains défauts et gagnent des qualités nouvelles. Leur poids se fixe bientôt d'une manière à peu près définitive pour le même degré de siccité.

Les matières gommeuses (amidon?... sucre?... résine?..), qui rendaient la feuille collante et glutineuse au toucher, disparaissent avec le temps. Mais si déjà, par un lavage préalable, on en a enlevé la majeure partie, la combustibilité s'accroît beaucoup plus tôt. Comment? On peut envisager plusieurs hypothèses.

Y a-t-il échange, par endosmose, entre les gaz de l'air et ceux contenus dans les pores de la plante? — absorption d'oxygène? — élimination de gaz sulfurés? — Y a-t-il une sorte d'oxydation, de combustion, de carbonisation très lente? une naturelle transformation d'un produit végétal en amadou?

Plus simplement les faibles différences de température diurne et nocturne entre les parties supérieures et inférieures externes et internes de la feuille ont-elles, à la longue, un effet mécanique d'écartement et de division des fibres et des cellules déjà distendues par la chaleur constante du climat, favorable à l'introduction de l'air et par conséquent à la combustion?

Tout cela n'est point invraisemblable et vaudrait, sans doute, d'être examiné avec plus de rigueur scientifique que je n'ai pu le faire ; mais quelle que soit la cause, l'effet est certain, et des tabacs poussés dans un sol salé par des apports marins, comme ceux plantés par M. de Tourris à Savanna (Saint-Paul-Étang), classés d'abord incombustibles, se sont améliorés par la seule action du climat et du temps, d'une manière incontestable.

Les planteurs auraient donc grand avantage, pour la qualité de leur tabac, à le laisser longtemps — très longtemps — à la pente. Le minimum serait de six semaines à deux mois, selon la température ; mais c'est bien rarement que ce laps de temps s'écoule avant la confection de la carotte, le planteur ayant hâte de vendre son tabac.

Mise en carottes. — Les pieds une fois jugés secs sont descendus de la pente et les feuilles sont arrachées par un temps humide, afin de n'être pas trop endommagées. Quant au pied, le « coton », comme on dit, beaucoup de planteurs l'utilisent.

Il est encore bon à quelque chose. On le fait bouillir dans l'eau avec laquelle on humectera tout à l'heure, jusqu'à refus, les feuilles destinées à être mises en carottes. Cette eau, ajoutant à la nicotine contenue dans les feuilles celle contenue dans le « coton », augmentera la force du tabac au détriment de sa qualité. Mais peu importe la qualité ! La force et le poids tout est là pour le planteur !

Pour confectionner la carotte, on commence par jamber les feuilles ; c'est-à-dire que, tant bien que mal, on leur enlève rapidement la plus grande partie de l'arête médiane ; puis on les étend par terre les unes sur les autres dans le sens de la longueur et sur une surface d'un mètre carré environ.

L'épaisseur de la couche de feuilles varie. Très forte au milieu du lit de feuilles ainsi constitué, elle va en diminuant jusqu'aux deux extrémités. Les plus grandes et belles feuilles reçoivent sur elles les rangées de petites qui dominent au milieu de cette sorte de gâteau bombé, destiné à former la future carotte.

Le tout est copieusement arrosé d'eau dans laquelle ont bouilli, comme nous l'avons dit, les pieds secs dépouillés et à laquelle on a ajouté, parfois, du miel, du gros sirop (mélasse de canne à sucre), des sels de potasse, du faham, de la vanille ou d'autres aromates.

Deux hommes saisissent alors le bord du paquet de feuilles et le roulent sur lui-même en le serrant de toutes leurs forces.

Puis ils le maintiennent serré par quelques tours de liens en brins d'aloès.

Vient, aussitôt, l'opération de la mise sous corde.

On entoure le faisceau de feuilles ainsi formé d'une corde tressée en aloès, en vacoa ou en latanier, et qui, serrée le plus possible, de manière que chaque tour de corde touche le précédent, enroule sa spirale autour des feuilles et constitue une enveloppe clause aussi hermétiquement que possible par un moyen aussi sommaire. Pendant cette opération, les feuilles dégorgent un liquide noirâtre et poisseux formé de l'eau qu'on leur a fait absorber et qui a dissous en partie de la nicotine, des poussières et des gommes ; mais il reste encore plus de 50 0/0 d'eau dans la carotte ainsi formée et qui a pris l'apparence d'un losange allongé ou d'un énorme cigare pointu à ses deux extrémités, pesant en moyenne dix kilogrammes et rappelant, par sa forme, les fuseaux peints en rouge qui servent d'enseignes aux marchands de tabac en France.

La couleur du tabac dépend presque uniquement de la quantité d'eau qu'on introduit dans les carottes. Plus le tabac est mouillé, plus il est noir ; cela provient, en général, de ce que l'eau qui a bouilli avec les « cotons » secs dans des marmites de fer, décompose le tannin des feuilles. D'ailleurs, tandis que dans la plupart des pays civilisés, on recherche le tabac faible et blond, à la Réunion on préfère le tabac *noir* et fort.

FERMENTATION. — Une fois bien serrées sous leurs cordes, les carottes sont rangées debout sur une de leurs pointes dans le coin d'un hangar. On dirait une collection d'énormes navettes (dont le fil serait une corde), dressées les unes contre les autres le long des murs. Une première fermentation s'y produit, d'une manière fort inégale d'ailleurs, la quantité d'eau restée dans la carotte humectant davantage le bas de chaque carotte, tandis que le haut se dessèche.

Pour obvier un peu à cet inconvénient, on retourne bout pour bout les carottes pendant un mois ou deux, tous les huit ou quinze jours, de manière que la pointe du bas, qui supportait tout le poids de la carotte, prenne la place de celle du haut, et réciproquement.

Pendant le même laps de temps, on redonne au moins deux « coups de corde », c'est-à-dire qu'au moyen d'un « métier » ad hoc (sorte de cabestan qui permet d'exercer une très forte pression sur la corde, à mesure qu'on l'enroule autour de la carotte), on resserre avec force la corde qui entoure la carotte. Cette pression, qui arrête l'accès de l'air et ne permet qu'une fermentation lente, a pour but d'empêcher le tabac de moisir ou de « brûler ».

Mais l'enveloppe constituée par la corde laisse encore trop de passage à l'action de l'air extérieur qui dessèche le tabac. Il faut concentrer, comme en un vase clos, les aromes et les sucs de ce tabac humide et sous pression.

Entre le 2e et le 3e coup de corde, on interpose entre le tabac et la corde une enveloppe (ou *empaume* ou *emponne*) faite généralement d'écorce sèche de bananier, large tissu végétal souple comme une peau fine, lisse et tannée.

Encore une semaine ou deux d'attente (de rares et excellents planteurs laissent le tabac sous emponne plus d'un an) et les carottes sont portées à la fabrique où le fabricant les classera, continuera à leur donner des soins (nouveaux coups de corde) et les laissera vieillir, suivant leurs qualités et selon ses besoins.

Le tabac en carottes est vendu au fabricant, au comptant, à un prix peu supérieur aux frais de culture qu'on peut estimer environ 25 centimes le kilog. Mais les carottes contiennent encore 50 0/0 d'humidité ; et le petit planteur, ne calculant ni son temps ni ses peines, se félicite de vendre au fabricant l'eau contenue dans ses carottes au même prix que le tabac.

Emploi du Tabac. — Le tabac, après fabrication, sera surtout fumé en cigarettes, mais tout le tabac récolté n'est point porté à la fabrique. Il y en a une partie consommée à l'état de nature par certains habitants qui prennent simplement les feuilles jaunies sur le pied et les fument tant bien que mal, une fois sèches. Le goût de ce tabac, sans préparation, ressemble beaucoup à celui d'Orient, mais il est plus piquant et beaucoup plus fort.

Une partie du tabac, — beaucoup plus considérable, — mise en carottes, sert au planteur et à sa famille.

Enfin la meilleure part des carottes des petits planteurs est vendue en fraude ainsi qu'on en a la preuve par l'examen des Tableaux d'entrée du papier à cigarettes publiés par l'administration des Contributions indirectes.

Il entre *plus du double* de papier à cigarettes, — sans compter la fraude sur ce papier, — qu'il n'en faut pour consommer tout le tabac des fabriques, sur lequel l'impôt de consommation est payé.

Donc, la moitié au moins (beaucoup plus en réalité) du papier à cigarettes entrant dans la colonie est employée à fumer du tabac qui n'a point payé les droits.

Chiffre moyen, l'impôt (qui va en diminuant) est de 160,000 fr. environ. A 2 fr. le kilo, cela révèle une vente de 80,000 kilos par an, qui, *uniquement* consommés en cigarettes, donneraient environ soixante millions de cigarettes par an.

Or, comme il est entré, certaines années, de cinq à six tonnes de papier à cigarettes, on peut compter qu'elles ont servi à fumer cent trente-sept millions de cigarettes par an. Si l'on tient compte des entrées de papier en fraude qui sont importantes à cause de l'impôt exagéré, — 8 fr. le kilo, — qui frappe le papier à cigarettes, on peut calculer environ mille cigarettes par tête et par an, ce qui nous donne, pour la consommation locale, plus d'un kilo par tête et par an, et plus de cent mille kilos de tabac fumé en fraude et sans payer les droits.

La Réunion est un des pays du monde où, proportionnellement, on fait le plus de fraude et où l'on fume le plus de cigarettes.

Mode de fabrication et de vente. — Les carottes conservées dans les fabriques sont décordées au moment du hachage. Tout l'art du fabricant, à la Réunion, consiste à mélanger les tabacs de différents planteurs avant de les hacher, de manière à obtenir une bonne qualité uniforme, ce qui est un idéal *jamais* atteint.

Tous les fabricants ont en réserve de vieilles carottes d'excellent tabac de deux ans, très parfumé, qu'on mélange aux autres tabacs en très petite quantité dans la machine à hacher pour améliorer le tout. Ce tabac revient aux fabricants à 2 fr. le kilo, au moins. C'est lui qui donne au tabac de Bourbon son odeur tout à fait engageante, rappelant celle des fruits mûrs ou des confitures, des pruneaux ou du chocolat, selon le degré de fermentation.

Les tabacs de plusieurs carottes éprouvées d'avance sont donc associés et placés dans une machine à hacher constituée par un cylindre horizontal devant lequel tourne un large couteau en forme de disque bien affilé. Une vis de pression, à l'autre extrémité du cylindre, pousse un tampon qui refoule le tabac dans le cylindre et le fait avancer sur le couteau, au fur et à mesure du hachage.

Le tabac haché tombe dans un coffre en larges rondelles minces comme des feuilles de papier.

Des ouvriers le placent en petits tas sur des tables horizontales et le *roulent* sous la paume de la main, de manière à séparer les fibres encore mouillées et à les rendre *filantes*. Cette importante opération doit être conduite par des ouvriers d'élite, car, bien faite, elle donne un tabac aéré dont les brins réunis ressemblent à de longues chevelures[1]. Mais, mal faite, surtout avec les fines espèces de tabac peu résistantes à ces manipulations, elle ne produit que de la poussière et des boules gommeuses, presque inutilisables, ce qui est une grande perte pour le fabricant.

Quoi qu'on fasse, il y a toujours un déchet considérable, à cause de la finesse du hachage.

On met ensuite le tabac à sécher sur des tablettes, jusqu'à ce qu'il ait perdu la plus grande partie de son humidité.

Enfin des *cartouchiers* le prennent, une fois suffisamment sec, — avant que les brins soient rendus cassants, — et le mettent en paquets ou *cartouches* de 10, 20, 40, 100, 200, 500 grammes, selon la qualité du tabac.

Les tabacs les plus forts en nicotine et aux fibres les plus grossières sont empaquetés dans les plus petites cartouches, vendues cinq et dix centimes et achetées couramment par les consommateurs recherchant, avant tout, le *bon tabac noir et fort*.

Les tabacs plus délicats, dont la vente est beaucoup plus

---

1. On peut voir à l'Exposition du Moulin-Joli, au pavillon de la Réunion, une *natte* tressée en tabac de Bourbon. (NOTE DE L'ÉDITEUR).

rare, sont mis en cartouches de 40 à 500 grammes et destinés aux amateurs préférant le tabac parfumé, aux longues fibres, de couleur plus claire, et beaucoup moins chargé de nicotine.

Une fois faites, les cartouches sont revêtues de vignettes achetées à l'administration des Contributions indirectes dans la proportion de 2 fr. par kilo de tabac haché sortant de la fabrique.

Le prix moyen du tabac, en fabrique, sous cartouches vignetées, est de 4 fr. le kilo pour les petites cartouches qui se revendent dans les débits 5 ou 10 centimes pièce (soit 5 fr. le kilo) et contiennent le tabac le plus fort.

Le prix des cartouches plus grosses, de 40 à 500 gr. est de 7 fr. le kilo.

La différence de prix est certainement justifiée par la différence de qualité, mais non pas par la différence d'achat : c'est-à-dire que le fabricant achète aux planteurs leur tabac à un prix d'autant plus élevé que ce tabac est plus fort et plus noir, et aussi que les feuilles dans la carotte sont plus longues et plus solides. C'est cette qualité noire et forte qu'il revend le meilleur marché, parce qu'elle s'adresse à la masse des consommateurs qui ne peuvent payer plus de 5 à 10 centimes à la fois et qui néanmoins n'en veulent pas d'autre. Plus un tabac est *faible* et *blond*, moins le fabricant le paye cher. Or, c'est justement celui qu'il revend en grosses cartouches à de rares amateurs, à un prix élevé.

La culture, la fabrication, la vente, la surveillance des agents du fisc, le mode de perception des droits de consommation, bref, tout le régime des tabacs à la Réunion est plein de ces anomalies.

FRAUDES. — Le droit de consommation, beaucoup trop élevé, est un encouragement à la fraude qui se fait, dans toute l'île, sans répression sérieuse. Ce n'est guère qu'à Saint-Denis que les fumeurs consomment généralement le tabac des fabriques ayant acquitté l'impôt.

Dans tous les autres quartiers, on se procure le plus facilement du monde du tabac de fraude à 2 fr. le kilo, ce qui est une concurrence désastreuse pour les fabricants des quartiers. Les fabricants ne peuvent évidemment lutter à ce prix, puisqu'ils ont déjà 2 fr. de droits à payer par kilo, sans compter leur licence de 500 fr. par an et la licence de débitant d'environ 300 fr.

D'autre part, les planteurs, leur famille, leurs alliés, tous ceux qui, à tort ou à raison, se disent producteurs, n'eussent-ils que dix pieds de tabac devant leur porte, ont le droit de posséder chez eux une carotte entamée et environ 500 grammes de tabac haché. Ils ne s'en font pas faute. Comme tout le monde fume à la Réunion, souvent même les jeunes enfants, on voit combien de recettes le fisc perd.

Toutes les opérations faites dans les fabriques, depuis le hachage jusqu'à la pose des vignettes, sont surveillées par un agent des Contributions indirectes, constamment présent et qui emporte la clef de la fabrique pendant les heures de repos.

La surveillance n'est guère difficile ni méritoire, tout le tabac se trouvant concentré dans une seule pièce, munie d'une unique porte, et dont toutes les autres ouvertures sont grillées. La fraude serait, d'ailleurs, bien difficile et bien peu productive, car il faudrait qu'elle se fît devant tous les ouvriers, en quelque sorte publiquement ; et comme là, on ne vend qu'aux débitants qui, eux, ne peuvent revendre que des cartouches vignetées, les seules que le public reçoive chez les débitants, on peut dire que la surveillance permanente dans les fabriques est réellement presque sans objet ; des visites inopinées suffiraient, dans les fabriques et dans les débits.

Il faut reconnaître d'ailleurs qu'elle n'est ni vexatoire ni même gênante.

Mais combien elle s'exercerait avec plus d'utilité et de profit pour le fisc, si les nombreux agents qui sont immobilisés dans les fabriques étaient occupés à réprimer la fraude qui se fait partout ailleurs !

MOYEN DE RÉPRIMER LA FRAUDE. — Ce n'est point le tabac sous vignettes qu'il importe de surveiller ; celui-là a acquitté l'impôt. C'est la fabrication des carottes et leur écoulement dont il faudrait dresser un compte exact. Il n'y a rien de vexatoire pour les honnêtes planteurs à être astreints à déclarer le nombre des carottes qu'ils ont fabriquées tous les ans et à représenter, à toute réquisition, soit le nombre de carottes déclarées, soit un reçu du fabricant qui les a achetées, reçu qui, si l'on se défie du fabricant, pourrait être contresigné par l'agent des douanes en permanence dans la fabrique. Une certaine quantité de carottes serait laissée au planteur pour sa propre consommation.

Par ce moyen, toute possibilité de fraude est évitée ou toute fraude peut être immédiatement découverte.

Aucun effort jusqu'ici n'a été tenté dans ce sens.

BÉNÉFICES DES FABRICANTS. — Les fabriques de tabacs de la Réunion, — elles sont actuellement au nombre de sept, — qui pouvaient se soutenir largement lorsque l'impôt était de 1 fr. par kilo, sont loin d'être prospères, aujourd'hui que le droit a été élevé à 2 fr. Elles ne doivent leurs bénéfices qu'à la vente du tabac d'exportation à Maurice et Madagascar, cette vente étant exempte de tout droit.

La principale fabrique, pour le chiffre des affaires appartient à un Chinois qui, grâce au solide appui de ses compatriotes, tous débitants de tabacs à Bourbon et

Maurice, peut placer ses produits avec plus d'avantage et en plus grande quantité que tous les autres fabricants réunis.

Il est d'ailleurs facile de se rendre compte du rendement des opérations des fabricants.

Le tabac ordinaire est acheté environ 0 fr. 25 le kilo. On y ajoute dans la machine à hacher, environ un tiers de tabac à 0 fr. 50 et près d'un quart de tabac à 1 fr., plus une très petite quantité de tabac à 2 fr. le kilo. Le mélange peut revenir à 0 fr. 75 le kilo. Il y a, après hachage, triage et séchage, moitié de déchet.

Le kilo de tabac haché revient donc au fabricant à 1 fr. 50. A ce prix, il faut ajouter le payement des ouvriers (0 fr. 50 par 8 kilos, pour le hachage, 2 à 3 fr. par 1.000 cartouches ordinaires), la valeur du papier (de 0 fr. 10 à 0 fr. 35 par kilo de tabac), l'amortissement du matériel et des impôts, un pourcentage pour les pertes inévitables de tabac se gâtant en carotte, une autre pour les débiteurs insolvables, et enfin le droit de 2 fr. par kilo.

On voit donc que le tabac valant 1 fr. 50+2 fr. de droits, + au moins 0 fr. 40 de frais divers, ne revient guère à moins de 4 fr. le kilo aux fabricants.

Or, *c'est le prix auquel il est vendu aux débitants* par les fabricants, ainsi qu'on l'a vu plus haut.

Ajoutons que tous les frais sont faits *d'abord* par le fabricant, *avant toute recette*. Il commence par acheter le tabac, acheter les vignettes, payer les ouvriers, les impôts, et ensuite il attend que les débitants aient vendu son tabac pour rentrer simplement dans ses débours. S'il a besoin d'argent, il lui reste la ressource de se faire avancer par les banques des sommes plus ou moins fortes, en mettant ses carottes en gage.

On se demande donc où commence le bénéfice du fabricant ?

XV. Pont sur la Rivière de l'Est. Entrée (*Cliché Mathieu*)

XVI. Le pont sur la Rivière de l'Est (*Cliché Mathieu*)

Ce bénéfice est constitué d'abord par la vente du tabac de luxe qui, sous forme de cartouches de 0 fr. 30, 0 fr. 80, 1 fr. 60 et 3 fr. 50, se revend, comme nous l'avons dit, à 7 fr. le kilo de tabac supérieur et qui revient à moins de 4 fr., prix que coûte l'ordinaire.

Mais les acheteurs de tabac de luxe sont l'exception.

EXPORTATION. — Le véritable bénéfice est dans la vente du tabac d'exportation pour Maurice et Madagascar, où se trouvent des créoles qui, habitués au tabac des fabriques de Bourbon, n'en veulent pas d'autres. Ce tabac se paye en fabrique de 3 fr. à 5 fr. le kilo, selon qualité, et comme il est exempt de droits et emballé généralement en grosses cartouches, il ne revient guère à plus de 1 fr. 50 à 2 fr. le kilo.

Sans les recettes que leur procure le tabac d'exportation, toutes les fabriques de la Réunion seraient fermées depuis que le droit a été porté à 2 fr., mais il ne faudrait pas croire pourtant que ces recettes soient considérables.

Les marchés de Maurice et de Madagascar ne demandent pas à la Réunion plus de 90.000 kilos par an, dont moitié seulement de tabac haché, le reste en feuilles ; — encore y a-t-il plutôt décroissance depuis quelques années. — Cette exportation ne laisse pas aux fabricants de la Réunion, tout compte fait, un bénéfice net supérieur à 75,000 fr., dont la majeure partie est acquise, comme bien on pense, à la fabrique du Chinois.

CIGARES, CIGARETTES ET AUTRES PRODUITS. — Une autre source de bénéfice résulte de la vente du *tabac de bouche*, poussière de tabac impalpable dont la vente est exempte de droit. On y ajoute du jus de tabac, de la potasse, des aromates ; et cette poussière humide, dont la fabrication est plus délicate qu'on ne pense et qui doit être utilisée au jour le jour, est vendue pour servir de tabac à chiquer aux Noirs, notamment aux Malgaches, qui éprouvent à se placer une pincée de cette poudre sous la langue et à la conserver dans la bouche un plaisir dont il est difficile de se faire une idée. Nombre de jeunes et jolies créoles, suivant l'exemple de leurs aînées, se servent de cette poussière comme poudre à dents, et l'éclat des perles qui brillent entre leurs lèvres prouve qu'elles n'ont pas tort.

Certaines fabriques se sont fait une spécialité de la fabrication de ce « tabac de bouche », et les recettes produites par cette utilisation du tabac ne sont nullement à dédaigner, mais il est difficile de les fixer, même approximativement.

Il y a peu de priseurs à la Réunion, par conséquent peu d'amateurs du « tabac de nez », par opposition au « tabac de bouche ».

Les cigares fumés dans le pays sont tous fabriqués avec du tabac venant de l'Inde, en feuilles, ou de la Havane, mais surtout de l'Inde. Ce sont les Coringhys fabriqués par des « chiroutiers », Indous pour la plupart. Ces ouvriers sont peu habiles.

On importe dans l'île environ 8 à 10,000 kilos par an de tabacs en feuilles destinés à la fabrication des cigares. Il est à noter aussi qu'on trouve dans le commerce des cigares d'Algérie à bas prix. La consommation annuelle est de 40 à 50,000.

Il est difficile de les conserver longtemps dans le pays. Un insecte muni d'une tarière s'y développe et les transforme en cylindres percés de toutes parts (le *Xylopertha serricornis*, d'après M. Bordage). Il s'attaque notamment aux cigares les plus fins et les plus doux.

Quant aux cigarettes, le droit d'entrée frappé sur le papier à cigarettes, 8 fr. par kilo (40 fr. par colis postal de cinq kilos), oblige les fabricants à les vendre trop cher, si bien que presque tous les fumeurs qui se procurent du papier à cigarettes, parfois entré en fraude, préfèrent faire leurs cigarettes eux-mêmes.

Cigarettes du Moulin-Joli. — Seules, les cigarettes du *Moulin-Joli*, malgré leur prix élevé, ont, à cause de la qualité spéciale de leur tabac, des amateurs fidèles, pour la plupart d'origine étrangère au pays.

La fabrique du *Moulin-Joli*, à Saint-Paul, mérite une mention particulière. Elle a été créée dans le but de conquérir les marchés étrangers, grâce à une préparation très différente de celle des autres fabriques.

Cette entreprise, encore récente, est ainsi décrite dans une brochure publiée par la Chambre de commerce de la Réunion :

« Les expériences de culture tentées à diverses reprises
» pour obtenir des planteurs qu'ils cultivassent de nou-
» velles espèces de tabac qu'on pût exporter avec profit,
» avaient échoué.

» Deux défauts persistaient, malgré toutes les tenta-
» tives : le tabac était trop fort en nicotine, et il brûlait
» mal.

» Le directeur du Moulin-Joli, après avoir vainement,
» par une culture appropriée, cherché à atténuer ces
» défauts, se persuada que, seul, un artifice de prépara-
» tion pourrait les faire disparaître.

» Il eut la bonne fortune de voir ses recherches dans
» ce sens suivies d'un plein succès.

» Aujourd'hui, par un choix judicieux des espèces, par
» des méthodes de culture améliorée, par des procédés
» nouveaux de fermentation établis d'après les règles de
» Pasteur, par l'emploi d'instruments hydrauliques spé-
» cialement créés à cet effet et remplaçant avantageuse-
» ment la main-d'œuvre, par l'usage de presses puissantes,

» par de nouvelles machines à hacher, conduites par des
» ouvriers d'élite, les tabacs fabriqués à l'usine modèle
» du *Moulin-Joli* sont, pour les vrais amateurs, absolu-
» ment sans rivaux.

» Leur parfum doux et pénétrant semble celui d'un
» fruit inconnu, mûri par le soleil des Tropiques. Il fait
» venir « l'eau à la bouche ».

» Leur arome est d'une délicatesse que les connaisseurs
» ne trouvent ni dans les plus vantés tabacs d'Orient ni
» dans les produits de la Havane les plus coûteux.

» Leur goût, qui surprend d'abord par sa nouveauté,
» flatte bientôt par son exquise saveur, et le fumeur, même
» habitué depuis longtemps aux tabacs étrangers des
» qualités les plus renommées, finit par ne vouloir
» consommer exclusivement que ceux de l'île Bourbon.

» Des récompenses qui sont devenues plus significatives
» à mesure que les procédés de fabrication du *Moulin-*
» *Joli* s'amélioraient, ont constamment été décernées à
» ses produits à toutes les Expositions auxquelles ils ont
» pris part.

» Commençant par une modeste mention honorable à
» Paris en 1893, ils ont suivi une ascension rapide, en ob-
» tenant deux médailles d'argent à Anvers (1894), une
» médaille d'argent, grand module, Paris (1894), un
» diplôme d'honneur, 1er prix, Saint-Denis (1894), la plus
» haute récompense, Port-Louis (île Maurice, 1894), deux
» médailles et un diplôme d'honneur, Bordeaux (1895),
» une médaille d'or, Rouen (1896), une médaille d'or,
» Bruxelles (1897).

» L'exploitation des tabacs de Bourbon, ayant été en-
» treprise avec le bienveillant concours et les précieux
» encouragements de la Chambre de commerce, de la
» Chambre d'agriculture et du Syndicat central agricole,

» dans un but d'intérêt général, beaucoup plus que dans
» un désir de bénéfice particulier, les prix sont restés
» aussi modiques que possible, et une véritable asso-
» ciation s'est établie entre les planteurs et le fabricant,
» en vue d'une constante amélioration.

» Tout fumeur qui use des cigarettes du *Moulin-Joli* a
» donc la satisfaction, en consommant un produit d'ex-
» cellente qualité, de coopérer à une œuvre utile à l'agri-
» culture, au commerce et à l'industrie d'une de nos plus
» anciennes et plus intéressantes colonies françaises. »

Rendement des impôts sur les Tabacs. —. On verra par les tableaux ci-joints que le rendement des impôts se divise en trois parties : 1º le produit du droit de consommation sur le tabac des fabricants à 2 fr. le kilo, qui donne environ 160,000 fr. par an ; 2º le produit des *entrées et droits d'octroi* sur les tabacs et cigares étrangers, soit 24,000 fr. pour la moyenne des dix dernières années, et enfin 3º le produit des *droits de douane et d'octroi* sur le papier à cigarettes, qui est de 8 fr. par kilo, soit 40,000 fr. environ.

Jusqu'en 1883, la fabrication du tabac n'était soumise à aucune taxe, et la colonie perdait ainsi une importante source de revenus.

Dans sa séance du 30 novembre 1882, un projet de décret délibéré par le Conseil général établit une taxe de 1 fr. par kilo *de tabac en carottes, à sa sortie des dépôts centraux*. Un arrêté du 11 décembre 1882 rend provisoirement exécutoire, à compter du 1er janvier 1883, ce projet de décret. La perception de cette taxe a lieu sous cette forme jusqu'au 1er avril 1887.

A cette date, par un projet de décret rendu exécutoire (arrêté du 29 mars), le droit sur le tabac, toujours fixé à 1 fr. par kilo, est perçu *à la sortie des manufactures, sur le tabac haché.* Un agent de l'administration exerçant une surveillance permanente dans les fabriques, veille à l'apposition sur les paquets de tabac des vignettes de différentes valeurs servant à constater que l'impôt a été perçu, comme un timbre-poste sur une enveloppe prouve que le port a été payé.

Ce projet de décret, délibéré au Conseil général, dans ses séances des 28 janvier et 3 février 1887, est transformé en décret le 2 septembre de la même année, et subit, à la suite de délibérations nouvelles (9 août 1889) des modifications sanctionnées par un nouveau décret, signé le 28 février 1890.

Notamment, à partir du 28 janvier 1890, la taxe de 1 fr. par kilo est élevée à 2 fr. (arrêté du 23 janvier 1890).

Cette taxe subsiste jusqu'à ce jour.

Par arrêté du 21 décembre 1892, pour compter du 1er janvier 1893, un projet de décret a été provisoirement mis à exécution (vote du Conseil général du 16 décembre 1892), fixant à 1 fr. le droit par kilo de résidu de fabrication de tabac. Le décret consacrant ces dispositions est daté du 2 juin 1894.

Voici les chiffres du rendement des impôts créés par ces divers décrets depuis 1883, jusqu'à 1898 inclusivement et divisé en deux périodes.

1° IMPÔT DE 1 FR. PAR KILO

ANNÉES	PRODUIT DE L'IMPÔT	ANNÉES	PRODUIT DE L'IMPÔT
1883	136.062 14	1887	86.324 50
1884	124.434 15	1888	89.777 37
1885	84.139 16	1889	111.578 78
1886	89.470 18		

2° Impôt de 2 fr. par kilo

ANNÉES	PRODUIT DE L'IMPÔT	ANNÉES	PRODUIT DE L'IMPÔT
1890	203.901 36	1895	149.978 68
1891	222.868 84	1896	169.423 04
1892	227.091 76	1897	181.334 24
1893	144.153 38	1898	160.468 16
1894	139.338 56	1899	»

Il résulte de l'examen de ces tableaux que l'élévation du droit de 1 fr. à 2 fr. a encouragé la fraude, et que la consommation du tabac payant les droits à 1 fr. le kilo, qui était de 110,000 kilos environ par an, est tombée depuis le droit de 2 fr. à 80,000 kilos. Cette différence de 30,000 kilos à 2 fr. de droits par kilo révèle une augmentation de fraude de 60,000 fr. par an.

Nous avons vu déjà l'examen des droits d'entrée sur le papier à cigarettes, dont on trouvera le tableau plus loin, nous en déceler une autre beaucoup plus considérable et nous prouver qu'on consomme rien qu'en cigarettes *plus du double* du tabac payant l'impôt.

Mais un enseignement est encore à tirer des tableaux fournis par l'administration des Contributions indirectes.

C'est l'empiètement progressif des Asiatiques dans l'industrie du tabac aussi bien que dans les autres branches de l'activité coloniale. Le péril jaune existe à la Réunion aussi menaçant que dans d'autres pays où il est signalé avec plus de force.

De 1883 à 1886 inclus, la fabrication du tabac est exclusivement aux mains de nos compatriotes. A partir de 1887, les Asiatiques (Chinois et Indous, mais surtout

Chinois créent des manufactures qui produisent non pas du tabac nouveau ni une clientèle nouvelle conquise sur la fraude, mais qui enlèvent aux fabricants du pays une part croissante de leur industrie dans la proportion suivante :

ANNÉES	Nombre de kilos fabriqués par		ANNÉES	Nombre de kilos fabriqués par	
	FRANÇAIS	ASIATIQUES		FRANÇAIS	ASIATIQUES
1887	77.493	8.831	1893	45.075	27.001
1888	78.713	11.063	1894	33.764	35.905
1889	98.060	13.518	1895	31.368	43.620
1890	80.786	21.164	1896	32.797	51.964
1891	66.563	44.870	1897	43.947	46.719
1892	66.065	47.485	1898	29.352	50.881

Ainsi donc, en douze ans, le marché a presque changé de main, sans le moindre profit pour la colonie, bien au contraire, le nombre de kilos payant les droits diminuant progressivement (le Chinois n'est-il pas le fraudeur par excellence ?) et les recettes provenant de ce commerce prenant le chemin de Chine au lieu d'être utilisées dans le pays.

En 1887, les Asiatiques fabriquent 8 tonnes de tabac contre 77 fabriquées par les Français.

En 1898, les Français n'en fabriquent plus que 29 et les Asiatiques ont atteint, par une progression constante, le chiffre de 50 !

L'entrée des tabacs et cigares étrangers produit une recette annuelle de 23,000 fr. environ, d'après la moyenne des dix dernières années dont voici le tableau :

RELEVÉ DES ENTRÉES DES TABACS FRANÇAIS ET ÉTRANGERS ET PRODUITS DES ENTRÉES
EN DOUANE DE 1889 A 1898 INCLUS

ANNÉES	TABACS FRANÇAIS			TABACS ÉTRANGERS			DROITS DE DOUANE SUR ÉTRANGERS	DROITS D'OCTROI SUR LE TOUT
	EN FEUILLES	HACHÉS	CIGARES	EN FEUILLES	HACHÉS	CIGARES		
	kilos	kilos	pièce	kilos	kilos	pièce		
1889	»	285	1.715	8.986	6	173.506	25.959 25	1.176 36
1890	»	527	»	9.272	176	37.140	24.626 90	1.210 32
1891	»	250	»	10.434	»	22.352	25.783 88	1.254 12
1892	»	644	150	9.990	»	41.000	25.794 92	1.290 84
1893	90	435	»	7.735	662	47.839	22.942 75	1.087 92
1894	100	224	»	9.102	»	4.200	22.840 51	1.132 68
1895	203	516	»	8.621	»	11.400	21.780 95	1.124 88
1896	»	296	16.850	7.042	»	67.250	18.949 58	910 80
1897	»	1.579	9.000	4.687	1.723	14.740	18.906 21	967 20
1898	»	2.128	10.200	7.288	»	57.035	19.362 97	1.154 16

Enfin la dernière source de revenus est le droit frappé sur l'entrée du papier à cigarettes, qui à 8 fr. par kilo, — tarif trop élevé qui constitue une prime pour la fraude, — produit annuellement une recette d'environ 40,000 fr.

RELEVÉ DES ENTRÉES DES PAPIERS A CIGARETTES FRANÇAIS ET ÉTRANGERS ET PRODUIT DES ENTRÉES EN DOUANE DE 1889 A 1898 INCLUS.

ANNÉES	PAPIERS A CIGARETTES		DROITS DE DOUANE SUR ÉTRANGERS	DROITS D'OCTROI SUR LE TOUT A 8 FR. LE K°
	FRANÇAIS	ÉTRANGERS		
	kilos	kilos		
1889	2.302	3.343	434 59	45.160
1890	4.121	2.084	270 92	49.640
1891	3.223	66	8 58	26.312
1892	3.276	534	69 42	30.480
1893	4.958	892	115 96	46.800
1894	6.131	234	30 42	50.920
1895	3.299	281	36 53	28.640
1896	4.476	»	»	35.808
1897	2.552	»	»	20.416
1898	3.078	»	»	24.624

Le tabac donne donc à la colonie une recette annuelle moyenne d'environ 220,000 fr. Il pourrait donner bien davantage, presque tout, — pour ne pas dire tout, — le tabac consommé dans les quartiers autres que Saint-Denis provenant de la fraude.

La culture qu'on peut estimer à 300,000 kilos par an pourrait être une source de bénéfices très importante pour le pays, s'il était possible aux planteurs de préparer leur tabac de manière à l'exporter avantageusement ailleurs qu'à Maurice et Madagascar.

DÉFAUTS DE L'ORGANISATION ACTUELLE. — Malheureusement, l'organisation actuelle est un véritable empêchement à toute amélioration dans la culture et dans la préparation, car, actuellement, le planteur A AVANTAGE *à produire des espèces grossières.*

Nous avons vu, dans le détail des opérations de culture, qu'il *se réjouit* de voir son tabac pousser en feuilles larges, épaisses, « boisées ».

Car il calcule que cinq pieds, même après suppression des plus grosses nervures, lui donneront, mis en carotte et fortement additionnés d'eau, une livre de tabac que le fabricant payera, au poids, un prix moyen de dix à quinze centimes.

Et il répond à ceux qui lui recommandent des méthodes développant plus rapidement les plants et assurant plus de finesse aux feuilles et plus de délicatesse au parfum : « Je » vends mon tabac au poids. Plus il est épais, et plus il absorbe » d'eau ; plus il est grossier et long à venir, et plus il est » fort en nicotine, ce qui permet au fabricant de vendre » du *bon tabac fort* qu'il me paye plus cher.

» Ne me parlez pas de vos espèces à feuilles fines. » *Ça ne rend pas!* Le mien me donne deux à trois mille » kilos par hectare, soit un bénéfice de mille francs en- » viron. Essayez de faire cela avec votre havane, et » vous verrez ! »

Son raisonnement, étant donné le mode actuel de préparation et de vente et le goût des consommateurs locaux, ne manque pas de logique.

Le fabricant, de son côté, étant obligé de hacher le tabac excessivement menu pour faciliter son aération et par conséquent sa combustion, recherchera les carottes dont les feuilles sont longues, épaisses, résistant au couteau.

Il sait, par expérience, que les autres, dont le parfum serait, certes, plus agréable et la qualité bien supérieure, mais le tissu plus fin, se mâcheraient par le hachage et donneraient, non des fils fins comme des cheveux, mais de la poussière et des boules gommeuses, d'où une perte considérable.

Les planteurs se préoccupent peu des goûts de l'étranger. Le fabricant, qui se voit fermer par la Régie française le marché métropolitain, s'en soucie encore moins ; l'habitude prise par les consommateurs locaux d'un tabac très fort est devenue un besoin qui a corrompu le goût à un point tel que l'on a, pour caractériser les tabacs étrangers à Bourbon, notamment le scaferlati de France, une réflexion toujours la même qui se dit sur le ton le plus méprisant : « Ce n'est pas du tabac, c'est de la paille ! »

Celui du pays, au contraire, même par petite quantité (surtout certains tabacs confectionnés par les fils du Céleste-Empire et qui sont aromatisés avec de l'opium) vous étourdit très légèrement, calme la faim et « ôte l'envie de fumer » ! Si ce résultat est acquis pour un prix modique, par exemple, comme il arrive, avec une seule cigarette, ah ! voilà du bon tabac !

Le système actuel qui peut évidemment s'éterniser, d'autant mieux qu'il est plus ancré dans les coutumes, est donc absolument contraire à tout progrès, et la colonie ne recevra les ressources nouvelles et considérables qu'elle pourrait tirer de son tabac que le jour où elle remaniera de fond en comble le régime en vigueur.

Elle a, d'ailleurs, à maintes reprises, essayé et tenté des expériences qui, malheureusement, n'ont point été poursuivies jusqu'à la solution du problème.

Du reste, l'exploitation des tabacs de Bourbon est assez complexe et présente des aspects différents et des solutions presque opposées, selon qu'on se propose de produire : du tabac pour le pays et Maurice, du scaferlati pour l'entrepôt en France, des feuilles pour l'exportation, des cigarettes pour les consommateurs d'Europe, des cigares de luxe comme ceux de la Havane.

En ce qui concerne le pays, la culture et la fabrication à la manière actuelle avec une répression de la fraude par le moyen que nous avons indiqué plus haut, donneraient pleine satisfaction.

Pour le scaferlati, à la rigueur, le tabac de carotte, un peu modifié, mélangé à des feuilles ayant subi une fermentation spéciale et haché beaucoup plus gros, après lavage, suffirait amplement, si on pouvait le produire à bas prix.

Mais pour les tabacs en feuilles ou pour ceux fabriqués en cigares, il ne faut pas songer à utiliser les espèces ordinaires du pays ni la préparation en carottes.

Une brochure rédigée par M. Paul Bories et datée de 1865 montre qu'il y a trente-cinq ans déjà, on comprenait toute l'importance de cette étude.

Mission Michel. — En 1868, la Chambre d'agriculture demanda au Ministre des colonies de vouloir bien envoyer à Bourbon un agent de la Direction des tabacs, afin de montrer aux cultivateurs les préparations à faire subir à la plante pour rendre nos tabacs acceptables par la Régie française. Cette demande fut accueillie favorablement. Ce n'est guère pourtant qu'en 1883 que le département envoya l'agent demandé, et M. Michel se mit à l'œuvre, pendant trois ans, sans pouvoir obtenir les résultats désirés.

Les essais de M. Michel en 1884, 85, 86 ont été suivis de très près par le Crédit foncier colonial, qui lui a prêté tout son concours; et il nous reste de très intéressants documents sur cette période de travaux qui malheureusement n'ont point eu le succès qu'on en attendait.

Toutefois, M. Michel, une fois sa mission terminée, a conclu que les tabacs de la colonie pouvaient être cultivés avantageusement et que les profits de cette culture s'accroîtraient avec le temps et la pratique.

Mission de Tourris. — En 1890, M. de Tourris, créole du pays, qui avait étudié la culture et la préparation du tabac dans les pays tropicaux, a été chargé d'une mission par l'administration locale.

M. Adrien de Tourris, pendant trois ans, essaya de diriger les planteurs, en leur procurant des espèces de tabac nouvelles, susceptibles d'être vendues avantageusement sur les marchés d'exportation ; il leur prodigua les conseils les plus précieux pour les semis et la culture ; il fit planter lui-même par des travailleurs spéciaux, des champs modèles ; il acheta aux planteurs qui avaient suivi ses conseils les tabacs noirs ; il installa des séchoirs où il plaça à la pente les tabacs produits et mit en fermentation par masse ces mêmes tabacs secs.

Malheureusement, la plupart des planteurs sont restés sourds à cet appel comme au précédent, et M. de Tourris n'a jamais pu disposer à la fois de plus de 3,000 kilos de tabac pour une même récolte annuelle. Or, il lui aurait fallu 12 à 15 tonnes, bien homogènes, pour assurer la marche régulière et normale d'une fermentation en grandes masses ; sinon la fermentation en carottes ou celle décrite plus loin, usitée au Moulin-Joli, est encore préférable. En carottes, elle est la moins coûteuse et la moins pénible, et elle peut pallier les défauts inhérents aux tabacs de Bourbon ; le coup de corde y remplace la pression exercée par le tas sur lui-même, tandis que l'enveloppe de bananier ou de palmiste empêche l'accès de l'air.

Cette mission qui prit fin trop tôt, a pourtant réussi,

au moins en partie, puisque les tabacs plantés sur le domaine de Savanna étaient réellement remarquables et que, plus tard, ces mêmes tabacs préparés en feuilles et présentés à l'Exposition d'Anvers ont obtenu une médaille d'or. Malheureusement, les planteurs de la Réunion n'ont point de cultures assez étendues pour pouvoir mettre en pratique les excellents conseils donnés par MM. Michel et de Tourris.

Efforts dus a l'initiative privée. — Persuadé que, malgré ces insuccès relatifs, on ne doit point abandonner la question, le directeur du *Moulin-Joli*, désireux de posséder pour la fabrique de Saint-Paul des tabacs susceptibles d'être vendus en feuilles ou en cigares, a fait de nombreuses conférences publiques dans les centres les plus producteurs, notamment au Syndicat central agricole et à Saint-Louis; et ces conférences, organisées par M. Léon Colson avec son dévouement habituel pour tout ce qui touche aux progrès de l'agriculture dans le pays, ont été très suivies.

Au Moulin-Joli, on distribue depuis plusieurs années des graines gratuitement à tous les planteurs qui en demandent, et on donne, en même temps, des conseils imprimés dans un *memento* de quelques pages, conseils mis à la portée des petits cultivateurs et qui constituent déjà une amélioration sur les méthodes routinières généralement employées.

Nous reproduisons ici ces conseils.

MÉMORANDUM A L'USAGE DES PLANTEURS DE TABAC
DE LA RÉUNION

Qu'est-ce qui assure la force et la beauté des plants de tabac ?

1° Un labour PROFOND ;

2° Beaucoup d'eau et de soleil ;

3° Le soin apporté à chausser les pieds et à désherber.

Que faire pour éviter de produire du tabac « bon goût », mais qui ne brûle pas ?

Choisir les terrains légers, sablonneux, profonds, avec engrais de nitrate ou de chlorate de potasse, ou, à *défaut*, une ÉNORME quantité de *cendres* mélangée à la terre ; enfin, les arrosages fréquents et surtout le LAVAGE, *à l'eau courante*, des feuilles vertes d'abord, et ensuite des mêmes feuilles quand elles sont sèches.

Comment obtenir du tabac très parfumé ?

En additionnant de la chaux ou des calcaires dans les engrais destinés aux tabacs.

Comment obtenir du tabac très fort ?

Par des fumures énergiques, notamment au fumier de cabri et au détritus de vieilles carottes gâtées.

Comment éviter que le tabac soit trop chargé en nicotine ?

En fumant *très modérément* au fumier de ferme (bœuf), en arrosant *fréquemment* avec de l'eau dans laquelle on a fait macérer des morceaux d'aloès, des feuilles de caféier, et même du marc de café.

Pourquoi jambe-t-on le tabac ?

Parce que les queues et les arêtes médianes donnent un goût amer au tabac, mais il est bon de brûler les tiges, les queues et les cotons, et d'arroser de ces cendres le fumier destiné au tabac.

Pourquoi met-on le tabac en carottes très serrées, sous corde et sous emponne ?

Parce que toute fermentation doit être faite à l'abri

XVII. ÉCOLE CENTRALE. UN GROUPE D'ÉLÈVES *(Cliché Laffon)*

XVIII. Pendant les fêtes du Pongol (*Cliché Chatel*)

de l'air pour éviter le chauffage et la pourriture autant que la déperdition du parfum.

Mais le tabac fermenté en grandes masses exige beaucoup moins de soins et de dépenses; il est beaucoup supérieur comme qualité et bien plus homogène.

On doit donc remplacer, chaque fois que c'est possible, la carotte qui constitue *un vase clos imparfait,* par *une seule* fermentation en grande masse qu'on met à l'abri de l'air *sous* une très forte couche de *cendres*, après qu'on a lavé plusieurs fois les feuilles à *l'eau courante* pour les débarrasser des corps étrangers, et qu'on les a fait sécher.

Quelle espèce doit-on planter de préférence?

A Salazie, dans les hauts, le *Havane* de grande espèce.

Dans la région moyenne, le *Tabac du pays.*

Dans les bas, le *Connecticut*, tabac américain de belle venue, qui réussit admirablement dans les bons terrains de l'île, est très parfumé et se conserve sans trop dégénérer.

MANIÈRE DE PRÉPARER LES FEUILLES DE TABAC POUR LES RENDRE ACCEPTABLES SUR LES MARCHÉS EUROPÉENS

1° Coupez les pieds de tabacs entiers; mettez-les en tas vingt-quatre heures; suspendez-les au séchoir la tête en l'air.

2° Laissez-les six semaines à la pente.

3° Par un temps humide, retirez les feuilles; lavez-les en les trempant et en les agitant *une à une* dans l'eau *courante.*

4° Faites-les sécher en les étendant sur une *argamasse* ou sur le plancher d'une grande chambre ou hangar bien propre *(pas de terre ni de poussière aux feuilles).*

5° Faites-leur passer une nuit fanées dehors; le lendemain, mettez-les en tas couvert d'une bâche ; mettez-les dehors encore une nuit et en tas.

6° Triez-les, en rejetant toutes celles qui seraient déchirées ou défectueuses. (Les feuilles déchirées ne seront pas perdues, on les met en carottes. On est souvent forcé de rejeter près de la MOITIÉ des feuilles pour ne garder que les plus belles.

7° Faites des paquets de feuilles bien pareilles comme longueur et couleur, chaque paquet de 25 à 50 feuilles, liées par une mauvaise feuille de tabac : chaque paquet peut différer des autres, mais toutes les feuilles doivent être tout à fait pareilles par chaque paquet. On peut faire ainsi un paquet de feuilles noires grandes, un de jaunes petites, etc., un de rouges moyennes, un de noires petites, un de jaunes grandes, un de jaunes moyennes, etc.

8° Mettez vos paquets BIEN SECS en tas dans une chambre bien propre; visitez-les de temps en temps pour les empêcher de se gâter et choisissez un temps humide pour les porter au Moulin-Joli, sans les froisser ni les déchirer.

NOTA. — Les prix varient suivant la qualité. L'espèce ordinaire ainsi présentée soigneusement vaut en moyenne 0 fr. 50 la livre ; mais on peut gagner davantage en suivant les instructions ci-dessous et en cultivant du Havane ou du Connecticut.

MANIÈRE DE METTRE EN FERMENTATION LES FEUILLES PRÉPARÉES COMME CI-DESSOUS POUR LE MOULIN-JOLI

9° Coupez et jetez toutes les queues des paquets (si on les conserve, cela donne un goût amer au tabac).

10° Au milieu d'un hangar ou d'une très haute pièce

dallée ou bien battue, faites nettoyer un grand cercle, et répandez-y une couche de cendres.

11° Allumez dans cet espace bien cendré un feu de bois assez vif pendant deux heures au moins.

12° Répandez les charbons ardents sur toute la surface du cercle, et laissez-les encore une heure.

13° Tirez tous vos charbons et laissez une bonne couche de cendres chaudes sur toute la surface du cercle.

14° Disposez-y par terre, et en rond, un tas de paquets de feuilles, les queues tournées en dehors du cercle, que vous humectez *très peu* avec de l'eau salpêtrée.

15° Quand vous aurez formé une meule avec tout votre tabac BIEN TASSÉ, de manière qu'il n'y ait AUCUN VIDE à l'intérieur, vous recouvrez le tout d'une bonne charretée de cendres (au besoin cendres de bagasse) pour que l'air ne pénètre pas, et par-dessus vous mettez une bâche ou bien vous couvrez avec des gonis empilés les uns sur les autres.

16° Vous laissez cette meule, si elle est bien faite, au moins six semaines. On peut la laisser un an sans inconvénient, le tabac gagne. Mais si les feuilles ont été *trop mouillées* ou que l'air ait eu accès, on risque de trouver tout le tabac *pourri*. Il est bon de surveiller en plongeant la main dans le tas, de temps en temps, pour voir s'il ne chauffe pas trop.

17° Au bout de ce temps, lavez encore une fois votre tabac, puis mettez-le sous presse que vous serrerez tous les jours pendant quinze jours, et enfin apportez-le au Moulin-Joli.

La qualité ordinaire, ainsi préparée, vaudra 0,60 à 0,75 cent. Jambé, ce sera 1 franc la livre environ.

18° Il est à noter que si ces diverses opérations sont mal réussies, le tabac *peut toujours être mis en carotte* à n'importe quel moment de la préparation indiquée ci-dessus.

Nous sommes obligés de constater que, jusqu'à présent, peu de planteurs se sont astreints à suivre cette méthode peu onéreuse pourtant et que la plupart, après s'être engagés à l'appliquer, remettent sans cesse à l'année suivante l'expérience à faire et continuent à apporter à la fabrique leurs tabacs préparés en carotte.

Actuellement, le Moulin-Joli n'aurait pas, malgré tous ses efforts, une quantité suffisante de tabacs préparés en feuilles si des demandes un peu considérables se produisaient.

Il semble donc bien que, seule, une Régie des tabacs aurait l'autorité et les moyens pratiques nécessaires pour résoudre la question.

INSTALLATION D'UNE RÉGIE COLONIALE A LA RÉUNION. — Les mêmes causes amèneront toujours les mêmes effets, quels que soient le zèle et la compétence des directeurs des expériences tentées à la Réunion pour l'exploitation du tabac de l'île par une méthode de culture et de fabrication améliorées, que ces efforts soient dus à des missions émanant de l'administration elle-même ou à l'initiative privée.

Ainsi que nous l'avons montré, c'est le système actuel qu'il faut changer, de fond en comble, mais de manière à ne point compromettre les ressources actuelles, — si faibles soient-elles, — que la colonie tire de la vente des tabacs, et de façon à les augmenter au contraire, tout en préparant convenablement, pour l'extérieur, des tabacs que le sol est assurément susceptible de fournir, comme qualité et quantité.

Pour cela, il faudrait que la Colonie, elle-même, prît en régie la fabrication des tabacs.

Les fabriques actuelles seraient remplacées par une Manufacture Coloniale unique, dans laquelle on pourrait utiliser les capacités des fabricants les plus renommés et dans laquelle se feraient, comme actuellement, les opérations d'achat de tabac de carotte aux planteurs et de fabrication au goût créole, car il importe de ne point abandonner la clientèle du tabac de Bourbon actuel qui rapporte environ 100,000 fr. aux planteurs, 160,000 à la colonie et donne lieu à un mouvement d'affaires se chiffrant par environ 600,000 fr. dans le pays, ce qui est bien minime, comparé à la consommation qui pourrait être taxée.

Il n'y aurait rien de changé dans le mode de fabrication et d'achat du tabac créole, sauf que l'administration, plus loyale que le fabricant, dans ses achats, ferait naturellement disparaître les anomalies que nous avons signalées. Elle achèterait le tabac aux planteurs, selon sa valeur réelle, c'est-à-dire selon le prix qu'elle le revendrait elle-même.

Autrement dit, *les tabacs les plus fins et les plus faibles* SERAIENT PAYÉS LE PLUS CHER aux planteurs, contrairement à ce qui a lieu actuellement. Et c'est là un point capital pour l'amélioration des espèces de Bourbon et des procédés de culture.

La Régie coloniale achèterait aussi les tabacs en feuilles et fabriquerait, comme actuellement, des cigares de Coringhy et de Havane et des cigarettes comme celles du Moulin-Joli.

Elle planterait et ferait planter différentes espèces dans différentes localités de l'île et pourrait faire procéder à des fermentations par masses suffisantes qui nous donneraient le résultat cherché depuis si longtemps.

Il est d'ailleurs à remarquer que le tabac de carotte, quand il est fabriqué avec des espèces fines et délicates, mises en carotte avec soin, donne un scaferlati bien supérieur à celui qu'on fabrique en Europe.

La Réunion pourrait donc fournir non seulement, comme actuellement, du tabac créole aux consommateurs de Bourbon, Maurice et Madagascar, mais encore du tabac de troupe et de marine à tous les étrangers, à toutes les troupes et à tous les navires des pays voisins.

Enfin, elle produirait, en feuilles, pour les marchés de l'Europe, en cigares et cigarettes d'exportation, une marque de qualité toujours égale à elle-même qui ne tarderait pas à être prisée autant que les marques les plus réputées de l'étranger.

Cette réforme se fera tôt ou tard.

Elle peut être faite dès aujourd'hui sans secousses ni aléas, la colonie ayant la bonne fortune de posséder actuellement le matériel et le personnel nécessaires. Il est à souhaiter qu'elle soit réalisée le plus tôt possible, de manière que la colonie tire tous les éléments de son budget de recettes des deux sources qui, logiquement, devraient les lui fournir largement.

Les rhums et les tabacs sont les sources d'impôt les moins vexatoires. Puisant dans le sol du pays comme dans une mamelle féconde, elles rendraient avec usure au sol lui-même, aux propriétaires et aux cultivateurs, les éléments de prospérité qu'elles auraient momentanément empruntés.

A.-G. GARSAULT,
Directeur de la Manufacture coloniale de tabacs de Saint-Paul.
Délégué spécial et Commissaire de la Réunion
à l'Exposition Universelle de 1900.
Membre de l'Association syndicale professionnelle
des Journalistes républicains français.

VANILLE, THÉ, CULTURES DIVERSES

VANILLE

L'introduction de la vanille à la Réunion (*Vanilla flavifolia*) est due à M. Perrotet, botaniste voyageur. Les premiers plants importés furent partagés entre le Jardin du Roi, et M. Joseph Hubert, qui créa la première pépinière de cette orchidée industrielle sur sa propriété du Bras-Mussard, à Saint-Benoît. De là, des boutures furent peu à peu répandues dans toute l'île, et la superficie cultivée aujourd'hui en vanille est de 4,000 hectares, superficie qui tend sans cesse à augmenter. La vanille est surtout cultivée dans la partie du Vent, et les grands centres de production sont les communes de *Saint-André*, *Saint-Benoît*, *Saint-Joseph* et *Saint-Philippe*. Il faut en effet à la plante une atmosphère humide et chaude pour son développement. Tous les sols des vallées conviennent à la culture de la vanille, sauf ceux où l'eau séjourne pendant la saison sèche. Les terres riches en humus comme celles que l'on rencontre dans les forêts, offrent à la vanille tous les éléments nécessaires à sa végétation.

ÉTABLISSEMENT D'UNE VANILLERIE. — La vanille étant une plante grimpante, elle a besoin pour soutenir sa tige, munie de feuilles épaisses et larges, de tuteurs. Tous les arbres donc peuvent servir de tuteurs pour la vanille, sauf bien entendu ceux qui sont, comme le goyavier (genre *Psidium*), susceptibles de changer d'écorce. Parmi les arbres susceptibles de supporter les vanilliers, on peut citer :

> Le Manguier *(Mangifera indica)*.
> Le Jacquier *(Artocarpus integrifolia)*.
> Le Bois noir *(Acacia Lebbeck)*.
> Le Bibassier *(Eriobotrys japonica)*.

Les végétaux dont on se sert le plus souvent à la Réunion sont les filaos du pays *(Casuarina tenuissima)* et une euphorbiacée, le pignon d'Inde *(Jatropha curcas)*. Lorsque l'on plante de la vanille en forêt ou dans un verger, rien n'est plus simple ; les tuteurs se trouvant déjà en place, il suffit simplement de procéder à un élagage plus ou moins important pour permettre à la lumière et au soleil d'arriver jusqu'aux lianes. Le sol lui-même, dans ce cas, plus ou moins recouvert de débris végétaux, fournira aux racines la fraîcheur et la nourriture qui leur sont nécessaires.

Mais, la plupart du temps, l'on n'a pas toujours à sa disposition un sol recouvert d'arbres, et souvent les vannilleries nouvelles sont créées sur des terrains nus.

Voici, dans ce cas, comment l'on procède : Des tranchées de 0^m40 sur une largeur de 0^m30 sont ouvertes, la terre est complètement extraite de la fosse et remplacée par des débris végétaux de toute sorte, feuilles, brindilles, etc. D'autres fois, ces fosses sont exclusivement comblées au moyen d'aiguilles de filaos *(Casuarina tenuissima)*, plante très abondante et répandue dans toute l'île. Ce premier travail fait, des boutures de figuier d'Inde de 1 mètre à 1^m25 sont placées environ à 0^m75 ou 1 mètre de distance les unes des autres. Immédiatement après, la bouture de vanille de 1 mètre de long est placée contre le tuteur et fixée sur lui au moyen d'une ligature généralement faite avec des feuilles desséchées de vacoa (*Pandanus utilis*). Les racines du vanillier ne tardent pas, dans ce milieu favorable, à s'allonger en tous sens, et peu de temps après, à l'aisselle des feuilles apparaissent des bourgeons qui se développent généralement très vite.

Vers l'âge de deux ans, les premières fleurs apparaissent. Généralement elles sont sacrifiées, à moins que les pieds de vanille ne soient assez vigoureux pour pouvoir les nourrir; mais, même dans ce cas, on ne laisse sur chaque vanillier qu'un très petit nombre de fruits.

Vers l'âge de trois ans, le vanillier est en plein rapport; la fécondation artificielle des fleurs est confiée généralement à des femmes et à des enfants, par mesure économique.

Abris. — Les vanilleries demandent à être abritées contre les grands vents. Une haie formée par des manguiers ou des cocotiers remplit très bien ce rôle. Entre les fosses, l'on peut, si l'on veut, planter quelques bananiers dont les troncs, après la récolte des régimes, peuvent être coupés et placés aux alentours des vanilliers comme engrais.

Récolte des fruits. — La vanille est mûre sept mois après la fécondation de la fleur. On reconnaît que la vanille est bien mûre, par les signes suivants : la base du fruit prend une teinte ambrée sans que la gousse soit pour cela fendue; tout le péricarpe est parsemé de petites taches brunes; enfin, de loin en loin, et surtout à l'endroit où devra se faire la déhiscence, on aperçoit de chaque côté du fruit deux lignes bleuâtres qui le sillonnent d'un bout à l'autre.

PRÉPARATION DE LA VANILLE. — *Diverses méthodes employées à Bourbon*. — L'un des procédés les plus usités et le plus simple d'ailleurs pour la préparation des gousses est dit: procédé à l'eau bouillante : Lorsque l'eau a atteint une température de 55 à 65°, on y place les gousses pendant 4 à 5 minutes. Avant cette opération, les vanillons doivent être séparés des belles vanilles et échaudés à part. Il faut, en effet, une température plus élevée et plus de temps pour échauder les belles gousses. Ceci fait, la vanille, retirée de l'eau, est placée immédiatement dans des caissons en bois doublés de fer-blanc, bien capitonnés, et d'une capacité de 1 mètre cube environ.

Les couvercles des caissons, qui sont eux-mêmes garnis d'une chemise (couverture de laine très épaisse), doivent pouvoir se fermer hermétiquement, de façon à ce que l'air n'arrive pas, ou très peu du moins au contact des gousses de vanille, de manière à ne pas les refroidir subitement. On remarque, en effet, très souvent que certaines gousses, celles qui sont à la partie supérieure du caisson, par exemple, et celles également qui se trouvent dans les angles, sont bien moins réussies que celles du milieu. Il est même indispensable très souvent de passer de nouveau ces dernières vanilles à l'eau chaude. Les gousses séjournent pendant 24 heures dans le caisson. Cette opération terminée, on les enlève du caisson et on les place ensuite au soleil sur des cadres, en ayant soin de les envelopper dans une couverture de laine très épaisse.

La durée de l'exposition au soleil est de cinq ou six jours. Lorsque ces vanilles sont suffisamment desséchées, elles sont mises dans des magasins bien aérés, et sur des claies en rotin. Une fois sur les claies, on procède chaque jour à une opération que l'on nomme triage, et qui consiste à enlever au fur et à mesure les gousses les plus avancées et à les mettre de côté. Il y a en effet certaines gousses qui arrivent à point avant les autres. Il est une chose à laquelle on doit attacher une grande importance, c'est le dessèchement des crosses (pédoncules). Si le dessèchement se produit après que la vanille a séjourné au soleil, c'est que le fruit a été échaudé à un degré trop élevé. Avant d'être empaquetées, les vanilles séjournent sur des claies pendant deux mois et demi et même trois mois. Elles sont ensuite placées dans des malles en ferblanc, pour qu'elles puissent se refaire (terme employé par les préparateurs). Cela veut tout simplement dire que les gousses prennent une certaine souplesse.

Une fois les gousses bien refaites, il est bon de procéder à un examen sérieux, pour s'assurer qu'il n'existe pas à la partie externe une moisissure jaune ou noire. Celle qui apparait sous la couleur noire est surtout dangereuse et détériore immédiatement les vanilles si l'on n'y porte le plus tôt possible remède.

Classage. — Le classage des vanilles se fait suivant la longueur et suivant la teinte des gousses. La couleur noire ébène est la plus recherchée. Celles au contraire qui présentent à leur surface des taches rousses, et qui sont dites boisées, doivent être mises de côté. Les vanillons, c'est-à-dire les fruits qui ont au-dessous de 14 centimètres, sont séparés des autres et forment des lots à part, ayant naturellement moins de valeur.

Empaquetage. — Il y a, ou plutôt on procède à la Réunion de deux façons pour l'empaquetage des vanilles. L'une est dite empaquetage ordinaire, l'autre a reçu le nom d'empaquetage à la mexicaine. La différence réside tout simplement dans la disposition que l'on donne à la crosse : dans le premier procédé, la crosse est maintenue droite ;

dans le second, on la recourbe. On tend beaucoup aujourd'hui à mettre de côté le second procédé, qui diminue d'un centimètre au moins la dimension des gousses, et par suite celle du paquet. Le paquet, une fois fini, contient environ 70 à 110 gousses. Cela dépend d'ailleurs de la consistance des vanilles, de leur grosseur, et de la localité où la récolte a eu lieu. Il faut en moyenne 3 kilog. 600 à 3 kilog. 700 de vanille verte pour avoir 1 kilog. de vanille sèche.

Procédé de MM. Leffray et Leroux pour la préparation de la Vanille au Bois-Blanc (Sainte-Rose). — MM. Leroux et Leffray, grands producteurs de vanille, au Bois-Blanc, commune de Sainte-Rose, ont tenté de préparer la vanille au four. Comme pour la préparation à l'eau bouillante, il est indispensable que les fruits soient cueillis parfaitement mûrs. Le four employé a exactement la forme de celui employé pour la fabrication du pain. Il doit être chauffé à blanc entre 150° et 200°. Après avoir enlevé les cendres et les résidus quelconques qui s'y trouvent, on y place un thermomètre, et il faut alors attendre avant de s'en servir que la chaleur soit tombée d'elle-même à 60 ou 65 degrés. Ce procédé peut donner de très bons résultats, surtout lorsque l'on a à préparer une petite quantité de gousses, car il y a forcément une perte de temps par suite du refroidissement du four qui se fait lentement et qu'il est impossible de hâter. Lorsque la température du four s'est abaissée au degré voulu, on y place les gousses, que l'on a eu soin d'enrouler dans une chemise en laine et placer dans une boîte de fer-blanc, ayant environ quarante centimètres de haut sur cinquante centimètres de long. Chaque boîte renferme dix kilos environ de vanille; elle est hermétiquement fermée et placée dans le four pendant quinze à vingt heures. Au bout de quinze heures, on peut ouvrir les boîtes, de façon à se rendre compte du travail; et si l'on aperçoit à ce moment que la vanille a pris une teinte brune ou plutôt qu'elle a une couleur ambrée, c'est qu'elle doit encore séjourner dans le four pendant une heure ou deux au plus. Il importe à ce moment de surveiller les gousses avec le plus grand soin. Deux heures après, on enlève avec soin les boîtes que l'on doit placer dans un magasin muni d'un parquet bien sec, de façon à éviter un brusque refroidissement. Chaque boîte sera enveloppée d'une couverture très épaisse, de façon à maintenir le plus de chaleur possible pendant douze à quinze heures, et à ce que la vanille soit parfaitement étuvée.

Au moment où les gousses sont retirées des boîtes, ces dernières doivent contenir le plus d'eau de végétation possible. Si, au contraire, on remarque qu'il n'y a qu'une faible proportion d'eau, c'est que la vanille a été brûlée et que la chaleur a été, par conséquent, trop intense.

Pour la préparation à l'eau bouillante, comme pour celle au four, le degré de chaleur voulu est généralement obtenu par tâtonnements et au moyen d'essais répétés. Il est en effet impossible de fixer un degré de chaleur invariable. Tout cela dépend de la consistance de la gousse, et cela est si vrai que, pour la préparation des différentes vanilles de la colonie, il y a des degrés de chaleur différents à observer. La gousse peut être, en effet, plus ou moins aqueuse, c'est-à-dire contenir plus ou moins d'eau de végétation, suivant que cette orchidée s'est développée dans un climat humide ou sec. Les autres opérations sont les mêmes que pour la préparation à l'eau bouillante. Chez MM. Leroux et Leffray, les journaliers sont payés à raison de trois francs par jour. Ils fournissent journellement trente-cinq paquets de vanille, si l'empaquetage se fait à la mexicaine, et de quarante à cinquante paquets, si l'empaquetage est ordinaire.

Procédé François Bouquet. — Le procédé de M. François Bouquet a un grand avantage sur les deux premiers; c'est que la vanille peut être préparée par n'importe quel temps, puisque l'action du soleil devient absolument inutile. Voici d'ailleurs en quoi consiste ce procédé, pour lequel M. Bouquet s'est fait breveter : Tout près du magasin de vanille, dans une dépendance y attenant, se trouve une petite chaudière à vapeur destinée à produire la chaleur nécessaire dans des armoires que nous décrirons plus tard. Le magasin à vanille est une pièce qui peut avoir 27 mètres de long environ sur 7 mètres de large. C'est, du moins, la dimension du laboratoire de M. Bouquet. Le rez-de-chaussée est réservé à l'échaudage et à l'étuvage des vanilles vertes; car, quel que soit le mode de dessiccation employé, les gousses doivent toujours être soumises à l'échaudage, ou, si vous le voulez, à l'ébouillantage entre 50° à 60°. L'étage du bâtiment est spécialement réservé au travail de dessiccation des gousses à l'air libre. Dans la salle du rez-de-chaussée, se trouvent également quatre grandes caisses en bois de dimension variable, mais doublées en zinc à l'intérieur. Deux d'entre ces caisses sont spécialement réservées à l'échaudage de la vanille, les deux autres servent au contraire d'étouffoirs aux vanilles ébouillantées. Sur le fond des caisses à échauder sont placés des serpentins en plomb dans lesquels circule de la vapeur.

Cette vapeur sert tout simplement à ramener au degré voulu l'eau qui s'y trouve et qui a été préalablement introduite dans les caisses. L'eau ne tarde pas à atteindre bientôt soixante degrés, température que l'on élève et que l'on abaisse à volonté en ouvrant ou fermant le robinet qui conduit la vapeur dans le serpentin.

Chaque caisse peut échauder par jour environ mille kilos de vanille verte. Le reste du laboratoire est occupé par une vingtaine d'armoires dont voici la description : Elles ne diffèrent des armoires ordinaires que par leurs dimensions plus larges et moins hautes. Sur chaque tablette contenue dans leur intérieur, se déroulent également des serpentins en plomb de petit diamètre. Au-dessus de ces serpentins et suivant exactement leurs contours, les tablettes sont percées de petits trous assez rapprochés les uns des autres et destinés à l'entrée de l'air. Vers le milieu de la hauteur de l'armoire, on place également une tablette munie d'un serpentin et percée de trous. Au centre du plafond, il y a une ouverture de dix centimètres de diamètre surmontée d'un tube en fer-blanc de 1^{m}25 de haut.

Sur les flancs intérieurs se trouvent fixées de petites tringles en bois servant de glissoires aux claies qui supportent les gousses. Chaque armoire peut contenir douze claies, recevant chacune cinq ou six kilos de gousses préalablement échaudées et passées à l'étouffoir, comme il a été dit plus haut. Les claies contenant des gousses, une fois mises en place, les portes de l'armoire fermées, on ouvre le robinet de vapeur placé sur le conduit principal. Les serpentins s'échauffent en échauffant à leur tour l'air environnant, qui se raréfie, s'élève en traversant les claies, à la partie supérieure, en attirant au dedans, par les trous qui sont à la base de l'armoire, une nouvelle quantité d'air. Un courant d'air chaud s'établit donc de bas en haut et s'échappe par le conduit supérieur en entraînant avec lui les vapeurs qui se dégagent des gousses, ou plutôt l'eau de végétation qu'elles contiennent.

L'opération dure de deux à six jours, suivant la provenance des vanilles et leur degré de maturité. Toutes les opérations à faire subir aux gousses vertes sont les mêmes que celles indiquées plus haut pour les deux premiers procédés de préparation.

Procédé au Chlorure de calcium. — Ce mode de préparation de la vanille, tout nouveau dans la colonie, n'est guère employé que par le Crédit Foncier et par M. Laborde, propriétaire d'une grande vanillerie au Grand-Brûlé. Voici en quoi il consiste : La vanille une fois échaudée, sa dessiccation est obtenue en vase clos, et dans une atmosphère dépourvue complètement de vapeur d'eau. Pour cela, il s'agissait de trouver un corps quelconque susceptible d'enlever à l'air les moindres traces de vapeur d'eau, et c'est au chlorure de calcium que l'on a dû avoir recours.

Les gousses sont placées dans des récipients en tôle galvanisée, récipients qui doivent, comme on le pense bien, pouvoir se fermer hermétiquement pour empêcher toute pénétration de l'air extérieur et, par suite, de la vapeur d'eau. Les gousses sont disposées dans des récipients sur des claies, et au-dessous de ces claies sont disposés un certain nombre de vases munis à leur partie supérieure d'une plaque de tôle perforée sur laquelle est placé le chlorure de calcium. Par ce procédé, assurent ceux qui en font usage, on obtient une dessiccation régulière et la vanille n'est jamais boisée. Il faut cependant arriver à doser d'une façon convenable le chlorure de calcium. De certaines observations, il résulte qu'un kilogramme de chlorure de calcium arrive à dessécher un kilogramme de vanille échaudée.

L'opération durerait un mois environ.

D'autre part, la dépense pour l'achat du chlorure de

XIX. Une Féculerie (*Cliché Chatel*)

XX. Une usine a sucre, pendant la coupe des cannes (*Cliché Chatel*)

calcium est faite une fois pour toutes. Quand ce corps est devenu déliquescent par suite de l'absorption de la vapeur d'eau, on peut facilement le régénérer dans une bassine en fer ou en cuivre avec un combustible quelconque.

L'eau s'évapore et le chlorure de calcium redevient solide. La seule précaution à prendre est toutefois de placer le chlorure de calcium revivifié en vase clos jusqu'à ce que l'on ait à s'en servir à nouveau.

L'avantage du nouveau procédé est le suivant : la vanille, se desséchant à l'abri de l'air, doit perdre beaucoup moins de vanilline que dans les procédés précédents, où elle est exposée à l'air sur des claies pendant dix à douze semaines au moins.

Georges NEVEU,
Directeur du Jardin Botanique de Saint-Denis.

THÉ

Le thé a été introduit depuis de longues années à la Réunion par M. Bernier, croit-on. La variété introduite, excellente, provenait de Java, où, très probablement, elle avait été importée de Chine.

Les premiers essais de culture furent faits à Saint-Leu, sur la propriété de M. de Chateauvieux : quelques essais de préparation des feuilles avaient donné d'assez bons résultats, et on ne sait pour quelles raisons cette intéressante tentative fut abandonnée.

Le thé, en effet, pousse à la Réunion avec la plus grande facilité; le sol siliceux de ce pays lui convient à merveille ; c'est aussi une plante qui résiste admirablement au vent, et c'est là une qualité précieuse dans un pays exposé aux cyclones.

De nouvelles tentatives pour introduire à la Réunion la culture et la préparation du thé furent faites en 1894 par le Crédit Foncier colonial. Cette Société envoya en mission à l'île de Ceylan un inspecteur-adjoint des Forêts, M. Boutilly, pour y étudier sur place la culture et la préparation du thé.

Cet agent, chargé de la direction du service forestier de la Société, rapporta à la Réunion des graines de l'arbre à thé cultivé à Ceylan ; c'est la variété dite « hybride d'Assam ».

Des plantations furent alors entreprises simultanément sur diverses propriétés de la Société ; la première à Saint-Paul, sur le domaine de Bernica, avec la variété de thé existant déjà dans le pays ; la seconde à Saint-Philippe, sur le domaine de Baril, avec les semences rapportées de Ceylan par M. Boutilly.

C'est en 1899 seulement, que le Crédit Foncier colonial put entreprendre des essais de préparation.

Faute d'un bon préparateur, ceux qui furent tentés à Bernica ne donnèrent que des résultats médiocres, malgré l'excellente qualité des feuilles récoltées ; mais la Société se propose de remédier bientôt à cet état de choses, en faisant venir de Chine ou de Ceylan un préparateur habile.

On trouvera dans la collection des objets exposés par la Société au Trocadéro un échantillon du thé préparé à Bernica.

A Baril, on fut plus heureux ; on eut la chance de mettre la main sur un préparateur expérimenté, un Indien ayant déjà préparé du thé dans l'Inde, et on pourra s'assurer, en examinant les produits exposés au Trocadéro, que ceux-ci ne laissent rien à désirer sous le double rapport de la qualité et de la préparation. Ces premiers produits ont été fabriqués entièrement à la main, mais cette fabrication est trop coûteuse pour une entreprise industrielle; aussi le Crédit Foncier colonial vient-il de faire venir de Ceylan des machines spéciales pour rouler et torréfier les feuilles; ces machines sont actuellement en voie d'installation.

On va opérer de même à Bernica, dès qu'on aura mis la main sur un bon préparateur.

La question se posera alors de savoir laquelle des deux variétés il conviendra le mieux de cultiver; cela dépendra évidemment des débouchés qui pourront s'offrir. Il est probable que chacune des variétés pourra rencontrer des consommateurs, les uns préférant le thé parfumé et léger de la variété de Chine, les autres le thé fort et chargé de tannin de la variété dite « hybride d'Assam ».

La superficie actuellement plantée sur les propriétés du Crédit Foncier colonial s'élève à 13 hectares; elle est en voie d'accroissement; mais la récolte des feuilles exige une main-d'œuvre assez abondante, et l'obstacle à l'extension de la culture du thé à la Réunion proviendra probablement du manque de bras, à moins que le Gouvernement n'assure à la colonie, ce qui est très faisable, un recrutement régulier de travailleurs.

A. Dolabaratz,
Directeur du Crédit Foncier colonial, agence de la Réunion.

CULTURES DIVERSES

Nous avons déjà dit que la variété des climats de la Réunion la rendait propre à presque toutes les cultures, en tenant compte tout naturellement des conditions locales qui règlent la floraison et la maturité des fruits. La culture de la canne à sucre est celle qui donne les plus fortes recettes. Vient ensuite celle du vanillier, puis l'industrie de la fabrication du tapioca et du tabac, et celle de la fabrication des rhums et des essences.

Les principaux fruits sont les litchis, mangues, pêches, avocats, longanis, évis, ananas, etc. Parmi les légumes, on peut citer les melons, pastèques, calebasses, pipangailles, patoles, margauzes, piments, etc. Toutes les plantes potagères des régions tempérées réussissent admirablement à la Réunion. On a planté dans les hauts du blé, de l'orge et de l'avoine.

L'île produit aussi d'excellents fourrages, dont on tirera un grand parti le jour où l'on développera l'élevage des bœufs, en améliorant la race locale par l'importation de reproducteurs choisis en France, et non à Madagascar. Malheureusement les plaines propres à l'élevage sont assez rares.

On a vu dans l'article sur les forêts que le quinquina cultivé commence à donner des produits très estimés.

La ramie a été abandonnée faute d'une machine à décortiquer, mais elle pourrait donner d'excellentes fibres.

La culture des muscadiers et des girofliers n'est plus assez rémunératrice, à cause de l'absence de la main-d'œuvre à bon marché, mais le sol pourra fournir muscades et girofles quand on voudra. Ajoutons que le miel de la Réunion, notamment celui dit « miel vert », est supérieur à tous ceux connus déjà, et que les cires y sont supérieures. Malheureusement les ruches domestiques sont peu nombreuses et les autres tendent à disparaître.

PLANTES MÉDICINALES

Les animaux sauvages et la plupart des animaux domestiques savent, par un instinct spécial, prévenir ou soigner leurs maladies, et l'on voit souvent les chiens et les chats, par exemple, mâcher des herbes qui ont sur eux un effet vomitif ou purgatif.

La race humaine, assujettie à tant de maux, est-elle complètement privée de cet instinct si sûr et qui lui serait si précieux ?

Il semble que cet instinct ait existé autrefois chez nos premiers pères et qu'il se soit atrophié en même temps que d'autres, à mesure que la civilisation augmente. Les maladies ont précédé, évidemment, l'art de la médecine, mais il faut bien admettre que les remèdes provenant des plantes médicinales et dont plusieurs sont d'une efficacité souveraine, n'ont point été appliqués à tort et à travers ou dans une série de tâtonnements, mais ont été employés par une sorte d'intuition chez les premiers hommes. On peut même supposer que cette faculté de pressentir les vertus des plantes et de découvrir leur emploi thérapeutique s'est développée chez certains par l'exercice quotidien, tandis qu'elle disparaissait chez les autres. Ceux-là ont été les premiers médecins, les premiers mages, les premiers sorciers, et c'est par la tradition que nombre de leurs remèdes usités encore de nos jours sont parvenus jusqu'à nous et sont employés d'une manière sans doute plus scientifique qu'autrefois.

Il y a de grandes chances de retrouver des traces de cet instinct parmi les peuplades sauvages qui sont assujetties aux maladies comme les autres, et qui se soignent avec succès sans avoir recours aux lauréats de nos Facultés.

Nos médecins et nos pharmaciens auraient à prendre de nombreux et utiles renseignements, non point près des charlatans, rebouteurs ou sorciers, qui n'ont pas encore disparu de nos montagnes, mais près de vieux Nègres qui ont passé leur vie à expérimenter les propriétés des plantes de leur pays, qui possèdent des traditions et des recettes antiques d'une efficacité éprouvée, et qui, parmi des pratiques superstitieuses, incompréhensibles ou simplement ridicules, ont des procédés de traitement et des secrets de guérison fondés sur l'observation de la nature, la primitive raison, le bon sens le plus pur et la connaissance des simples ignorés en Europe.

Parmi les anciens esclaves amenés autrefois à l'île de la Réunion, nombreux étaient les hommes sachant soigner leurs semblables. Ils appartenaient à des origines bien différentes et ont répandu la science de l'emploi, dans la médecine, des plantes des pays les plus différents, mais surtout des pays chauds.

Encore aujourd'hui, il y a à la Réunion deux sortes de médecines. La *médecine officielle*, exercée par les docteurs, et la *médecine des simples tropicaux*, exercée par les descendants de ceux qui ont recueilli les traditions médicales d'autrefois, à l'époque où l'île de la Réunion ne possédait pas un seul médecin.

Et nous pouvons affirmer que souvent des malades abandonnés par les médecins officiels ou condamnés par eux, ont trouvé la guérison en s'adressant à la médecine non officielle. Nous connaissons d'ailleurs des docteurs intelligents qui n'hésitent pas à prescrire eux-mêmes les recettes qu'ils ont apprises dans l'autre camp et dont ils ont constaté les bons effets, et qui, lorsqu'il s'agit de certaines maladies spéciales, font appel au secours des détenteurs des remèdes consacrés par l'expérience à la Réunion. Nous pourrions citer tel médecin galonné qui affirmera qu'il a vu disparaître sans opération, sous l'influence d'un traitement par les simples, un abcès déjà mûr et qu'il lui paraissait urgent d'opérer. Malheureusement rien n'est classé scientifiquement, les effets ne sont point certains, les doses mal établies, les parties actives mal connues, les erreurs se mêlent aux vérités et souvent le charlatanisme fait autant de mal que les simples feraient de bien s'ils étaient employés et prescrits par d'intelligents médecins.

En revanche, les pharmaciens sont, en général, fort opposés à l'emploi des simples du pays. Car ces remèdes ont un grand tort à leurs yeux : ils ne coûtent rien ou presque rien.

Combien ces pharmaciens seraient mieux avisés s'ils étudiaient au contraire ces simples si efficaces, s'ils essayaient d'en extraire les alcaloïdes ou les principes médicinaux actifs, et s'ils dotaient ainsi la thérapeutique de nouvelles armes pour le grand bien de l'humanité !

Il serait temps de faire ce travail, car les traditions se perdent. L'esclavage a disparu depuis longtemps, et nous nous éloignons de plus en plus de l'état de nature où l'instinct guérisseur se manifestait dans son intégrité.

Les plantes sont toujours là. A profusion elles couvrent le sol de la Réunion qui, avec ses climats différents, les contient presque toutes.

Mais bientôt nous ne saurons plus nous en servir, d'autant que les rares possesseurs des traditions se montrent aujourd'hui jaloux de leur science et la transmettent difficilement, les uns pour conserver seuls le bénéfice de cette sorte d'héritage, les autres par crainte des tribunaux qui, grâce aux progrès de la civilisation, pourraient les poursuivre pour exercice illégal de la médecine.

Nous avons pensé faire œuvre utile et originale en recueillant à l'occasion de l'Exposition de 1900 ce que nous avons pu apprendre de ces recettes particulières à l'île de la Réunion. Nous n'avons bien entendu choisi que celles d'une efficacité incontestée.

Enfin pour mettre sous les yeux du public et surtout des intéressés, — les médecins et pharmaciens de France, — les plantes elles-mêmes, nous avons obtenu d'un instituteur de Saint-Paul qu'il consacrât ses vacances de 1899 à recueillir ces plantes médicinales, et elles figurent à l'Exposition sur des tableaux confectionnés par lui. M. Duchemann a accompli cette tâche parfois difficile et toujours délicate, avec un dévouement que nous nous faisons un devoir de signaler ici.

Bien souvent, on voit à grand fracas annoncer dans les journaux un nouveau remède destiné surtout à enrichir celui qui l'exploite.

C'est toute une série de remèdes nouveaux que nous indiquons avec toutes les données nécessaires et une exposition spéciale des plantes elles-mêmes. Ces remèdes s'appliquent aux maladies réputées les plus difficiles à guérir, et ils ont fait leurs preuves dans la lèpre, les maladies contagieuses, l'éléphantiasis, le croup, la fièvre typhoïde, la dysenterie, l'influenza, la variole, le bouton d'Alep, etc., etc.

Il nous reste à souhaiter que cet effort ne reste pas stérile, qu'il soit une indication précieuse pour la médecine et la pharmacie officielles, et qu'il soit exploité avec le même désintéressement.

L'Exposition coloniale de l'île de la Réunion comprend 142 tableaux de plantes médicinales et des échantillons sont à la disposition de tous les intéressés [1].

N° 1. — *Ambaville. Seneci ambavilla.*

Guérit les enflures des enfants qui ont pris du mauvais lait, par des bains tièdes de décoction de cœurs mêlés à l'écorce du bois jaune, n° 78.

N° 2. — *Acmella. Spilanthus acmella.*

Employé en tisane, combat la fièvre jaune ; le mal de bouche (gencives décolorées) par la mastication d'une poignée de feuilles.

N° 3. — *Andrèze. Celtis madagascariensis.*

Guérit le croup par gargarisme d'écorce pilée et mêlée à quelques cœurs de framboisier, n° 98, cœurs de bois de gaulette, n° 15, et cœurs de chandelle, n° 6, le tout infusé dans un litre d'eau pendant une heure. Le marc sert de cataplasme.

Guérit le croup par gargarisme, tisane de cœurs et d'écorce, une cuillerée de charbon d'andrèze par verre.

Sert de dentifrice par charbon d'écorce en poudre très fine.

Guérit la dysenterie chronique par la tisane et lavement d'écorce de cœurs et de charbon d'andrèze.

Guérit les aigreurs d'estomac par une cuillerée de charbon pilé.

N° 4. — *Affouche. Ficus cordata.*

Guérit les maux de reins par le moyen d'une ceinture de racine formant plusieurs nœuds (n° 7).

---

1. Notons une coïncidence intéressante et rassurante : Certaines plantes de la Réunion sont en même temps des plantes des pays d'Europe et font partie de la pharmacopée officielle. Dans la médecine des Noirs, elles sont indiquées pour les mêmes emplois que dans la médecine officielle. Citons l'ipéca, le semen-contra, le chou, le gingembre, le girofle, le datura, l'oignon, la capillaire, etc., etc.

Donne du lait aux nourrices par la tisane de cœurs.

N° 5. — *Embrevade.* Cajanus flavus.

Combat la diarrhée des enfants par lavement de décoction de feuilles ; la diarrhée des varioleux par lavement de décoction de feuilles et une cuillerée de charbon d'andrèze, n° 3 ; les maux de dents par gargarisme avec décoction de feuilles.

N° 6. — *Bancoulier.* Aburite tribola.

Soulage les rhumatismes, si l'on applique sur l'endroit malade des feuilles chauffées au fer.

Guérit les maux de tête par compresses de feuilles froides.

Teint les tissus en noir par une forte décoction d'écorce.

N° 7. — *Bananier.* Musa.

Guérit de la cholérine par la tisane de trois cœurs en formation (trois verres dans la journée).

Combat l'hématurie dans la fièvre jaune par la tisane de racine et celle de litchi, n° 41.

N° 8. — *Bois amer.* Carissa xylopicron.

Guérit le catarrhe du cerveau par des prises de la poudre mêlée à du sucre en parties égales.

Guérit la fièvre typhoïde par de la râpure infusée dans un litre de tisane préparée avec des feuilles de bois de pintade (un verre toutes les 2 heures).

N° 9. — *Bois cassant.* Cacalia flexiosa.

S'emploie pour le catarrhe pulmonaire, si l'on fume des cigarettes avec des feuilles séchées à l'ombre et mélangées à celle du faham, n° 29. Rend la chaleur au corps si l'on prend une décoction tiède après l'accès de fièvre.

N° 10. — *Poivrier. Bois de chandelle. Dracæna tisselata.*

Guérit le rhume de poitrine par sirop de pousses mêlées à liane pistache marronne, n° 56 ; s'emploie pour les entorses, foulures, etc., par cataplasmes de feuilles tendres écrasées avec du safran, n° 62.

N° 11. — *Grenadier. Punica granatum.*

Fort astringent en décoction de racine ou d'écorce.

Guérit du ver solitaire par une infusion à froid des racines pilées préparées la veille.

Guérit la dysenterie par la décoction de racines ou de fruits avec riz grillé et gouyavier, n° 31.

Guérit le mal de gorge par gargarismes avec décoction d'écorce ou de fruit.

N° 12. — *Benjoin. Terminalia mauritiana.*

Guérit le catarrhe du cerveau par aspiration de la vapeur d'une décoction d'écorce.

Guérit les enrouements par gargarisme avec décoction de l'écorce et si l'on fume l'écorce séchée à l'ombre.

Guérit les pleurésies par décoction avec de la suie (noir de fumée) et du sel.

N° 13. — *Bois de bombarde. Mithridatea.*

Guérit l'aménorrhée par décoction d'écorce mêlée à celle de quivi, n° 58, pour un litre.

N° 14. — *Ronce. Rubus borbonicus.*

Préserve de la fièvre paludéenne, si l'on prend matin et soir une cuillerée de la poudre dans du vin.

Guérit de la fièvre par une infusion de râpure aux heures d'accès.

N° 15. — *Bois de gaulette. Cupania alternifolia.*

Guérit les écoulements par une décoction d'écorce pour bains, injections et boisson.

Guérit les mêmes maladies (plaies) par décoction de cœurs en lotions et par l'application de la poudre faite avec l'écorce.

N° 16. — *Belle-de-Nuit. Mirabilis jalapa.*

Guérit les rétentions d'urine par cataplasme sur le bas-ventre des feuilles écrasées, par tisane de racine. Enlève les inflammations internes ou des plaies par cataplasme de feuilles bouillies.

N° 17. — *Bois de chenille. Clerodendrum heterophyllum.*

Préserve de la fièvre paludéenne et la guérit par infusion dans du rhum (1 verre avant le repas).

Combat l'accès jaune et remplace avantageusement la quinine par décoction prise au moment de l'accès.

N° 18. — *Bois de fer. Sideroxylon borbonicum.*

Guérit le charbon par décoction dans un litre d'eau. 20 gr. d'écorce mêlée aux feuilles d'indigo, n° 37, racine fleur jaune, n° 27, croc-de-chien, n° 25, feuilles lingue, n° 39, cœurs d'ambaville, n° 1 (à prendre dans les 24 heures).

N° 19. — *Bois de demoiselle. Kirganelia elegans.*

Guérit la dysenterie chronique par décoction de 30 gr. d'écorce dans un litre de vin de Provence (3 verres dans les 24 heures).

N° 20. — *Bois noir. Mimosa Lebbeck.*

Combat les plaies récentes (coupures, etc.) par une application de feuilles pilées avec du sel.

Teint en noir les tissus par une forte décoction d'écorce.

N° 21. — *Capillaire. Alianthum capillus-Veneris.*

Combat le catarrhe pulmonaire par tisane adoucie avec du miel brûlé; la dingue (fièvre et influenza) par sirop accompagné de tisane de citronnelle tiède, n° 90.

N° 22. — *Colle-colle. Siegesbeckia orientalis.*

Combat les maladies de la peau, du genre lèpre, les plaies.

N° 23. — *Chiendent. Cynodon luneare.*

Combat la poudre d'Aye (papillon nocturne dangereux) dans les yeux, par mastication et application d'une petite quantité de feuilles entre les paupières, de façon que le jus pénètre.

N° 24. — *Café. Coffea.*

Guérit les accès pernicieux par forte décoction d'une poignée de graines non grillées et fraîches, écrasées pour boisson.

Guérit les rétentions d'urine par décoction de 7 grains et 7 cœurs pour boisson.

N° 25. — *Croc-de-Chien. Smilax anceps.*

Dépuratif excellent par un fort sirop de racines.

Guérit les affections de poitrine par sirop de racines mêlées à colle-colle, n° 22, herbe à bouc, n° 35.

N° 26. — *Filao. Casuarina equisetifolia.*

Guérit les flueurs blanches par injections froides de décoction d'écorce.

Teint les tissus en noir par forte décoction d'écorce.

N° 27. — *Fleur jaune. Hypericum lanceolatum.*

Combat les glandes par sirop composé de bonne poignée de feuilles de faham, n° 29, ambaville, n° 1, racine lingue, n° 39, croc-de-chien, n° 25, colle-colle, n° 22, fumeterre, n° 28, pour un litre; les impuretés du sang par infusion de fleurs; les irritations de l'estomac par infusion de racines.

N° 28. — *Fumeterre. Fumaria officinalis.*

Guérit les enflures des enfants par un sirop de feuilles et liane mêlées à feuilles de colle-colle, n° 22, racines croc-de-chien, n° 25.

N° 29. — *Faham. Agræcum fragrans.*

Combat l'asthme par cigarettes de feuilles séchées, pilées et mêlées à celles de bois cassant, n° 9; par décoction de feuilles adoucie avec sirop de violette.

Combat le catarrhe pulmonaire par boisson de lait cuit avec des feuilles et du safran, n° 62; l'influenza par tisane chaude de feuilles.

N° 30. — *Girofle. Caryophyllus aromaticus.*

Conserve et donne bon goût aux viandes préparées par introduction des baies séchées et écrasées.

N° 31. — *Gouyavier. Psidium pomiferum*

Combat la cholérine par lavements de décoction de feuilles; la pituite par gargarisme de décoction de cœurs mêlés aux cœurs de framboisier, n° 98.

N° 32. — *Gingembre. Zinziber officinale.*

Combat les accès de fièvre pernicieux par frictions sur tout le corps d'un liniment de racines pilées et mêlées à de l'huile de coco.

N° 33. — *Herbe dure. Sida parvifolia.*

Combat la diarrhée des enfants par tisane de racines avec du riz blanc, guérit les plaies, coupures récentes par application de feuilles vertes pilées.

N° 34. — *Herbe de poison. Datura stramonium.*

Combat les coliques néphrétiques par le moyen de cataplasmes mis à nu et souvent renouvelés de feuilles écrasées et passées dans la graisse récente ; les rhumes de poitrine par frictions, sur le cou et la poitrine, de feuilles cuites dans de la graisse.

N° 35. — Herbe à bouc. *Ageratum conizoidea.*

Combat les abcès froids par application de feuilles écrasées et arrosées de vin de Provence; les catarrhes par application sur la tête de feuilles pilées et passées au vinaigre chaud; les incarnations d'ongles par application en compresses du jus des feuilles écrasées.

N° 36. — Jean-Robert. *Euphorbia hypericifolia.*

Combat la diarrhée persistante des enfants par lavement de décoction de feuilles et de branches, par tisane de racines avec du riz blanc grillé. Combat la dysenterie chronique par décoction très forte pour unique boisson.

N° 37. — Souveraine. Indigo sauvage. *Cassis occidentalis.*

Combat les abcès au sein par une application de feuilles chauffées et huilées ; la fièvre paludéenne par une infusion de racines dans un litre d'eau froide pour boisson: la fièvre par décoction de deux bonnes poignées de feuilles, salées (à prendre 3 fois par jour).

N° 38. — Hérisson blanc. *Triompheta glandulosa.*

Combat les coliques des enfants par cataplasme sur le ventre et lavements de la décoction des feuilles; la dysenterie aiguë par bains de siège de décoction de feuilles avec les fleurs d'hibiscus.

N° 39. — *Mussaenda arcuata.*

Purgatif excellent, les racines employées en sirop pour le carreau, le charbon, les maladies contagieuses.

Dépuratif en sirop, quelques racines mêlées à racines colle-colle, n° 22, racine et pied d'herbe à bouc, n° 35.

N° 40. — *Liane jaune. Danaïs fragrans.*

Guérit les dartres par friction avec le latex mêlé à celui de chardon, n° 96, pignon d'Inde, n° 54, et poudre de chasse.

Diurétique excellent: décoction de liane écrasée.

N° 41. — *Litchi. Euphoria litchi.*

Fait disparaître l'action de la fièvre jaune sur la vessie par décoction de racine, avec racine de bananier, n° 7.

Rafraîchissant et diurétique excellent par décoction de racine.

N° 42. — *Liane sans feuilles. Sacastema mauritiana.*

Combat les crachements de sang par forte décoction d'une poignée écrasée dans un litre et demi d'eau froide et à intervalle de 8 heures.

N° 43. — *Mourongue. Moringa pterigosperma.*

Guérit le catarrhe pulmonaire et l'asthme par infusion chaude, pour bains de pieds, d'une poignée de racines écrasées (à renouveler toutes les heures).

Sinapisme très puissant par les racines pilées et arrosées de vinaigre.

N° 44. — *Sensitive. Pudica mimosa.*

Guérit les maux de dents par gargarismes avec la décoction de racines.

Procure un sommeil paisible par tisane sucrée de racine prise le soir avant de se coucher.

N° 45. — *Losteau ou Ousteau. Antirhæa borbonica.*

Guérit les abcès froids en suppuration par des injections froides de décoction de feuilles dans la plaie.

XXI. Sur la route d'Hell-Bourg (*Cliché Mathieu*)

XXII. Le Grand Brulé (*Cliché Mathieu*)

Guérit la danse de Saint-Guy par tisane d'écorce, mêlée à du bois cassant, n° 9.

Guérit l'ozène par des prises de la poudre faite avec des feuilles et mêlée à du camphre.

N° 46. — *Patte de poule. Dottalia aculeata.*

Bonifie le rhum, par infusion des feuilles ; combat les plaies et les contusions par application de feuilles écrasées avec du sel et du safran, n° 62 ; les fluxions de poitrine, si on absorbe une cuillerée à bouche de jus extrait de feuilles vertes pilées (2 fois par jour) et si l'on prend un sirop fait avec les feuilles, celles de colle-colle, n° 22, et d'herbe à bouc, n° 35.

N° 47. — *Persicaire. Polygonum serratum.*

Guérit les maux d'estomac par infusion de feuilles.

Guérit les douleurs au creux de l'estomac par une infusion de feuilles séchées à l'ombre.

N° 48. — *Patte de lézard. Lycopendium indulum.*

Combat la diarrhée des enfants par tisane avec du riz blanc.

Sirop dépuratif léger pour les enfants avec bonne poignée de liane.

N° 49. — *Pourpier rouge. Portulaca oleracea.*

Combat la péritonite par cataplasme des tiges et des feuilles écrasées et mêlées à parties égales de bouse de vache. Vermifuge.

N° 50. — *Pissat de chien. Planisia vixosia.*

Combat les maladies contagieuses, flueurs blanches, l'ozène.

N° 51. — *Petit tamarin blanc. Curanelli.*

Combat la dysenterie légère par tisane avec du riz blanc grillé.

N° 52. — *Patates à Durand.*

Combat les crampes et contractures par bains de feuilles avec celles du datura, n° 34, et lingue, n° 39; les douleurs de bas-ventre chez les femmes et les jeunes filles par cataplasmes de feuilles bouillies.

N° 53. — *Papayer. Carica papaya.*

Le lait extrait des fruits est un vermifuge excellent, et les racines pilées et arrosées de vinaigre sont un bon sinapisme.

N° 54. — *Pignon d'Inde. Jatropha curcas.*

Accélère l'ouverture des abcès en formation de pus par cataplasmes de pousses nouvelles bouillies et refroidies, combat les retranchements d'urine par décoction de quelques gousses pour tisane (une tasse).

N° 55. — *Poc-poc. Phipalis tomentosa.*

Guérit les rhumatismes par des frictions avec les feuilles écrasées mêlées à celles de patte de poule, n° 46, et gingembre, n° 32, arrosées de vinaigre.

N° 56. — *Pistache marronne. Desmodium exopitosum.*

Combat le catarrhe pulmonaire par sirop de quelques pieds avec racines de réglisse et racines cascavelle, n° 104; les crachements de sang par tisane froide safranée de feuilles et de racines; la fièvre jaune par cataplasmes sur le bas-ventre, de feuilles pilées avec du sel, humectées.

N° 57. — *Camphrier. Laurus camphora officinarum.*

Combat la danse de Saint-Guy par bains de forte décoction de feuilles.

Prévient les accès de fièvre par tisane d'écorce.

N° 58. — *Quivi. Quisivia ovata.*

Guérit les suppressions ou irrégularités des règles par décoction de bois avec une branche d'absinthe et une racine de safran marron, n° 63.

N° 59. — *Romarin. Romarinus officinalis.*

Combat les abcès en formation par cérat fait avec les feuilles.

N° 60. — *Rougette. Euphorbia thymifolia.*

Combat la dysenterie par tisane (1 pied avec du riz blanc grillé). Astringent remarquable, décoction de feuilles et racines.

N° 61. — *Rose amère. Vinca rosea alba.*

Guérit les abcès froids en suppuration par injection dans la plaie d'une décoction refroidie de feuilles et par cataplasme de feuilles pilées.

Guérit la gale par décoction forte pour bains.

N° 62. — *Safran. Cucurma longo.*

Guérit les abcès en formation par une application de racine écrasée avec du persil et du sel.

Guérit les rhumes de poitrine par infusion dans du lait d'une racine écrasée matin et soir.

N° 63. — *Safran marron. Canna indica.*

Guérit les écoulements par décoction de 3 racines et 3 morceaux de bois de maman, n° 69, 3 morceaux racine litchi, n° 41, 3 morceaux calumet papayer, n° 53, pour un litre en un jour.

N° 64. — *Saint-André. Pycthuni indicum.*

S'emploie pour les contusions par application de cataplasmes, feuilles pilées avec du sel; pour les abcès au sein par l'application de cataplasmes, feuilles pilées avec du sel.

N° 65. — *Tombé. Herbe de mouche. Leucas zeylonica.*

Guérit la goutte par bains tièdes deux fois par jour avec une forte décoction de pieds, feuilles et racines.

Guérit la grippe par décoction de feuilles et de racines tamisées en tisane, avant de se coucher.

N° 66. — *Vétiver. Anatherum muricatum.*

Combat la suppression des règles par tisane, quelques jours avant, et chaque jour d'une décoction sucrée de racines.

N° 67. — *Eucalyptus. Eucalyptus globulus.*

Prévient la fièvre par dissolution dans 30 gr. d'alcool de 7 gr. de gomme, extraite de l'arbre. 10 gouttes le matin, 10 gouttes le soir.

N° 68. — *Vavangue. Vanguerina edulis.*

Combat les maux de reins par bains de siège d'une forte décoction de feuilles.

Astringent très bon par décoction de feuilles et de racines.

N° 69. — *Bois de maman. Petit Cannelier. Gaillardia borbonica.*

Diurétique et rafraîchissant de premier ordre par décoction d'écorce de bois ou de racine.

N° 70. — *Change écorce (petit). Aphloia theoformis.*

Guérit les dérangements d'estomac chez les petits enfants par tisane bien sucrée d'une petite poignée de feuilles ou de bois (une tasse).

N° 71. — *Herbe marine. Fucus viscolosus.*

S'emploie pour l'obésité par infusion d'une forte poignée pour un litre d'eau (boire à la soif).

N° 72. — *Ayapana. Eubalorium ayapana.*

Combat les abcès en formation par cataplasmes de feuilles bouillies et aubergine cuites et écrasées; la cholérine par la décoction d'une dizaine de feuilles pour un litre d'eau à prendre froide et non sucrée, à la soif.

Combat les accès pernicieux et le choléra.

N° 73. — *Cotonnier. Gossypium indicum.*

S'emploie pour les coliques des petits enfants par décoction de jeunes pousses mêlées à l'huile d'olive. Galactogène puissant. Les tisanes de fleurs non ouvertes et surtout les tisanes de graines fraîches se donnent aux nourrices avec avantage.

N° 74. — *Ipéca. Secamone emetica.*

Vomitif excellent par la décoction refroidie de quelque feuilles ou par un sirop de feuilles, ou racines et lianes.

N° 75. — *Tamarinier. Tamarindus indica.*

Combat les abcès en suppuration par injections froides dans la plaie d'une décoction d'écorce dans du vin; prévient la varioloïde par gargarisme de décoction d'écorce avec du vinaigre et du miel; fait disparaître l'inflammation intestinale par boissons et lavements de décoction de feuilles.

N° 76. — *Chou.*

Guérit les abcès au sein par une application de feuilles.

N° 77. — *Cocotier. Cucos nucifera.*

Très diurétique et rafraîchissant par la tisane des racines.

N° 78. — *Bois jaune. Ochrosia borbonica.*

Guérit l'anémie, si l'on prend avant les repas une infusion d'écorce dans du rhum.

Stimule les digestions paresseuses, si l'on prend avant les repas une cuillerée à café de poudre d'écorce dans un peu d'eau froide.

Guérit les vices du sang par infusion d'écorce dans du vin (3 verres par jour).

N° 79. — *Bois de soutre. Bahuneria urticælolia.*

Guérit les coliques néphrétiques par tisane miellée de racine ou d'écorce.

Guérit l'hémorrhagie veineuse par compresses trempées dans la teinture de racines.

Diurétique et rafraîchissant excellent par décoction refroidie de racine ou de bois.

N° 80. — *Tacamaka. Clophyllum spurium.*

Combat les dartres par application de pommade avec la gomme de l'écorce et un jaune d'œuf.

N° 81. — *Poivrier. Zanthoxylum heterophyllum.*

Guérit les maux de dents par introduction dans la dent gâtée d'une boulette faite de la cendre d'écorce enveloppée de coton (ne pas avaler la salive).

N° 82. — *Cannelier. Laurus cinnamomum.*

Fait disparaître les frissons et calme l'accès de fièvre par tisane dans du vin.

Guérit la pleurésie par infusion d'écorce dans du vin chaud avant de se mettre au lit.

N° 83. — *Bois blanc rouge. Hernandia ovigera.*

Guérit la dysenterie par décoction réduite d'écorce avec racine ou fruit de grenadier (n° 11).

N° 84. — *Songe caraïbe. Alocasia cordifolia.*

Guérit les plaies récentes, coupures, foulures et brûlures par une application de la râpure de la patate.

N° 85. — *Baume la Plate. Psiadia glutinosa.*

Combat les brûlures vives; les écoulements purulents; le charbon; les fissures de l'anus; l'asthme; les écoulements de pus des oreilles.

N° 86. — *Herbe à vers. Semen-contra. Artemisia judaica.*

S'emploie pour les plaies, brûlures, répandant mauvaise odeur, par application de feuilles pilées passées à l'huile chaude. Vermifuge excellent par le jus des feuilles écrasées.

N° 87. — *Tantan. Ricinus communis.*

Guérit les coliques des enfants par tisane tiède sucrée et par une application sur le ventre de feuilles chauffées au carreau.

N° 88. — *Natchouli. Gandarussa vulgaris.*

Combat les douleurs, les crampes dans les membres par fortes frictions avec les feuilles chauffées.

N° 89. — *Liane savon.*

Guérit les irritations de l'estomac par une infusion de râpure. Une poignée pour un litre d'eau comme boisson (bien remuer avant de prendre).

N° 90. *Citronnelle. Cymbopogon schœnanthus.*

Fait disparaître les frissons et rend la chaleur au corps par décoction de racine coupée à 15 cent. de la tige.

N° 91. — *Bois de Rougne.*

Préserve de la fièvre par tisane d'écorce, une tasse par jour. Fait cesser les effets de la fièvre, si l'on prend après les accès une tisane d'écorce.

N° 92. — *Cochléaria. Cochlearia officinalis.*

Combat les maux de bouche, si l'on mâche les feuilles et qu'on les tienne quelques moments dans la bouche; l'hydropisie de poitrine, si l'on mâche les feuilles et qu'on absorbe le jus.

N° 93. — *Carotte sauvage. Dameus carotta.*

S'emploie dans la jaunisse comme nourriture et par infusion froide pour boisson.

N° 94. — *Liane de lait.*

Guérit les verrues par l'application, avec un pinceau, 3 fois par jour d'une goutte de lait de cette plante.

Les racines pilées sont un sinapisme de premier ordre.

N° 95. — *Raquette. Opuntia tuna.*

Guérit les rhumes de poitrine, catarrhes, par le sirop d'une feuille épluchée avec faham, n° 29, racine cascavelle, n° 104.

N° 96. — *Chardon ou Chaudion. Argemone mexicana.*

Combat les maux de reins par tisanes non sucrées; les écoulements contagieux par la tisane de racines ou infusion froide dans 1 litre d'eau.

N° 97. — *Plantain. Plantago major.*

Combat les pertes de sang; les inflammations des yeux.

N° 98. — *Framboisier.*

Combat la suppuration des yeux.

N° 99. — *Liane à poivre. Piper borbonense.*

S'emploie contre les suites de couches, en décoctions de 30 gr. de liane privée d'écorce, pour un litre.

N° 100. — *Fougère d'ornementation. Polypodium felix.*

Guérit le carreau par infusion de la poudre faite avec une poignée de tiges grillées et frottées entre les mains, à prendre froide, trois tasses dans la journée.

N° 101. — *Bois de Cabri. Clerodendron heterophyllum.*

Guérit le croup par gargarisme avec décoction d'écorce et par introduction dans la gorge de la poudre fine faite avec l'écorce brûlée et pilée.

N° 102. — *Petit Carambole.*

Guérit le carreau par sirop de feuilles, fruit et liane avec lingue (n° 39) et bois jaune (n° 78) par tisane de fruit donnée à la nourrice.

N° 103. — *Pariétaire piquant. Aramanthus spinosus.*

S'emploie contre la dysenterie.

N° 104. — *Cascavelle. Abrus precatorus.*

Guérit le catarrhe pulmonaire par sirop de racines et pistache marronne (n° 56).

N° 105. — *Fraisier. Fragaria vesca.*

Diurétique et rafraîchissant par décoction d'une bonne poignée pour un litre d'eau.

N° 106. — *Badamier. Catappa borbonica.*

Combat les maux de dents par gargarisme avec décoction d'écorce; la dysenterie par décoction d'écorce et de poudre de vieilles feuilles grillées et pilées.

N° 107. — *Burgau (coquillage).*

Guérit toutes les espèces de plaies par un cérat composé d'une coquille cuite au feu, mise en poudre et mêlée à l'huile d'olive et un morceau de cire.

Guérit les plaies légères par la poudre de la coquille grillée et pilée (saupoudrer les plaies après lotion).

N° 108. — *Lilas. Melia azadirachta.*

Combat les douleurs de reins par bains de forte décoction de feuilles.

Combat les écoulements contagieux par injection, avec décoction d'écorce dont on a ôté la pellicule noire.

Combat les convulsions par tisane d'un petit morceau de racine.

N° 109. — *Bois de Balai. Grangeria borbonica.*

Soulage l'asthme par une infusion d'écorce râpée et bois amer (n° 8), râpé.

Guérit les maux d'estomac par décoction d'écorce.

N° 110. — *Barbe de maïs. Zia maïs.*

Diurétique et rafraîchissant par décoction d'une poignée, combat les hématuries dans les accès de fièvre jaune par décoction.

N° 111. — *Manguier. Mangifera indica.*

Guérit les maux de dents par gargarisme, avec décoction d'écorce pilée.

Guérit les coliques par décoction de cœurs tendres.

Guérit la dysenterie par décoction d'écorce et vieilles feuilles.

N° 112. — *Vanille. Vanilla aromatica.*

Sinapisme par une application d'une feuille, épluchée d'un côté et arrosée de vinaigre.

Les gousses préparées sont un excitant nerveux.

N° 113. — *Mauve. Malva sylvestris.*

Guérit les inflammations des intestins et rafraîchit, par tisane et lavements avec décoction de feuilles.

Guérit les rétentions d'urine par décoction de feuilles et cataplasme sur le bas-ventre, de feuilles bouillies.

N° 114. — *Héliotrope*.

Combat les cors par des applications de compresses imbibées du jus des feuilles pilées ; la grippe par infusion sucrée de fleurs avec citronnelle, n° 90.

N° 115. — *Frangipane. Plumiera alba.*

Guérit les glandes par cataplasme de feuilles cuites sous la cendre et graissées avec la pommade napolitaine ou par simple application d'une feuille huilée et chauffée.

N° 116. — *Souris chaude. Viscum riflorum.*

Combat le carreau par sirop fait avec une petite branche fumeterre, n° 28, et de faham, n° 29, écorce bois jaune, n° 78.

S'emploie pour les rhumatismes par bains avec forte décoction de feuilles.

N° 117. — *Hibiscus. Foulsapate. Hibiscus liliiflorus.*

S'emploie pour les douleurs de reins par bains avec forte décoction de feuilles ; combat la grippe par tisane sucrée de fleurs, avec fleurs d'héliotrope ; les glandes par cataplasmes de feuilles bouillies et écrasées.

N° 118. — *Quatre-Épingle. Cassia rhumphiaria.*

Combat les maux de dents par gargarisme avec décoction d'écorce salée ; les dartres par pommade de feuilles pilées et mêlées à l'huile de coco.

N° 119. — *Bois de Sureau. Leca sambucina.*

Combat l'éléphantiasis par bain chaud, avec décoction de fleurs ou de feuilles.

N° 120. — *Fataque malgache. Herbe aromatique.*

Rend la chaleur au corps par décoction de racines, après l'accès de fièvre.

B. Duchemann,
Instituteur à Saint-Paul.

FAUNE

Nous ne nous occuperons que de la faune terrestre et de la faune d'eau douce, offrant seules des caractères spéciaux. Quant à la faune marine, nous dirons seulement qu'elle est fort riche en coraux aux plus vives couleurs, en échinodermes, en annélides, en crustacés et en poissons aux teintes magnifiques. Étant donné les nombreux moyens de dispersion des organismes marins, la faune marine ne saurait être caractéristique d'une région.

Mammifères. — À la Réunion, on ne trouve pas de mammifères propres à l'île. Ceux qu'elle possède actuellement sont : le tangue ou tanrec (*Centetes setosus*), insectivore assez voisin du hérisson et originaire de Madagascar, le lièvre à nuque noire de l'Inde (*Lepus nigricollis*), des chauves-souris, des rats et des souris apportés par la navigation.

On trouvait encore — il y a une trentaine d'années — une énorme chauve-souris, le collet rouge (*Pteropus Edwarsi*) ; elle a été détruite, car sa chair était comestible. A cette époque, vivait à la Réunion un fort joli lémurien blanc et noir qui existe toujours à Madagascar, le maki vari (*Lemur macaco*), d'après Ch. Coquerel, et non pas le *L. mongoz*, comme le dit Maillard.

Les animaux domestiques ont été introduits d'Europe, et le bœuf à bosse, de Madagascar.

Oiseaux. — Parmi les espèces les plus intéressantes,

nous citerons : l'oiseau de la vierge (*Musicapa borbonica*), le merle de Bourbon (*Hypsipetes borbonica*), le tui-tui (*Oxynotus Newtoni*), le tectec (*Pratincola sibylla*), le moutardier, considéré par l'ornithologiste Charles Bonaparte comme une simple variété du verdier, élevé au rang d'une espèce proprement dite (*Coccothraustes Moreli*) par Coquerel. Mentionnons encore trois hirondelles (*Phedina borbonica, Collocalia francica* et *Collocalia esculenta* ou *Salangane*), la caille à ventre perlé (*Margaroperdix striata*), la petite caille de Chine (*Coturnis sinensis*), la perdrix ou francolin de Madagascar (*Francolinus madagascariensis*), un rapace diurne, la papangue (*Circus Maillardi*), le martin acridophage (*Achridotheres tristis*), que Poivre introduisit à Bourbon et à l'île de France pour la destruction des sauterelles (*Pachytylus migratorius*).

La Réunion ne possède point d'oiseaux-mouches, ces mignonnes créatures étant spéciales à l'Amérique et à certaines îles qui en dépendent, telles que les Antilles. On y trouve toutefois de gracieux passereaux, des bengalis, des sénégalis, des cardinaux, des calfats, des canaris et deux charmants petits zosterops (*Zosterops borbonica* et *Z. hæsitata, oiseau blanc* et *oiseau vert*).

Le moineau a été introduit. Il est devenu très abondant, et l'on peut constater que le pierrot colonial est aussi espiègle et aussi effronté que le pierrot parisien du jardin des Tuileries ou du Luxembourg.

Les oiseaux de mer sont représentés par le superbe paille-en-queue (*Phaeton candidus*), les puffins, les hirondelles de mer, etc. Signalons aussi trois espèces essentiellement cosmopolites : le petit courlis (*Numenius phæopus*), le tourne-pierre (*Strepsilas interpres*) et le cocorli (*Tringa subarcuata*). On est surpris de rencontrer ces trois oiseaux sur les rivages de la Réunion après les avoir vus sur les côtes de la Manche et de l'océan Atlantique.

Un perroquet tout noir (*Coracopsis vaza*) et une jolie petite perruche (*Psittacus cana*), que l'on trouve encore à Madagascar, ont été détruits à la Réunion. Il en est de même de deux oiseaux qui étaient absolument spéciaux à l'île, le *Fregilupus varius*, jolie huppe très improprement appelée huppe du Cap, et le *Mascarinus Duboisi* ou perroquet mascarin. A une époque plus ancienne ont disparu des oiseaux aux formes étranges, dont quelques-uns semblent avoir appartenu au groupe des drontes (*Didus*). Ajoutons enfin que toutes les espèces de basse-cour ont été introduites à la Réunion.

Reptiles. — L'île de la Réunion ne possède point de serpents venimeux. Il n'y existe que deux ophidiens, absolument inoffensifs, introduits de l'Inde avec des balles de riz, paraît-il. Ce sont le brahmine (*Typhlops braminus*) qui atteint à peine les dimensions d'un ver de terre de moyenne taille, et une couleuvre (*Lycodon aulicum*).

Les sauriens sont représentés par différentes espèces de geckos, par un lézard (*Gongylus Bojeri*) et par un agamien, le *Calotes versicolor*, improprement appelé caméléon, et originaire de l'Inde. Il offre des changements de coloration très marqués.

Les chéloniens ont été détruits. D'après les anciennes relations de voyage écrites sur la Réunion, il existait autrefois dans cette île d'énormes tortues terrestres dont la chair était excellente.

Les crocodiliens ne sont pas connus aux Mascareignes.

Batraciens. — Deux grenouilles vivent à la Réunion (*Rana mascareniensis* et *R. cutipora*). Les crapauds (*Bufonides*) ne se trouvent pas aux Mascareignes.

Poissons d'eau douce. — Parmi les poissons d'eau douce, citons les chittes (*Nestis cyprinoides* et *N. dobula*), le mulet de Bourbon (*Mugil borbonicus*), des cyprins (*C. thoracatus*), les cabots (différentes espèces des genres *Sicydium*, *Cotylopus* et *Eleotris*), une anguille (*Anguilla marmorata*). Dans les pièces d'eau, on élève un poisson dont la chair est excellente, le gourami ou gouramier (*Osphromenus olfax*), originaire des îles de la Sonde.

Mollusques terrestres. — Les mollusques terrestres sont représentés par différents genres. Les *Helix* sont au nombre de treize espèces, dont quelques-unes spéciales à l'île. Signalons aussi d'énormes agathines (*Achatina*). Mais, de tous les gastéropodes, le plus typique est certainement celui que le Dr Jousseaume désigne sous le nom de *Lantzia carinata*[1]. On ne le trouve qu'à la Réunion, et sur un seul point de cette île, à 1,460 mètres environ d'altitude. Sa coquille est cupuliforme, d'un brun clair jaunâtre. Elle est formée de deux tours de spire, tricarénés à la surface. Son diamètre ne passe pas 8 millimètres.

Crustacés terrestres et Crustacés d'eau douce. — Les crustacés terrestres sont représentés par des ocypodes et par le cardisome bourreau (*Cardisoma carnifex*). Au nombre des espèces d'eau douce figurent le superbe palémon orné (*Palæmon ornatus*), vulgairement désigné sous le nom de *Camaron*, et le palémon hirtimane (*P. hirtimanus*), auquel on donne ici le nom d'écrevisse. Ces deux palémons se trouvent aussi à l'embouchure des rivières.

---

1. Ce genre est dédié au regretté A. Lantz, ancien directeur et véritable créateur du Muséum de Saint-Denis, établissement scientifique qui contient de réelles richesses, en ce qui concerne surtout la faune de Madagascar et des Mascareignes. Le Muséum est situé à l'intérieur du superbe Jardin botanique de Saint-Denis.

Arachnides. — La Réunion possède des araignées de très grande taille, mais dont la vue inspire plutôt l'admiration que la répugnance, car elles présentent de magnifiques couleurs et, pour la plupart, vivent en plein air. Nous citerons surtout l'épeire de Bourbon (*Epeira borbonica*), l'épeire noire (*E. nigra*) et l'épeire dorée (*E. inaurata*). Les mâles sont de véritables nains à côté des femelles. Les toiles de ces araignées sont très résistantes et le Dr Vinson rapporte avoir vu, à différentes reprises, des oiseaux de petite taille s'embarrasser dans les mailles et devenir la proie des énormes épeires. Les fils, d'une belle couleur dorée, pourraient être employés dans l'industrie en guise de soie. C'est avec les fils d'une araignée voisine de celles que nous venons de citer (*E. madagascariensis*) qu'à l'île Maurice, sous l'administration du général Decaen, les créoles élégantes tissèrent de leurs mains agiles une splendide paire de gants qu'elles envoyèrent en hommage à l'impératrice des Français. Une araignée que l'on trouve assez fréquemment dans les habitations, l'énorme *Olios leucosius*, toute grise, peut paraître un objet de répulsion. Elle est cependant très utile et détruit différents insectes, notamment des blattes. Elle ne tisse pas de toile.

L'*Arachnoura scorpionoides*, spéciale à la Réunion, est, par sa forme, l'araignée la plus curieuse de cette île. Son corps est allongé comme celui des scorpions[1]. A propos de scorpions, disons que la Réunion en possède une petite espèce (*Scorpio guinensis*), dont la piqûre ne saurait avoir de graves suites.

---

1. Le Dr A. Vinson, qui a découvert cette espèce remarquable et nombre d'autres, est l'auteur d'un bel ouvrage intitulé : *Aranéides de la Réunion, Maurice et Madagascar* (Paris, 1863).

XXIII. Distribution de vivres aux engagés (*Cliché Chatel*)

XXIV. Le cirque de Cilaos (*Cliché Mathieu*)

Myriapodes. — Le seul myriapode remarquable par ses dimensions est une énorme scolopendre (*Scolopendra borbonica*), désignée sous le nom de *cent-pieds*. Elle peut atteindre jusqu'à 15 ou 18 centimètres de longueur. Sa morsure est, paraît-il, très douloureuse. Cette espèce tend à devenir rare, par suite sans doute de la guerre acharnée que semble lui faire une fourmi accidentellement introduite de l'Inde, le *Plagiolepsis longipes*.

Insectes. — Parmi les lépidoptères diurnes les plus beaux, nous citerons en premier lieu le superbe *Papilio disparilis*. Le mâle possède des ailes d'un noir foncé; les antérieures offrent vers leur milieu une tache bleue divisée en trois. La femelle, plus grande que le mâle, est d'un brun roussâtre avec une rangée marginale de taches blanches aux ailes antérieures. Le dimorphisme sexuel est donc très marqué dans cette espèce qu'on ne trouve qu'à la Réunion. La *Vanessa hippomene*, spéciale à la Réunion et à Maurice, est également très belle. A côté des espèces particulières à l'île vivent des lépidoptères répandus sur une grande partie du globe, tels que *Vanessa cardui* et *Danais chrysippus*.

Il existe aussi bon nombre de papillons nocturnes spéciaux à la Réunion. Beaucoup d'espèces nouvelles sont à étudier parmi les microlépidoptères.

En ce qui concerne les orthoptères, les plus remarquables appartiennent au groupe étrange des phasmides. Ce sont la monandroptère épineuse (*Monandroptera inuncans*) et le raphidère rugueux (*Raphiderus scabrosus*). La femelle de la première espèce peut atteindre jusqu'à 20 centimètres de longueur.

Au nombre des hyménoptères que possède la Réunion figurent : une abeille (*Apis unicolor*), à la livrée entièrement noire, des guêpes maçonnes aux mœurs et aux instincts fort curieux (*Trypoxylon errans, Pison argentatus, Sceliphron violaceum, S. hemipterum*). Toutes approvisionnent leurs nids avec des araignées. Signalons aussi un superbe insecte du groupe des sphégides ou guêpes fouisseuses, le *Chlorion compressum*, vulgairement appelé *mouche cantharide* et dont la livrée offre des teintes bleues, vertes et rouges, à reflets métalliques du plus bel effet. Pour assurer la subsistance de sa future progéniture, la femelle traîne dans son nid une énorme blatte (*Periplaneta americana*), dont elle a préalablement lésé les centres nerveux au moyen de son aiguillon. C'est un spectacle fort curieux que celui du chlorion allant à reculons et tirant à lui la blatte saisie par une antenne. La victime est encore capable de marcher et suit son bourreau auquel elle ne peut opposer qu'une très faible résistance. Les mœurs intéressantes de cet hyménoptère ont été décrites tout d'abord par l'illustre Réaumur, — d'après Cossigny, qui les avait observées à Bourbon et à l'île de France (Maurice), — puis par Sonnerat, qui étudia le chlorion aux îles Philippines. La Réunion possède aussi des ichneumonides, des chalcidiens, etc.

Les autres familles de la classe des insectes (coléoptères, névroptères, hémiptères et diptères) sont également représentées, mais, le plus souvent, par des espèces aux livrées très modestes. Disons seulement que ces espèces peuvent offrir quelquefois un réel intérêt, au point de vue de la répartition géographique surtout.

Edmond BORDAGE,
<small>Directeur du Muséum d'Histoire naturelle de la Réunion.</small>

SERVICE DE L'INSTRUCTION PUBLIQUE

ADMINISTRATION ET LÉGISLATION

Organisation du service. — Enseignements supérieur, secondaire, primaire. — Le collège royal. — Le lycée. — Cours normal annexé au lycée.

I

ORGANISATION DU SERVICE

Le service de l'Instruction publique, malgré son importance et en dépit de l'ordonnance organique du 21 août 1825 qui avait placé un *chef* à la tête des divers services de la colonie[1], a été administré jusqu'en 1880 par la direction de l'Intérieur.

L'Administration libérale de 1848 reconnut pourtant la nécessité d'assurer la surveillance des écoles, et l'arrêté du 25 septembre 1849, complété par celui du 9 décembre de la même année, créa l'emploi d'inspecteur de l'Instruction publique, investi des fonctions dévolues en France aux inspecteurs d'Académie et aux inspecteurs primaires.

Mais l'indépendance relative du chef du service de l'Ins-

---

1. Nanteuil *Législation de l'Ile de la Réunion*, t. III, p. 223.

truction publique devait nécessairement porter ombrage au Gouvernement impérial, à une époque où dans la métropole, le personnel universitaire tout entier était suspect au pouvoir. A deux reprises, en 1864 et en 1865, le directeur de l'Intérieur demanda vainement au Conseil colonial, la suppression de l'inspectorat[1]. Ne pouvant briser les résistances du Conseil, l'Administration tourna la difficulté : le titulaire de l'emploi, mis à la retraite, ne fut pas remplacé.

Après la chute de l'Empire, le Conseil général, dans la séance du 15 juillet 1871, vote le rétablissement de l'inspectorat; ce vote, qui ne reçoit pas d'exécution, est renouvelé dans la séance du 23 novembre 1872, puis dans celle du 2 décembre 1874. Un titulaire est enfin nommé et arrive dans la colonie en 1876[2].

Le rétablissement de l'inspectorat, dont tout le monde avait reconnu la nécessité, était devenu absolument indispensable : suivant et même devançant l'œuvre métropolitaine, la plupart des communes de la colonie n'avaient pas hésité à faire de sérieux sacrifices pour répandre l'enseignement et le mettre à la portée de tous : des collèges communaux ou subventionnés par les municipalités, s'ouvrirent à Saint-Pierre, Saint-Paul, Saint-André Saint-Benoît ; des écoles primaires gratuites étaient créées dans les centres les plus reculés. Ce fut, pendant les premières années de la troisième République, un magnifique essor de libéralisme qu'il est de notre devoir de signaler. La population scolaire de la colonie, qui était à

---

1. *Procès-Verbaux du Conseil colonial*, année 1864, p. 9, 22 et suivantes. Année 1865, p. 15, 48 et suivantes.

2. En 1873, un inspecteur d'Académie de la métropole, M. Viant, avait été envoyé en mission temporaire par le département. Il resta quatre mois seulement dans la colonie.

la fin de l'Empire, de 8,500 élèves, atteignait en 1876 le chiffre de 12,000 élèves.

Cette progression, qui du reste ne s'est pas ralentie, indiquait qu'il était temps d'organiser le service de l'Instruction publique sur des bases solides. L'inspecteur rétabli en 1876, n'avait dans ses attributions que la surveillance et l'inspection des écoles ; comme les autres chefs de service de la colonie, il relevait du directeur de l'Intérieur, au point de vue administratif. Une décision ministérielle du 13 mars 1876 donna bien au titulaire le titre métropolitain d'inspecteur d'Académie, mais sans élargir ses attributions, ce qui était l'essentiel. En effet, sans parler des conflits qui éclatèrent, il faut reconnaître que la direction de l'Intérieur ne suffisait pas pour une organisation scolaire qui s'étendait de plus en plus. A la suite d'un vote pris à forte majorité par le Conseil général, dans la séance du 12 juillet 1877, l'inspecteur d'Académie, par décret du 2 mars 1880, prenait le titre de vice-recteur, et relevait désormais exclusivement du gouverneur ; le directeur de l'Intérieur ne conservait plus que l'ordonnancement des dépenses, qui est encore aujourd'hui dans ses attributions, en ce qui concerne l'enseignement primaire.

Le vice-rectorat a existé jusqu'au 24 juillet 1895, date du décret qui l'a supprimé, les fonctions du vice-recteur ont été dévolues au proviseur du lycée, qui a pris le titre de chef de service de l'Instruction publique.

ENSEIGNEMENT SUPÉRIEUR

Les attributions du chef du service de l'Instruction publique en matière d'enseignement supérieur consistent :

1° A recouvrer et à transmettre au département les déclarations d'études de droit faites conformément à la circulaire du 26 décembre 1888 ;

2° A assurer le service des examens du baccalauréat et la délivrance des brevets de capacité.

La circulaire du 26 décembre 1888[1] a eu pour but de permettre aux fonctionnaires en service à la Réunion, où il n'existe pas d'école de droit, d'entreprendre les études juridiques pour la licence et le doctorat, sans être obligés de séjourner en France pendant les années d'études réglementaires. Ils n'ont qu'un voyage à faire pour passer successivement les différents examens.

Cette dérogation aux règlements, motivée par une nécessité de service public, est absolument réservée aux fonctionnaires coloniaux.

Les examens du baccalauréat se passent dans la colonie depuis plus de quarante ans. Conformément au décret du 23 décembre 1857, la Commission d'examen se composait de cinq membres nommés chaque année par le gouverneur et choisis parmi :

Les magistrats,

Les membres du clergé,

Les membres du Conseil général,

Les fonctionnaires civils ou militaires, anciens élèves de l'École polytechnique,

Les officiers du commissariat de la marine.

Les docteurs en droit, en médecine, ès lettres ou ès sciences.

Les hommes les plus compétents, c'est-à-dire les professeurs du lycée, ne pouvaient faire partie de la commission qu'à titre consultatif!

---

1. *Bulletin officiel de l'Ile de la Réunion*, année 1889, p. 57.

Mais les brevets ainsi délivrés n'étaient valables que dans la colonie.

C'est seulement après la promulgation du décret du 26 octobre 1871 que les étudiants pourvus de ces brevets furent admis à les échanger contre les diplômes correspondants, après avis des Facultés compétentes.

Enfin, en 1882, la prépondérance fut donnée dans les commissions d'examens au personnel universitaire. D'après le décret de 1882, les jurys sont pris sur une liste de huit membres ainsi composée :

Le chef de service de l'Instruction publique, quatre professeurs ou anciens professeurs, agrégés, docteurs ou licenciés, et trois membres non professeurs, titulaires de grades universitaires.

Chaque jury comprend :

Le chef de service de l'Instruction publique, président, un ou deux professeurs et un membre non professeur, qui préside en cas d'empêchement du chef de service.

Les matières et les formes de l'examen sont les mêmes que celles adoptées en France pour le baccalauréat.

ENSEIGNEMENT SECONDAIRE

La Réunion compte quatre établissements d'enseignement secondaire :

1° Le lycée Leconte-de-Lisle, dont l'organisation a été fixée par le décret du 7 novembre 1896 (un cours normal d'instituteurs a été annexé au lycée par décret du 17 août 1897);

2° Un collège communal à Saint-André ;

3° Un collège libre laïque à Saint-Benoît ;

4° Un pensionnat libre congréganiste à Saint-Denis, dirigé par les Frères des écoles chrétiennes.

ENSEIGNEMENT PRIMAIRE

Le service de l'enseignement primaire est placé sous l'autorité du chef de service de l'Instruction publique, assisté d'un inspecteur primaire.

Il a été organisé par les décrets du 26 septembre 1890, dont l'un a promulgué dans la colonie les lois des 16 juin 1881, 28 mars 1882 et 30 octobre 1886[1].

A cette époque, la plupart des écoles de la colonie étaient confiées à des Frères de la Doctrine chrétienne, à des Frères du Saint-Esprit, aux Sœurs de Saint-Joseph-de-Cluny et aux Filles de Marie.

La colonie possédant depuis 1883 une école normale primaire d'instituteurs, les écoles de garçons, conformément à l'article 18 de la loi du 30 octobre 1886, furent pourvues d'un personnel laïque, au fur et à mesure des vacances, et la laïcisation de ces écoles fut complète au 1er octobre 1895.

La colonie ne possédant pas une école normale d'institutrices, l'article 18 de la loi du 30 octobre n'a pu être appliqué aux écoles de filles, pour lesquelles le personnel se compose de :

    83 institutrices laïques,
    70 sœurs de Saint-Joseph-de-Cluny,
    13 filles de Marie.

Au point de vue du nombre des écoles et de la fréquentation scolaire, la colonie possède 47 écoles de garçons, avec 115 maîtres et 5,491 élèves ; 72 écoles de filles, avec

---

1. Lors de l'application dans la colonie de la loi du 30 octobre 1886, une discussion très intéressante eut lieu au Conseil général. Voir *Procès-Verbaux*, année 1890, pages 315 et suivantes.

153 maîtresses et 7,162 élèves; 5 écoles maternelles comptant 8 maîtresses et 946 élèves.

Au total : 119 écoles et 13,569 élèves.

Outre les établissements publics dont il vient d'être question, la colonie possède un grand nombre d'écoles primaires libres, tenues soit par des institutrices laïques, soit par des Sœurs de Saint-Joseph-de-Cluny, soit par des Frères de la Doctrine chrétienne. Ces écoles sont au nombre de 36, avec une population scolaire de 2,356 élèves.

II

LE LYCÉE

L'ENSEIGNEMENT SECONDAIRE A LA RÉUNION AVANT LA FONDATION DU COLLÈGE ROYAL[1]

LE LYCÉE LECONTE-DE-LISLE A SAINT-DENIS

Les communications avec la métropole, si faciles aujourd'hui, étaient assurées au siècle dernier, d'une façon intermittente, par des navires à voiles qui, faisant le voyage par le cap de Bonne-Espérance et l'Atlantique, n'arrivaient à destination qu'après trois ou quatre mois de traversée. Ces voyages étaient coûteux, dépourvus d'agrément, et souvent dangereux.

Ceux des colons qui voulaient ou pouvaient faire donner

1. Cf. *L'Ile Bourbon pendant la période révolutionnaire*, par M. Émile Trouette, tome Ier, Challamel et Cie. Paris, 1888.

L'Instruction publique à l'Ile de la Réunion, par D. Brunet, Berger-Levrault. Paris, 1884.

Géographie historique et descriptive de l'Ile Bourbon, par E. Trouette. Saint-Denis, 1896.

Dix-huit mois de République à l'Ile Bourbon (1848-49), par V. Focard, G. Lahuppe. Saint-Denis, 1863.

à leurs enfants une éducation soignée étaient obligés de les envoyer en France, malgré la difficulté des communications, souvent interrompues par les guerres avec les Anglais. Les autres, obligés de garder leurs enfants chez eux, les voyaient avec peine grandir dans l'ignorance; ils étaient très heureux quand ils pouvaient s'adresser à des soldats libérés qui, malheureusement, ne pouvaient leur apprendre que fort peu de chose.

Un établissement, nommé Collège des Prêtres, fut construit en 1751, mais en 1770 il fut transformé en caserne, puis en juin 1792, un ecclésiastique, du nom de Bellon, fit l'acquisition du terrain occupé actuellement par le lycée de Saint-Denis, et fonda un collège que la colonie prit à son compte. Au bout de quelques années, des nécessités économiques obligèrent les autorités locales à fermer les cours et à louer l'immeuble, et la Réunion se trouva sans lycée jusqu'en l'année 1818.

FONDATION DU COLLÈGE ROYAL

Lorsque, au mois de septembre 1818, le nouveau gouverneur de la colonie, le capitaine de vaisseau Milius, fit enregistrer ses pouvoirs à la cour d'appel de Saint-Denis il prononça une allocution dans laquelle, après avoir exposé ses projets de réformes administratives, il promit de consacrer ses soins particuliers à l'instruction des jeunes créoles. Il ne tarda pas à tenir sa promesse : par ordonnance du 24 décembre de la même année[1], était créé à Saint-Denis le *Collège royal de l'Ile Bourbon*[2].

1. *Bulletin officiel de l'Ile Bourbon*, tome Ier, p. 432.
2. Le *Collège royal* prit en 1848 le nom de *Lycée de l'Ile de la Réunion* (arrêté du 22 juin), en 1849 celui de *Lycée colonial* (arrêté du 20 janvier), en 1853 celui de *Lycée impérial de Saint-Denis* (arrêté du 14 juin).

Certaines dispositions de cette ordonnance peuvent nous sembler un peu bizarres aujourd'hui ; elle n'en a pas moins le mérite d'avoir organisé, avec des éléments très modestes, un établissement qui s'était accru, qui a rendu à la colonie d'immenses services, et qui vit encore d'une vie si prospère.

La surveillance du collège est confiée à un *directeur* dont les fonctions sont gratuites et compatibles avec toutes autres fonctions publiques. Il est chargé de faire les règlements nécessaires à la marche du service et de présenter les professeurs à la nomination du gouverneur.

Le personnel du collège comprend : un proviseur, un professeur de mathématiques, un professeur de rhétorique, un professeur d'humanités, un professeur de dessin qui devait aussi enseigner l'architecture civile et militaire, un maître de lecture, un maître d'écriture, un surveillant des élèves et un portier[1].

Le proviseur et les quatre premiers professeurs sont *logés* et *nourris* dans la maison, ainsi que le surveillant et le portier.

Le proviseur est « chef de l'établissement, et sous les » ordres du directeur, chargé de la police générale » (étrange situation que celle de ce proviseur, qui est à la

---

Le mot *impérial* disparut après la chute de l'Empire. Enfin, le décret du 2 juin 1897 lui a donné le nom de *Lycée Leconte-de-Lisle*.

1. L'article 4 de l'ordonnance fixait comme suit les appointements du personnel :

    1.800 fr. au professeur de mathématiques.
    1.800 — de rhétorique.
    1.800 — d'humanités.
    1.200 — de dessin.
    1.200 au maître de lecture.
    1.200 — d'écriture.
    1.600 au surveillant.
    180 au portier.

fois chef et sous-ordre). Il cumule du reste les fonctions administratives avec celles d'économe, car il est aussi chargé de la recette et de la dépense, du recouvrement des deniers, de la caisse et de la comptabilité, ainsi que de l'achat des aliments.

L'ordonnance règle aussi d'une façon très minutieuse le service des professeurs, celui du surveillant des élèves et du portier, la composition du trousseau, l'emploi du temps de chaque jour, le régime disciplinaire, qui consiste dans « la privation de récréations et de promenades, » les réprimandes publiques, les pensums, les annota- » tions humiliantes en classe, enfin les arrêts, la prison, » le cachot et le renvoi du collège[1] ».

Le prix de la rétribution est fixé à 19 piastres pour les pensionnaires, 12 piastres pour les demi-pensionnaires, et 6 piastres pour les externes.

La même ordonnance pourvoyait aux divers emplois. Étaient nommés : directeur du collège, M. Maingard, colonel d'artillerie ; proviseur, M. Duhau ; — professeurs : de mathématiques, M. Wetzel ; de rhétorique. M. Albran ; d'humanités, MM. Rabany et Jamin ; maître de lecture, M. Regnaud ; surveillant des élèves, M. Vignaux.

L'ouverture des cours se fit solennellement le 7 janvier 1819, dans l'ancien collège de l'abbé Bellon, devenu propriété de la colonie. Des bâtiments existant à cette époque, un seul a survécu, celui qui sert d'annexe au grand lycée.

---

1. Notons la distinction faite entre la prison et le cachot : les élèves, même externes, punis du cachot, ne pouvaient recevoir comme aliments que du pain et de l'eau.

LE COLLÈGE ROYAL DE 1819 A 1848

Le collège ouvert le 7 janvier 1819 avec 25 élèves comptait, trois mois après, 46 élèves, savoir : 11 pensionnaires, 12 demi-pensionnaires et 23 externes.

La grosse difficulté, pour l'avenir du collège, consistait dans le recrutement du personnel ; elle se fit sentir dès le début. Moins de six mois après l'ouverture des cours, en juin 1819, Albran, professeur de rhétorique, quitta l'établissement pour aller chercher fortune à Madagascar ; après plusieurs voyages, il mourut à Sainte-Marie en 1823. Un mois après son départ, Wetzel dut rentrer en France pour raison de santé ; il fut remplacé pendant son absence par l'ingénieur Petit de la Rhodière.

Un an après l'ouverture du collège, au mois de janvier 1820, éclata une épidémie de choléra qui dura jusqu'au mois de mai, et pendant laquelle le collège dut être licencié.

Le 1er juillet de cette année 1820[1], le gouverneur Milius avait créé une commission d'instruction publique chargée : 1º de surveiller toutes les maisons d'enseignement, publiques et privées ; 2º de contrôler les programmes et règlements de ces maisons ; 3º de déterminer le nombre des écoles et les limites de l'enseignement qui peut y être donné ; 4º d'examiner les personnes qui se destinent aux fonctions de l'enseignement, public ou privé. Cette commission comprenait : l'officier d'état-major le plus élevé en grade, le procureur général, le commissaire de la marine, le préfet apostolique, l'ingénieur en chef, le maire de Saint-Denis et le principal du collège.

1. *B. O.*, t. II, p. 74.

Le successeur de Milius, Desaulses de Freycinet, jugea nécessaire de réunir en un seul acte les divers règlements relatifs à l'instruction publique, et l'ordonnance du 28 juillet 1821, sans rien changer aux attributions de la commission d'instruction publique, en modifie la composition (titre 1er) : elle comprend désormais neuf membres à la nomination du gouverneur, parmi lesquels il y aura au moins deux pères de famille domiciliés dans la colonie; le préfet apostolique en sera membre de droit, et le proviseur du collège en fera partie, « mais il n'y aura que voix consultative dans les matières auxquelles pourra s'appliquer directement l'intérêt du collège ». Il remplit les fonctions de secrétaire. — Le proviseur était mieux traité dans l'ordonnance du 1er juillet 1820, qui faisait de lui l'égal des autres membres de la commission.

Le titre II est relatif au collège royal : le proviseur administre l'établissement sous la surveillance du président de la commission (il n'est plus *sous les ordres du directeur du collège*, emploi supprimé ; il y a là un progrès). — Il peut cumuler ses fonctions avec celles de professeur et reçoit alors un supplément de traitement. — Il est interdit aux professeurs de donner des leçons dans les autres établissements d'instruction, « excepté dans ceux de demoiselles » et sous l'approbation de la commission. Le titre II règle aussi les détails de la comptabilité du collège, autorise la création de bourses communales et donne mandat à la commission de préparer un règlement intérieur.

Les titres III, IV, V et VI ont trait surtout à l'enseignement libre et à des mesures d'ordre général.

Constatons, à propos de cette ordonnance, qu'elle a été prise surtout dans le but de faire reposer, autant que possible, l'instruction publique sur les bases des règlements de la métropole : la commission a sensiblement les attributions conférées en France à cette époque aux conseils académiques ; — le collège possédait son autonomie financière, il marchait avec ses ressources propres augmentées d'une dotation fixée annuellement par le gouverneur[1] ; une ordonnance du 15 décembre 1821[2] fixe cette dotation à 8,000 fr. pour l'année 1822.

En 1827, une ordonnance du 6 avril vient modifier complètement la comptabilité du collège, qui est désormais confiée au receveur principal des contributions. Pourquoi ce changement qui ne se comprend guère? L'ordonnance ne le dit pas, et les archives du lycée ne remontent pas à cette époque.

Le plus ancien registre qui existe est celui des délibérations du conseil d'administration du collège, commencé le 1er mai 1829.

Le conseil d'administration (composé du maire de Saint-Denis, du préfet apostolique, du proviseur et d'un professeur) étant chargé d'établir le palmarès, nous voyons parmi les lauréats de 1829 les noms de Théodore Drouet, d'Émile Trouette, de Pierre Legras, de Désiré Barquisseau, de Louis Le Siner, etc. Nous reviendrons sur quelques-uns de ces noms.

Le premier budget du collège qui existe est celui de l'année 1831, délibéré en conseil d'administration le 8 décembre 1831.

Il en résulte que le collège avait besoin, en 1831, d'une subvention de 15,468 fr. 15. — Cette subvention est aujourd'hui de 217,000 fr., en chiffres ronds.

1. Ce système, le meilleur de tous, fut supprimé, comme on le verra, en 1827. Il a été enfin rétabli, après soixante-dix ans, par le décret du 7 novembre 1896.
2. *B. O.*, t. II, p. 236.

La commission d'instruction publique, créée le 28 juillet 1821, avait, dès la nomination de ses membres, reçu l'ordre de préparer un règlement pour l'organisation du collège. Le travail de la commission, approuvé par le Ministre de la marine et des colonies (dépêche du 19 septembre 1828) devint le règlement, très bien fait, du 10 mars 1829[1], dont je résume les dispositions les plus essentielles.

Les élèves reçoivent l'instruction religieuse et l'enseignement des langues française et latine jusqu'à la rhétorique inclusivement, du grec, de la langue anglaise, de l'histoire, de la géographie, des mathématiques et du dessin. L'enseignement de la physique et de la chimie est renvoyé à une époque ultérieure, « lorsque la situation du collège le permettra[2] ». Les leçons d'arts d'agrément et de gymnastique sont données aux frais des parents.

La durée du cours, indépendamment de la lecture et de l'écriture, est de sept ans et comprend : la septième, où l'on enseigne les éléments du français, du latin, de la géographie, du calcul, ainsi que l'histoire sainte et la mythologie ; — la sixième, où commence l'étude du grec, etc., jusqu'à la rhétorique, dont voici le programme : « Conti-
» nuation de la grammaire générale, suite de l'étude des
» poëtes, des orateurs et des historiens anciens et mo-
» dernes, application des préceptes de la littérature
» à la composition, principes de rhétorique, éloquence,
» logique, application de l'algèbre à la géométrie. »

En somme, est-ce autre chose que ce qui se fait aujourd'hui, bien que les plans d'études de l'enseignement clas-

---

1. *B. O.*, 1829, p. 30.
2. Qu'est donc devenu le cabinet de physique donné en 1819 par Joseph Hubert ?

XV. Pavillon central de l'Exposition de la Réunion. Vue extérieure (*Cliché Paul Chabrier*)

XVI. Exposition du Crédit foncier Colonial, Agence de la Réunion (*Cliché Paul Chabrier*)

sique aient été remaniés vingt fois depuis cette époque ? On ne se sert plus des mêmes termes, voilà tout.

Ajoutons que l'anglais s'enseignait seulement dans les classes de cinquième, quatrième, troisième et seconde.

De plus, il semble bien qu'il y ait eu, — avant Duruy, et cela est très intéressant à observer, un véritable essai d'enseignement spécial contenu dans ce paragraphe du règlement :

« Outre ces différents cours, une classe spéciale de
» grammaire et de littérature française est ouverte aux
» élèves à qui leur âge ne permettrait pas de commencer
» l'étude des langues anciennes. »

En même temps, le régime disciplinaire est amélioré par la suppression du cachot et des fameuses « annotations humiliantes en classe » du règlement de 1818.

Jusqu'à la Révolution de 1848, c'est le règlement du 10 mars 1829, que nous venons d'étudier dans ses grandes lignes, qui assure la marche du collège. Parmi les différents actes officiels de cette période, un seul mérite de fixer l'attention, c'est celui du 28 mars 1843 sur l'administration et la gestion économique de l'établissement.

Le proviseur a enfin, au point de vue administratif et financier, les mêmes attributions que ses collègues de la métropole.

Il a sous ses ordres un économe, il ordonne et régularise les opérations financières de l'établissement, il régit et autorise les dépenses d'après les fonds affectés à chaque article du budget. Bref, il devient enfin le véritable « chef de la maison ».

Un conseil d'administration composé de cinq membres surveille l'emploi des fonds et propose les améliorations qu'il juge convenables.

Pendant la période de trente années que nous venons de

parcourir, le collège royal, ouvert le 7 janvier 1819 avec vingt-cinq élèves, avait été fréquenté par une population scolaire qui avait compté jusqu'à 260 jeunes gens. Il avait donné des preuves de vitalité et rendu de grands services à la colonie. Il allait devenir encore plus prospère après 1848.

Le Collège, pendant cette période, a eu comme proviseurs :

MM. Duhau............	nommé le	24 décembre 1818.
l'abbé Cottineau.	—	3 octobre 1820.
Rabany.........	—	28 juillet 1821.
Puissant........	—	2 mars 1835.
Grélot.........	—	17 septembre 1842.
Crivelli........	—	20 février 1844.

LE LYCÉE DE 1848 A 1866

En 1848, M. Crivelli, proviseur, étant parti pour la France, M. Théodore Drouhet fut appelé à la direction du collège royal devenu lycée. Son entrée en fonctions fut signalée par des mutineries d'élèves qui obligèrent l'administration à licencier les élèves jusqu'en février 1849, tout en maintenant M. Drouhet dans ses fonctions. Cet acte de clairvoyance et de fermeté eut une heureuse influence sur le développement du lycée, car les difficultés disparurent peu à peu et les résultats de l'habile direction de M. Drouhet ne tardèrent pas à se manifester.

LE LYCÉE DE 1866 A 1898 — CONCLUSION

Le 1er janvier 1866, M. Drouhet, nommé inspecteur de l'Instruction publique, eut pour successeur M. Klein.

Il faut passer rapidement sur cette période, si rapprochée de nous, de l'existence du lycée. Je me contente de citer les noms des proviseurs qui l'ont administré :

MM. Bon, nommé le 22 octobre 1869.
    Lecadet, nommé le 16 juillet 1880.
    Le Goff, nommé le 7 avril 1883.
    Édouard Bédier, nommé le 11 octobre 1891.
    Dejean de la Bâtie, nommé le 31 mars 1892.
    Pagès, nommé le 23 octobre 1894.
    Mounier, nommé le 16 juillet 1896.

La statistique décennale de la population scolaire, pour cette période, nous donne :

Pour l'année 1848	260	élèves.
— 1858	387	—
— 1868	465	—
— 1878	489	—
— 1888	365	—
— 1898	415	—

Nous avons vu, au cours de cette étude, que le souci constant de l'administration, en ce qui concerne le fonctionnement du lycée, a toujours été la tendance à l'assimilation avec les lycées métropolitains. Néanmoins, le lycée était toujours resté un établissement purement local, administré conformément à des règles qui pouvaient être constamment modifiées sur place, et ses fonctionnaires étaient tous nommés par le gouverneur de la colonie.

Une modification très importante se produit en 1866 : sur la demande du gouverneur, les Ministres de l'instruction publique et de la marine prennent, à la date du 22 août, un arrêté[1] d'après lequel les fonctionnaires du

---

1. *Bulletin officiel*, année 1866.

lycée sont désormais choisis parmi les membres du corps enseignant de France et désignés par le Ministre de l'instruction publique au Ministre de la marine et des colonies qui les agrée. Ces fonctionnaires sont placés sous l'autorité du Ministre de la marine, mais ils conservent tous les droits des membres de l'Université, et peuvent, après trois ans de services effectifs à la Réunion, être appelés en France à un emploi équivalent à celui qu'ils occupent dans la colonie.

Le lycée a aujourd'hui quatre-vingts ans d'existence ; il a donc concouru pendant de longues années à l'instruction de la jeunesse du pays, avec les établissements congréganistes, un peu intermittents, qui ont été dirigés souvent par les Frères des écoles chrétiennes. Il a survécu à tous les orages, parce qu'il a jeté de profondes racines, et il a rendu à la colonie des services inappréciables.

Que l'on compare la situation de la Réunion avec celle des colonies françaises des Antilles, où l'émancipation des esclaves a été signalée par une si grande effusion de sang, et où l'histoire des cinquante dernières années se résume presque dans les diverses péripéties des luttes de castes. A la Réunion, le grand acte de 1848 s'est accompli sans trouble, et l'on peut dire que les haines qui divisent si profondément nos compatriotes des Antilles sont presque inconnues.

Cet état d'esprit, nous devons le proclamer bien haut, c'est surtout au lycée que nous le devons : dès 1830, les enfants libres de couleur ont été admis dans l'établissement ; il y eut bien au début des résistances de la part des autres élèves, mais peu à peu les uns et les autres, vivant de la même vie matérielle et intellectuelle, commencèrent à se connaître et apprirent à s'estimer. Les sentiments nés à l'ombre des murs du collège grandirent et se fortifièrent au dehors, et dès lors chacun fut estimé, non d'après la nuance de son épiderme, mais d'après sa valeur morale.

On peut discuter sur les avantages ou les inconvénients de l'enseignement secondaire, qui ne compte pas ici que des amis; nul ne contestera que le lycée a puissamment contribué à créer un remarquable état social, et que cela seul suffirait à justifier les sacrifices considérables que fait la colonie pour son entretien.

COURS NORMAL ANNEXÉ AU LYCÉE

La colonie possédait depuis 1883 une École normale primaire d'instituteurs (voir la monographie de cet établissement). En 1897, dans un but d'économie, cette école normale fut supprimée et un cours normal fut annexé au lycée par le décret du 17 août 1897[1].

L'organisation du cours normal offre toutes les garanties désirables pour l'enseignement: deux maîtres spéciaux et divers professeurs du lycée préparent au brevet supérieur pendant les trois années du cours, tandis qu'autrefois la première année étant consacrée à la préparation du brevet élémentaire, il n'en restait plus que deux pour le brevet supérieur. Ceux qui se présentent au concours d'admission sont aujourd'hui en possession du brevet élémentaire.

Les élèves du cours normal ont leur installation spéciale au point de vue des études, des classes, du dortoir, etc.; ils suivent le régime disciplinaire des écoles normales de la métropole.

---

1. *Bulletin officiel*, année 1897, page 502.

Le régime est l'internat; ils sont traités sur le même pied que les pensionnaires du lycée.

Les mêmes résultats qu'autrefois sont obtenus avec une dépense annuelle de 23,000 fr., au lieu de 42,000 fr.

Saint-Denis, le 31 mars 1899.

Le Proviseur, chef du service de l'Instruction publique,
A. MOUNIER.

L'ENSEIGNEMENT PRIMAIRE A L'ILE DE LA RÉUNION

Les premiers instituteurs qui exercèrent dans la colonie furent les Frères des écoles chrétiennes qui y vinrent appelés, en 1817, par le gouverneur d'alors, M. Bouvet de Lozier.

Ils y ouvrirent d'abord trois écoles :
 Une à Saint-Denis.
 Une à Saint-Paul.
 Une à Saint-Pierre.

Ces Frères pour la plupart, comme ceux de la métropole au reste, n'étaient pourvus que de lettres d'obédience : c'est une attestation qui peut être une preuve de vocation, si l'on ne considère que le religieux, mais qui est insuffisante, s'il s'agit du maître enseignant. Cette équivalence est abolie aujourd'hui.

Il est vrai que de simples particuliers, sans titre aucun, avaient de leur propre initiative ouvert des écoles ici et là.

Comme on ne pouvait laisser au premier venu la faculté d'enseigner, une ordonnance intervint le 28 juillet 1844, instituant une commission pour la délivrance du brevet de capacité, titre indispensable désormais pour ouvrir et tenir une école. Dès lors, plus de monopole pour les congréganistes, puisque les laïques pouvaient passer les examens et obtenir le brevet. Toutefois, les écoles de Frères continuèrent à être de beaucoup les plus nombreuses; une congrégation a toujours plus de ressources pour lutter dans la concurrence que de simples individualités.

Les Frères avaient d'ailleurs, en gens pratiques, fondé en 1836, un noviciat, dont les sujets recrutés uniquement parmi les créoles et subventionnés en 1851, par le Conseil général devaient inspirer plus de confiance que les laïques peu nombreux, isolés et moins bien préparés.

La multiplication des écoles aurait exigé une direction et une surveillance efficaces, mais cette garantie manquait. On avait bien créé une commission centrale d'instruction et des comités locaux, à l'exemple de ce qui se faisait dans la métropole, qui devaient s'occuper de la tenue des écoles et de tout ce qui concernait l'instruction primaire, mais ces comités, comme ceux de France d'ailleurs, fonctionnaient peu ou mal, de sorte qu'en réalité direction et surveillance faisaient complètement défaut.

La loi de 1833, qui créa l'inspection primaire, ne fut appliquée dans l'île qu'en 1849, époque à laquelle on institua l'inspection permanente. Un inspecteur fut donc nommé et chargé de tout ce qui se rapportait au service. Ce poste, qui fut supprimé en 1867, on ne sait trop pourquoi, ne devait être rétabli qu'en 1881. Depuis, on a pu voir passer plusieurs titulaires, mais la fonction n'a pas cessé d'être exercée pour le plus grand bien des écoles.

ÉCOLE NORMALE

La direction de la presque totalité des écoles aux mains des Frères ne donnait satisfaction ni à ceux qui voient dans la concurrence un gage de succès, ni à ceux qui, par principe, désirent que l'élément laïque ait sa part dans l'enseignement de la jeunesse.

« Comment, disait M. le conseiller Brunet au Conseil général, session 1871, les Frères ont-ils réussi à s'emparer de la direction de l'enseignement dans l'île entière? En préparant des maîtres aptes à le donner. On reconnaît si bien que c'est là le point important, qu'on vient nous demander de continuer à leur noviciat l'appui qui lui a été accordé jusqu'ici. On forme ainsi des maîtres dans le pays même, ce qui entraîne à moins de frais et donne un personnel convenant beaucoup mieux au milieu où il doit exercer. Mais si cela est vrai et juste, qu'on me permette de m'emparer de l'argument pour demander au Conseil que tous ceux qui se destinent à l'enseignement soient également secourus, et qu'on ne continue pas, en renouvelant le vote sollicité, à constituer un privilège en faveur de ceux qui portent une robe, soumis comme congréganistes à une règle spéciale, et dans l'esprit desquels, qu'on le veuille ou non, priment les considérations conventuelles. Ayons donc, au lieu d'une sorte de séminaire, une école normale comme celles qui fonctionnent en France et dont on a tant à se louer pour la préparation des futurs instituteurs.

»J'aurais donc déjà déposé une proposition dans ce sens, si le Conseil ne venait de décider qu'un inspecteur mobile serait demandé à la métropole pour procéder à une inspection générale des écoles de l'île et nous dire ensuite ce qu'il conviendrait de faire pour en assurer le bon fonctionnement. »

Ceci se passait, nous le répétons, dans la session de 1871.

L'inspecteur mobile demandé se fit beaucoup attendre, puisqu'il ne fut envoyé qu'en 1873. En attendant, les partisans de la création d'une école normale reprirent la proposition Brunet un peu amendée.

« Le Conseil pourrait décider, dit M. le Dr Herland, en

faveur du recrutement du personnel enseignant, la venue d'un professeur spécial de la métropole, qui serait placé à la tête d'une école primaire supérieure à laquelle serait annexé un cours pour les maîtres primaires, afin de les tenir au courant des méthodes pédagogiques les meilleures. »

C'était demander la création d'une école de stagiaires, comme il en a existé quelques-unes en France, qui d'ailleurs n'ont rien donné et ne pouvaient rien donner.

La proposition ne fut pas adoptée, ce qui est heureux au point de vue du service. Mais cette idée d'assurer le recrutement n'est point pour cela abandonnée par ses partisans. Le Dr Herland revient à la charge; seulement il modifie sa proposition antérieure et demande la création d'une École normale dont la direction serait confiée à un inspecteur, lequel serait en même temps chargé de la surveillance des écoles.

La proposition énergiquement appuyée par MM. Vinson et Ch. Brunet rencontre de nombreux partisans, mais sur une motion de M. Drouhet elle est ajournée jusqu'au moment où l'inspecteur mobile, qu'on attend toujours, pourra faire connaître son avis sur l'organisation et le meilleur fonctionnement de cette école.

Cet inspecteur arrive à la fin de 1873. Après sa visite aux écoles dans l'île, voici comment il s'exprime :

« Les écoles laïques sont faibles, mais comment s'en étonner? Où les maîtres qui les dirigent se sont-ils préparés? Sans doute, ils ont subi les épreuves pour l'obtention du brevet, mais si l'examen atteste une somme de connaissances plus ou moins grandes, il ne prouve rien touchant l'art d'enseigner. Le service n'est donc pas assuré, et il ne peut l'être qu'à la condition que les futurs instituteurs soient préparés à leur mission comme ils le sont en France par une école normale.

» Cette création est possible sans qu'il en coûte trop à la colonie, en plaçant cet établissement à la campagne, pour que les maîtres aient en même temps que le goût de l'enseignement celui du travail rural auquel doit se consacrer plus tard la presque totalité de leurs élèves. »

Il estimait alors qu'avec une subvention de 3 ou 4,000 fr. il serait possible de tenter un essai profitable; c'était une erreur, mais l'important, dans son esprit, c'était que l'on fît une tentative. Sa proposition n'eut pas cette faveur, l'administration la garda pour elle, et ce fut tout.

Mais le Conseil général tenait à son idée, et en octobre 1874, sur le remarquable rapport de M. Emart Alexis, aujourd'hui substitut du procureur général à Saint-Denis, la création d'un cours normal fut décidée. Voici la teneur de cette proposition :

« Une somme annuelle de 6,000 fr. est mise à la disposition de l'administration coloniale pendant trois ans pour être affectée à des bourses, dont la dépense maximum annuelle ne dépassera pas 600 fr. Ce cours sera annexé au collège de Saint-Paul; un professeur spécial au traitement de 4,000 fr. sera demandé en France pour donner aux élèves maîtres des leçons de pédagogie. »

Le vote obtenu, on aurait pu supposer que la métropole se serait empressée d'envoyer le maître demandé. Pas du tout; les années 1875 et 1876 se passent sans que ce professeur arrive. En présence de ces lenteurs, voulues ou non, les partisans du maintien de la subvention au noviciat des Frères se crurent autorisés à demander la suppression du crédit voté pour la création du cours normal, mais le Conseil rejeta cette proposition, et pour bien manifester son intention, il renouvela son vote pour l'année

1878. Entre temps, trois boursiers avaient été reçus au collège Saint-Paul comme élèves maîtres. Enfin, en 1878, le professeur demandé arriva. C'était un M. Fusch, muni du diplôme de Cluny, ce qui n'était peut-être pas ce qui convenait, et dès lors le cours normal fut organisé et fonctionna. Aussi les crédits pour 1879 furent alloués sans discussion aucune.

On ne s'attendait guère après cela qu'au cours de la session de 1879, l'existence de la nouvelle création serait mise en question au Conseil général. C'est pourtant ce qui eut lieu.

L'administration, qui n'avait pas, disait-elle, constaté de résultats appréciables, était favorable à la suppression du cours. D'ailleurs les candidats faisaient défaut, assurait-on. Eh oui! les candidats venaient peu, mais cela tenait à la campagne menée par les partisans des Frères. Ceux-ci sentaient parfaitement que le bon fonctionnement du cours était le plus rude coup porté au monopole congréganiste. Il fallait donc que l'essai échouât, et l'on travaillait ferme dans ce but. Voilà pourquoi les candidats étaient si rares. Mais le Conseil général, était bien décidé à ne pas renoncer à son projet. « On n'a pas réussi à Saint-Paul, disait-on, soit; mais l'on doit essayer ailleurs et prendre d'autres moyens. » Il fut alors décidé que le cours pour le maintien duquel 10,000 fr. étaient votés, serait annexé au lycée. Si l'intention était bonne, l'idée n'était pas heureuse. Le lycée était bien la place où il convenait le moins qu'on mît le cours. Malgré cela, l'on s'arrêta à cette décision. Un vice-recteur de l'île, M. Antoine, alla plus loin : il proposa de transformer le cours en école normale, mais toujours comme annexe du lycée. La pensée de faire vivre une école normale comme annexe d'un lycée est aussi extraordinaire que peu pratique. Cette erreur pédagogique et administrative ne devait pas être épargnée à la colonie. De bons universitaires, bien intentionnés, comme M. le sénateur Drouhet, protestèrent vivement contre ce projet qui enfin fut ajourné.

Mais celui de créer une école normale fut plus que jamais à l'ordre du jour. Un conseiller général, M. Camille Jacob de Cordemoy, après discussion, proposa d'accueillir les conclusions du rapport du vice-recteur tendant à la création d'une école normale, mais d'installer cette école dans un local spécial que la ville de Saint-Denis avait bâti pour y recevoir une école primaire supérieure centrale, et, complétant sa proposition, il demandait que le futur établissement pût recevoir en même temps des élèves maîtres et des élèves maîtresses, car pour être logique, ajoutait-il, c'est par la laïcisation des écoles de filles qu'il faudrait commencer.

On parlait pour la première fois de la nécessité de former des institutrices laïques, ce fut la seule. Aux colonies, comme dans la métropole, on est surtout préoccupé de ce qui concerce l'instruction des garçons, ce qui regarde la jeune fille viendra plus tard; or, la jeune fille devant un jour être mère de famille, étant, de fait, la première institutrice au foyer domestique, c'est par elle qu'il aurait fallu commencer; mais il ne faut pas nous demander d'être toujours conséquents et pratiques; ce n'est point par ce côté que nous brillons, il faut en convenir et n'avoir pas peur de le dire.

Pour en revenir à la création de l'école normale, on se trouvait au cours de cette session du Conseil général dans des conditions favorables pour aboutir. Le Ministre des colonies partageait la façon de voir de ceux qui désiraient cette création. « L'instruction laïque, disait-il, dans une dépêche, est la conséquence des principes libéraux dont s'inspire le Gouvernement de la République. Il y a donc intérêt à ce que le personnel des futures écoles soit laïque, et que ce personnel soit recruté et formé dans la population locale elle-même. » La proposition de créer une école normale fut donc adoptée.

Toutes ces décisions constituaient des projets, mais rien de pratique n'en était encore sorti, et l'on se trouvait toujours en présence du noviciat qui fonctionnait et fournissait des maîtres. Ces Messieurs saisirent habilement l'occasion de ces retards pour faire savoir qu'ils étaient arrivés à l'expiration du traité qu'ils avaient passé autrefois avec la colonie, et ils demandaient si l'administration était disposée à le renouveler. Dans ce cas, ils faisaient savoir qu'ils ne pourraient consentir au renouvellement du contrat qu'aux conditions suivantes :

1° Le maintien du traitement de 3,300 fr. attribué au frère visiteur.

2° Une augmentation de 135 fr. pour chaque Frère qui enseignait, soit au total 10,000 fr.

3° Les frais de passage, à l'aller et au retour, supportés par la colonie pour chaque Frère.

4° Enfin les gages des domestiques attachés aux maisons des Frères payés par le budget local.

Si l'on refusait d'acquiescer à ces conditions, les Frères se verraient dans l'obligation de se retirer. Ils ajoutaient qu'ils désiraient être promptement fixés.

Le retrait des Frères, c'était la fermeture des écoles de l'île. Le Conseil général effrayé par une telle perspective s'exécuta, malgré ses votes pour la création d'une école normale, et malgré tous les efforts du chef de service de l'Instruction pour faire rejeter un semblable ultimatum. Les congréganistes, habiles, comme toujours, étaient venus dicter leur conditions au moment opportun.

Le contrat nouveau qui semblait être la continuation du premier que personne n'avait jamais vu, dont nulle trace n'existait dans les archives du Gouvernement, contrat dont les Frères eux-mêmes refusaient d'ailleurs communication, ce contrat, disons-nous, semblait être la négation des propositions accueillies et des votes acquis pour la création d'une école normale : le noviciat des Frères maintenu, c'était, en quelque sorte, le maintien de deux écoles normales. Mais le budget était-il assez bien doté pour supporter cette double dépense ? Puis le noviciat bien plus connu, n'aurait-il pas les préférences des candidats ? Les Frères enfin, qui avaient en mains la direction de presque toutes les écoles, ne seraient-ils pas les maîtres du recrutement ? Il y avait là de légitimes et justes préoccupations. — L'embarras était donc réel. Les Frères le sentirent, et toujours en gens habiles, ils demandèrent que des avantages nouveaux leur fussent accordés : mais ces exigences trop fortes refroidirent le zèle de leurs partisans, dont la plupart firent cause commune avec ceux qui voulaient s'affranchir du monopole congréganiste. Mais l'école qu'il s'agissait d'établir aurait-elle des candidats? L'inspecteur primaire fut chargé de s'en informer au cours de ses tournées. Cette enquête fut favorable. — C'était un grand point. Le Conseil général reprit donc son projet, et dans sa session de 1881, il vota les crédits nécessaires pour le fonctionnement de l'établissement à créer ; un arrêté du gouverneur sanctionna ce vote et le siège de l'école fut fixé à Saint-Denis.

On ne s'était pas trompé en espérant que des candidats se présenteraient. 56 prirent part au 1er concours, sur lesquels 32 furent déclarés aptes à suivre les cours. M. Bossard, l'inspecteur des écoles de l'île, fut nommé directeur de l'établissement qu'on ouvrit le 1er février 1882 dans un local loué qui sans doute convenait peu à sa destination, mais un fait capital était acquis : l'école allait fonctionner.

On n'y attacha pas d'abord un nombreux personnel enseignant, celui que nous voyons dans les écoles normales de la métropole : il se composait du directeur et de deux maîtres empruntés au personnel du lycée, mais on allait au plus pressé. Ces maîtres furent d'ailleurs remplacés par deux adjoints envoyés de France, l'un en mai 1882, l'autre en 1883. Mais le local était devenu insuffisant ; l'on dut s'installer ailleurs en 1884. Ce n'était point parfait encore, mais l'on était moins mal. En 1887, nouveau déménagement. C'est dans ce dernier local que l'école resta pendant dix ans, jusqu'en 1897, époque à laquelle elle fut annexée au lycée. C'est un acheminement vers sa disparition.

Le lycée, encore une fois, n'est pas la place qui convient. C'est une sorte de cours normal, un pis-aller, comme il y en avait en France avant l'application des nouvelles lois. Souhaitons que cette façon d'envisager les besoins du service y donne satisfaction. L'avenir répondra ; mais après l'expérience faite dans la métropole, on est en droit d'en douter.

En attendant, on ne peut que déplorer le fait. C'est sans doute les considérations de dépense qui ont imposé une semblable décision, car les critiques qu'on a adressées, soit à la direction donnée, soit aux résultats acquis, ont été très vivement réfutées.

INSPECTION PRIMAIRE

Nos colonies au commencement du siècle ne pouvaient pas être plus favorisées que la métropole au point de vue de

XXVII. Kiosque des Eaux et Forêts. Vue extérieure (*Cliché Paul Chabrier*)   XXVIII. Exposition Colson & Cⁱᵉ (*Cliché Paul Chabrier*)

l'instruction primaire. L'ordonnance de 1816, qui affectait 50,000 fr. sur la cassette du roi à cet ordre d'enseignement, n'était pas de nature à en favoriser l'extension. Cette maigre subvention allait d'ailleurs aux écoles congréganistes.

Si alors il ne s'agissait guère d'écoles populaires, il s'agissait encore bien moins d'inspection pour ces écoles. Il fallait attendre la loi de 1833, dite loi Guizot sur l'instruction primaire, pour que l'on comprît qu'il importait d'organiser une surveillance efficace et active des écoles primaires. Les grandes commissions que l'on avait instituées à cet effet, les comités locaux que l'on avait créés ne constituaient point ce qu'on peut appeler une inspection. Nos délégations cantonales actuelles ont succédé à ces comités ; pourrait-on en attendre une direction et une surveillance suffisantes pour nos écoles? Tout le monde sait bien que non. La création des Inspecteurs primaires, due à la loi de 1833, ne donna pas en France le nombre d'inspecteurs suffisant. Dans les colonies, notamment à la Réunion, on devait attendre bien longtemps les effets de la loi, puisque le premier inspecteur n'exerça ses fonctions qu'en 1849 dans l'île. De 1848 à 1869, on peut dire qu'il n'y eut presque pas d'interruption dans l'inspection. Mais en 1869 on supprima le poste.

De là, des réclamations fort justifiées de la part de la colonie.

Un inspecteur mobile, M. Viant, se fit l'écho de ces réclamations qui ne reçurent satisfaction qu'en 1887, après avoir été renouvelées par le Conseil général au cours de ses différentes sessions, le budget de l'île supportant le traitement de ce fonctionnaire.

Le premier titulaire fut M. Bossard. C'est encore lui qui exerce ces fonctions actuellement, après avoir pendant

10 ans dirigé l'école normale annexée aujourd'hui au lycée.

Il eut six successeurs. Durant sa direction, deux, MM. Hoarau et de Morel, moururent dans l'île. Un autre, M. Deschamp, est inspecteur à Madagascar.

J.-B. BOSSARD,
Inspecteur primaire.

ÉCOLE PRIMAIRE CENTRALE

Nous avons vu que les écoles primaires sont nombreuses à la Réunion. Nous ne pouvons faire l'historique de chacune d'elles, mais nous extrayons de l'intéressante monographie faite par M. Henri Laffon, directeur de l'École centrale, les passages suivants[1] :

L'école primaire centrale, ouverte à Saint-Denis le 8 octobre 1894, est l'ancienne école des Frères, laïcisée par arrêté du gouverneur, en date du 10 septembre de la même année.

C'était la plus grande et la plus importante de toutes les écoles congréganistes de la colonie ; elle comptait vingt et un maîtres. C'était aussi le siège du noviciat, le lieu de résidence du Supérieur de la congrégation, ou *Visiteur*.

Dès sa laïcisation, l'établissement prend le nom d'école primaire centrale, à cause de sa situation au centre de la ville et de l'existence de trois autres écoles laïques créées depuis plus de vingt ans : l'une à l'est, l'école de Sainte-Clotilde, au quartier Sainte-Clotilde ; l'autre à l'ouest, l'école de la Rivière, au quartier la Rivière ; enfin, la troisième au sud-ouest, l'école du Camp-Ozoux, au quartier Camp-Ozoux.

---

1. Voir pour plus de détails la monographie complète exposée au groupe 1 et à la classe 1 (Éducation de l'enfant), vitrine 1 de l'exposition de la Réunion.

L'école centrale occupe une superficie de 1 hectare 23, enclavée entre 4 rues formant un trapèze : les rues Saint-Denis, Sainte-Anne, la Boucherie et Saint-Joseph.

Le local, valant environ 200,000 fr., est la propriété de la commune. Tous les bâtiments qui s'y trouvent ont été construits à différentes époques. L'un d'eux date de plus de deux siècles, et avait servi de lieu de réunion à la Commission d'administration de la Compagnie des Indes.

Période congréganiste

Les Frères, demandés en France, s'embarquèrent à Rochefort sur le navire de l'État le *Golo*, capitaine Dauglard ; ils arrivèrent dans la colonie le 17 mai 1817.

Ils étaient six, dont deux prirent la direction de l'école de Saint-Denis, qui, organisée contrairement aux statuts de la congrégation obligeant les maîtres à être trois au moins, disparut en 1824. Elle s'ouvrit de nouveau en 1826, par suite de l'arrivée de nouveaux Frères.

Il y avait alors quatre classes : deux pour les *Blancs*, deux pour les *Libres*[1] ; mais le 20 décembre 1848, eut lieu, par le commissaire général de la République, Sarda Garriga, la proclamation de l'affranchissement des esclaves qui entraîna la liberté et la fusion complète dans la fréquentation scolaire. L'école subsista jusqu'au 10 septembre 1894, époque de sa laïcisation. A ce moment, la dépense annuelle était de 39,055 fr.

Les Frères ont rendu des services dans la colonie. Ils furent les premiers à donner de l'instruction au peuple, à ouvrir son intelligence inculte et grossière.

---

1. On entendait par « libres » les esclaves libérés ainsi que leurs descendants.

Avant l'existence des solides institutions de nos jours, ils ont formé, dans les différentes classes laborieuses de la société, des sujets qui occupent encore aujourd'hui des positions honorables.

L'École depuis sa laïcisation

L'école centrale ouvrit ses portes le 8 octobre 1894 avec 14 classes. Tout d'abord, il y eut 136 élèves ; le lendemain, 172 ; huit jours après, 250 ; et le mois suivant, 313. Dans la suite, leur nombre s'accrut graduellement, pour être, à ce jour, de 652.

L'établissement a les sympathies de tous, et l'administration s'intéresse vivement à son bon fonctionnement. Par son organisation, ses succès, le nombre de ses élèves, elle tient le premier rang parmi les institutions de même genre.

CLASSES. — A l'heure présente, il existe quinze classes qui se répartissent ainsi :

Cours préparatoire	2 classes parallèles (sect. enfantine).	92	élèves
	2 — — (1re année)......	105	—
	2 — — (2e année)......	125	—
Cours élémentaire	2 classes parallèles (1re année)......	109	—
	1 classe (2e année)......	62	—
Cours moyen	1 classe (1re année)......	46	—
	2 classes parallèles (2e année)......	49	—
Cours supérieur	1 classe..........................	27	—
Cours complémentaire	1 classe (1re année)................	16	—
	1 — (2e année)................	21	—
	15 classes......................	652	élèves

La création du cours complémentaire, jugée nécessaire dès l'installation de l'école, est définitivement reconnue légale par la décision ministérielle du 17 septembre 1898.

Programmes. — Tous les cours suivent les programmes officiels, augmentés toutefois des notions indispensables sur l'histoire, la géographie et l'agriculture du pays.

Maîtres. — Pour le plus grand bien de l'institution, des sentiments de bonne confraternité règnent chez tous les maîtres. Ils font preuve de zèle et de dévouement, et subissent dans l'accomplissement de leur tâche une sorte d'entraînement des plus favorables. Mais quelques-uns ne semblent pas avoir le feu sacré. Peut-être leur manque-t-il un encouragement, si l'on compare le traitement d'un instituteur à celui d'un grand nombre d'autres fonctionnaires qui, pour un travail moins pénible, sont souvent mieux rétribués. Et, pourtant, à quelles obligations l'instituteur n'est-il pas soumis! Il lui faut un brevet pour rentrer dans la carrière, d'autres brevets encore pour obtenir les avantages d'un modeste avancement.

Depuis quelques années, le Pouvoir a relevé la condition d'infériorité où se trouvait jadis l'instituteur laïque. Il serait à désirer qu'il pût faire davantage!

Combien les instituteurs de la Réunion seraient heureux d'être traités sur le même pied que leurs collègues des Antilles!

La dépense annuelle est de 36.755 fr.

Élèves. — Comme la ville de Saint-Denis compte trois écoles maternelles, les enfants ne sont admis à l'établissement qu'à l'âge de 6 ans, et ne sont pas tenus d'en sortir à 13, à cause de l'existence du cours complémentaire.

Ils aiment l'étude, mais s'absentent fréquemment. Ce manque d'assiduité est dû aux fièvres endémiques ou aux services domestiques que les enfants rendent à leurs parents malheureux.

Sans compter le *Blanc*, ces enfants appartiennent à différentes races : le Cafre, le Madécasse, l'Hindou, le Chinois et le Métis.

Le Cafre et le Madécasse sont en général d'une nature douce ; le Cafre est peu intelligent, moins que le Madécasse, mais plus opiniâtre et plus robuste.

L'Hindou, plus intelligent que les précédents, de constitution faible, est indolent, efféminé, enclin aux vices.

Le Chinois a l'esprit plus éveillé que l'Hindou ; il est renfermé, vindicatif.

Quant aux Métis de toutes sortes, leur intelligence et leur nature sont variées et ne sauraient être bien définies.

Parmi ces derniers, il convient cependant de distinguer le Mulâtre doué d'une vive intelligence et ambitieux.

A part ces types, existe encore celui qui, dans le pays, est désigné sous le nom spécifique de créole. Il tient à honneur de passer pour autochtone, malgré l'histoire qui atteste que notre population est d'une origine pleine de mélanges. L'autochtone, puisqu'il faut l'appeler ainsi, est un peu moins intelligent, aussi fort, aussi musclé que le Mulâtre, avec plus de malléabilité dans le tempérament.

Le frottement des enfants entre eux amène une amélioration sensible dans leur nature. Les instituteurs s'appliquent au développement de cette amélioration, en faisant pénétrer dans ces jeunes cœurs des sentiments d'humanité, d'amour-propre, d'honnêteté et d'attachement à la France.

La bonne organisation de l'école attire principalement dans les hautes classes, des élèves de tous les points de l'île, placés par leurs familles, quelque peu aisées, chez des correspondants de la ville.

Résultats. — De 1894 à 1898, l'établissement a fait recevoir 59 élèves au certificat d'études primaires, 35 au brevet élémentaire. De plus, 15 ont été admis à l'école normale; 6 ont eu des bourses pour le lycée; 1 a été reçu, n° 1 avec félicitations du jury, pour l'école des arts et métiers de Dellys, d'où il est sorti n° 1 également, avec la première médaille d'argent et le grade de sergent-major.

On trouve d'anciens élèves de l'école disséminés dans toutes les administrations, dans le commerce, les différentes industries, les ateliers de toutes sortes; quelques-uns même sont instituteurs; d'autres enfin ont été appelés à Madagascar comme géomètres du service géographique.

École manuelle d'apprentissage

Une école manuelle d'apprentissage est annexée à l'école primaire centrale; elle fut inaugurée le 9 octobre 1899.

M. le gouverneur Beauchamp, dont la haute sollicitude est toujours en éveil lorsqu'il s'agit d'améliorer les conditions de notre vie économique, avait dû sûrement lire dans nos annales les services rendus jadis, soit par l'école des arts et métiers, soit par les ateliers dirigés par les Pères du Saint-Esprit.

L'école des arts et métiers avait été instituée par décret colonial du 11 septembre 1840, avec le directeur d'artillerie, comme chef de l'établissement, des sous-officiers et des ouvriers du génie pour guider les travaux. Les élèves, internes, logeaient et recevaient l'enseignement théorique dans les bâtiments affectés aujourd'hui au service de la Douane; pour l'enseignement pratique, ils se rendaient à l'Artillerie. Cette école fut dissoute le 1er juillet 1855, à la suite d'une mutinerie (Arrêté du 26 juin 1855).

En 1858, de nouveaux ateliers se montaient sur les domaines dits de la *Providence*, où l'on fondait en même temps un pénitencier pour les jeunes détenus et un hospice pour les vieillards et les infirmes (Arrêté du 20 octobre 1858).

Les Pères du Saint-Esprit firent une rude concurrence aux ateliers privés. Ils livraient, grâce à la subvention coloniale, aux particuliers, aux propriétés sucrières, aux communes, à la colonie enfin, des travaux à des prix tels que les concurrents libres durent renvoyer leurs ouvriers.

Un mécontentement général éclata alors d'une façon tragique sous le gouvernement du contre-amiral Dupré. Le sang fut versé à Saint-Denis dans la nuit du 2 décembre 1868.

Ces troubles amenèrent la fermeture des ateliers de la Providence (Délibération du Conseil général, 13 février 1868 et arrêté de la même année).

Depuis la disparition de ces écoles, les bons ouvriers devinrent de plus en plus rares. Aussi, l'administration voulut-elle remédier à cette situation difficile, et le 10 août 1898 le Conseil général, sur la demande de M. le Gouverneur, décida l'ouverture de l'école manuelle d'apprentissage.

L'école primaire centrale, située au chef-lieu, mieux organisée, plus vaste que les autres établissements similaires, parut toute désignée à l'administration pour l'installation de la nouvelle école.

Le 7 juillet 1898, le conseil municipal de Saint-Denis céda une partie de l'emplacement où furent édifiés les ateliers pour lesquels on dépensa environ 16.000 fr.

La durée des études est de trois ans; le nombre des élèves, trente-six: douze par année, tous externes, admis après un concours et jouissant d'une allocation accordée par le Conseil général.

Le programme comprend les travaux du bois, de la pierre et du fer, avec des leçons complémentaires de dessin, d'arithmétique, de géométrie et de comptabilité.

L'école manuelle d'apprentissage est appelée à rendre d'importants services au pays. En effet, la pénurie de bons ouvriers s'y fait tristement sentir, surtout depuis la conquête de Madagascar, pays où ils émigrent, sûrs d'être mieux rétribués. En outre, il n'est plus à craindre que les désordres qui ont eu lieu en 1868 se renouvellent, les travaux exécutés à l'école devant être mis en vente publique à la fin de chaque année.

Henri LAFFON,
Directeur de l'École centrale.

CHEMIN DE FER ET PORT DE LA RÉUNION

HISTORIQUE

La construction et l'exploitation d'un port et d'un chemin de fer à voie étroite à la Réunion ont été concédés à MM. A. Lavalley et E. Pallu de la Barrière par le Conseil général de la Réunion, suivant ses délibérations en date du 25 juin 1874 pour le port et du 27 novembre 1875 pour le chemin de fer.

Ces deux délibérations déterminaient les clauses et conditions auxquelles le chemin de fer et le port étaient concédés.

Elles fixaient, pour le port, son emplacement, ses dimensions, ses privilèges de construction et d'exploitation, et enfin des tarifs maxima.

Pour le chemin de fer, la délibération du 27 novembre 1875 établissait les conditions techniques du tracé et de construction, l'exécution du profil à soumettre avant de commencer les travaux, les privilèges accordés pour le passage sur les ponts et les routes de la colonie, les règlements de police, le fonctionnement du contrôle et de la surveillance, et enfin des tarifs maxima.

Partout où c'était possible, les pas géométriques étaient mis gratuitement à la disposition de la Compagnie sur la largeur nécessaire. Pour les points où le tracé devait traverser les propriétés particulières, les expropriations étaient à la charge des concessionnaires; mais en considération des dépenses de ce fait, ainsi que pour la construction de divers travaux qui devaient devenir la propriété de la colonie après leur achèvement, cette dernière s'engageait à passer une subvention annuelle pendant 30 ans.

La durée de la concession était fixée à 99 ans.

Deux ans plus tard, le 19 février 1877, intervenait une convention entre l'État et MM. Pallu de la Barrière et Lavalley.

Cette convention ratifiait la plupart des dispositions du cahier des charges votées par le Conseil général de la Réunion pour le chemin de fer et le port.

Elle fixait le point de départ de la concession de 99 ans à courir de la date de l'acte constitutif de la Société anonyme que les actionnaires s'engageaient à fonder.

Elle fixait le délai d'exécution des travaux, le mode de déchéance, les dimensions générales du port, le fonctionnement de la garantie de l'État qui garantissait une recette annuelle nette de 1.925.000 francs (subvention coloniale comprise) ainsi que le barème pour l'évaluation de cette recette nette.

Elle déterminait les conditions de remboursement à l'État, le recouvrement de la subvention coloniale, prévoyait la réduction des tarifs maxima, et entraînait l'émission de 34.000.000 de francs d'obligations, montant du forfait accepté par les concessionnaires pour l'exécution des travaux.

Cette convention a été sanctionnée par la loi du 23 juin 1877, promulguée le même jour, et dont voici les dispositions.

LOI relative à la création d'un port à la Pointe-des-Galets Réunion ainsi qu'à l'établissement d'un chemin de fer reliant ce port à Saint-Pierre et à Saint-Benoît.

Le Sénat et la Chambre des Députés ont adopté.

Le Président de la République promulgue la loi dont la teneur suit :

ARTICLE UNIQUE

Est approuvée la convention annexée à la présente loi, passée le 19 février 1877 entre M. le Ministre de la Marine et des Colonies et MM. Alexandre-Théodore Lavalley, et Eugène-Emmanuel-Théophile Pallu de la Barrière, agissant tant pour leur compte personnel que pour le compte de la Société anonyme qu'ils se sont obligés à constituer pour la construction et l'exploitation d'un port maritime dans l'île de la Réunion, au lieu dit la Pointe-des-Galets, et d'un chemin de fer destiné à relier à ce port tous les quartiers producteurs de l'île, depuis Saint-Pierre, jusques et y compris Saint-Benoît, en passant par Saint-Denis.

A l'expiration du privilège accordé aux concessionnaires, le port et ses accessoires, cales, ateliers, constructions, matériel fixe et flottant d'exploitation feront retour à l'État dans les conditions indiquées au cahier des charges, sans que les concessionnaires puissent réclamer aucune indemnité.

La présente loi, délibérée et adoptée par le Sénat et par la Chambre des députés, sera exécutée comme loi d'État.

Fait à Versailles, le 23 juin 1877.

MARÉCHAL DE MAC-MAHON,
Duc de Magenta.

Par le Président de la République :
Le vice-amiral, Ministre de la Marine et des Colonies,
GICQUEL DES TOUCHES.

Le Ministre des Finances,
E. CAILLAUX.

La déclaration d'utilité publique et la concession des

pas géométriques avaient été concédées par décret du Président de la République, du 19 avril 1876.

La Société fut constituée au capital de cinq millions. Plus tard, en 1884, les ressources de la Société se trouvant épuisées et les travaux n'étant pas terminés, une nouvelle convention, signée le 26 mai 1884, autorisait la Compagnie du chemin de fer et du port à émettre pour 11.400.000 fr. de nouvelles obligations.

Cette convention était ratifiée par la loi du 19 décembre 1884.

La Société s'engageait à terminer le chemin de fer et le port et à les livrer à l'exploitation le 1er janvier 1886.

L'émission des obligations produisit 52.376.549 fr. 49 et le compte de premier établissement, au 31 décembre 1887, s'élevait à 65.994.960 fr. 64, soit une différence de 13.618.420 fr. 15, comblée par l'avance faite par l'État, par le produit des placements de fonds et par le fonds social.

Le chemin de fer fut ouvert à l'exploitation à la fin de 1882, et le port en avril 1886. Pendant cette période, le tonnage annuel des importations et des exportations ne dépassa pas le chiffre total de 100.000 tonnes; en 1885, ce mouvement atteignit 95.000 tonnes. Les tarifs prévus aux cahiers des charges faisaient payer à une tonne de marchandises 10 fr. pour les divers droits du port et 10 fr. en moyenne pour le transport par chemin de fer, ce qui devait donner une recette de 20 fr. par tonne exportée ou importée. En appliquant ce tarif au tonnage de 95.000 tonnes, dont la totalité, d'après la Compagnie, devait transiter au port dès l'année 1887, on évaluait à 1.900.000 fr. la recette probable produite par ce trafic extérieur; on ajoutait à ce chiffre 1.000.000 pour la recette du chemin de fer sur le trafic local, ce qui portait à 2.900.000 fr. les prévisions de recettes pour l'exercice 1887. La colonie avait d'ailleurs connu des jours meilleurs; en 1860, le mouvement commercial extérieur avait dépassé 150.000 tonnes, et la Compagnie espérait que le retour à la prospérité passée serait la conséquence de l'établissement du chemin de fer et du port. Ces prévisions optimistes ne furent point réalisées.

Dès l'ouverture du port, on eut à compter sérieusement avec les entreprises de batelage établies sur les diverses rades, les marines, qui en présence de la concurrence créée, inaugurèrent une lutte de tarifs pour conserver leur clientèle. Leurs frais d'établissement peu élevés et le faible prix de revient de leurs opérations leur permettaient de consentir des abaissements de taxe assez sérieux pour contrebalancer les avantages d'un autre ordre que le port pouvait offrir aux navires. En 1887, la Compagnie ne put attirer au port que 30.000 tonnes, et encore à la faveur d'un tarif spécial de 2 francs inférieur à celui du cahier des charges. Aussi, vers la fin de l'année, fit-elle connaître à l'État que ses recettes avaient été insuffisantes à couvrir les dépenses, que ses ressources étaient entièrement épuisées, et qu'elle se trouvait dans l'impossibilité de continuer l'exploitation sans de nouveaux subsides. L'État, qui avait fait déjà des avances, refusa tout nouveau concours, et la déchéance de la Compagnie fut prononcée, conformément à une clause du cahier des charges. Le Ministère, chargé des colonies, dut assurer directement la marche de l'entreprise, à dater du 1er janvier 1888.

PORT

CONSTRUCTION DU PORT

Le port de la Pointe-des-Galets est situé dans la partie occidentale de l'île, au bord d'un vaste plateau d'alluvions légèrement incliné vers la mer, suivant une pente de 12 millimètres par mètre environ.

De cette disposition du terrain résulte déjà cette première conséquence que les talus des bassins creusés à l'intérieur ont une hauteur suffisante pour protéger les coques des navires contre l'action des vents.

L'île, en effet, est soumise au régime des vents généraux du sud-est. D'avril à novembre, ces vents soufflent régulièrement, et souvent avec une violence suffisante pour que la tenue sur les rades soit impossible. C'est à Saint-Philippe, situé au sud-est de l'île, que l'alizé se fait d'abord sentir. Se heurtant aux massifs montagneux de l'intérieur et aux abruptes falaises du rivage, le courant aérien se divise en deux branches; l'une suit la côte dite du vent, en remontant du sud-est vers le nord, puis, s'infléchissant à l'ouest, passe sur Saint-Denis, la capitale administrative de l'île, et va enfin heurter au cap Bernard une grande falaise basaltique, qui le rejette définitivement au nord-ouest, au large de l'île.

La branche inférieure, après avoir fait sentir toute son action sur la rade de Saint-Pierre, vient, en suivant la côte du sud au sud-ouest, se heurter aux masses du cap Noir et du cap Champagne, et de là se dévie vers le large, où elle va retrouver la branche supérieure à une grande distance de la Pointe-des-Galets.

XXXI. Exposition de la Réunion, Produits divers (*Cliché Paul Chabrier*)

Aussi, tandis que sur tout le parcours de ces courants aériens, la tenue des rades est difficile et précaire, la région comprise entre le cap Bernard et le cap La Houssaye, et où se trouvent Saint-Paul et la Pointe-des-Galets, n'éprouve-t-elle pendant la saison des alizés que des brises de remous, généralement légères, variant du sud-ouest au nord-est.

Cette partie de l'île n'est pas moins favorisée au point de vue des cyclones de la saison d'hivernage. En effet, ces dangereux météores attaquent presque toujours l'île par l'est-nord-est. C'est à Sainte-Rose qu'on en ressent les premières atteintes. Comme avec les vents généraux, les massifs montagneux, jouent, cette fois encore, le rôle d'écran protecteur pour la région de Saint-Paul et de la Pointe-des-Galets, presque diamétralement opposée à celle de Sainte-Rose.

Les cyclones n'y arrivent donc qu'avec une intensité affaiblie. De plus, ce n'est que douze à dix-huit heures après avoir touché Sainte-Rose, que les premiers frémissements se font sentir à la Pointe-des-Galets. On y peut donc, grâce au télégraphe, être prévenu à l'avance, et on a devant soi un temps suffisant pour atténuer les effets de l'ouragan.

L'étude du terrain, faite au moyen de puits de 1 mètre de section, descendus à 8 mètres au-dessous du niveau de la mer, ne laissait pas de doute sur sa composition. C'était un amas de matériaux en ordre confus, tantôt volumineux, tantôt impalpables, sables, graviers et galets, recoupés par quelques minces couches de tuf argileux et de cendres volcaniques agglutinées.

Plus on s'avançait vers le nord, plus on rencontrait des terrains d'un déblai facile. On fut ainsi amené à s'arrêter au pied des dunes qui limitent la plaine de ce côté.

L'axe de l'entrée se trouva placé à 1.500 mètres de la Pointe-des-Galets au nord, et au sud à 1.900 mètres environ de la rivière.

L'entrée est formée par deux jetées convergentes en arc de cercle ayant 225 mètres d'écartement à l'enracinement et 100 mètres d'ouverture aux musoirs. Cet enracinement était fixé sur la place, au delà de la laisse connue des plus violents raz de marée et à 90 mètres de la laisse d'eau ordinaire. Les musoirs arrivent jusque dans les fonds de 12 mètres, leurs défenses extrêmes dans ceux de 15 mètres.

L'avant-port comprend, outre la partie circonscrite par les jetées, une entrée de 190 mètres de long débouchant dans un bassin de 250 mètres de côté. Cette partie ne devait servir qu'à éteindre l'action des lames, mais l'expérience a prouvé que les navires de tout tonnage pouvaient y opérer en toute sécurité. Ceux, au contraire, dont les opérations doivent avoir quelque durée, auront intérêt à les faire dans le port intérieur.

On y accède par un canal placé à angle droit sur le côté nord du grand bassin d'avant-port. Ce canal de 150 mètres de long, a une section de 22 mètres au plafond avec des talus de 2/1 de façon à ne pas laisser pénétrer d'agitation.

Par ce canal, on entre dans un bassin de 230 mètres de long et de 130 mètres de large, dimension qui sera portée à 200 mètres par le fait de l'agrandissement actuellement en projet. Sur les côtés débouchent les rues ou bassins d'opérations. La largeur de ces bassins est de 72 mètres à la ligne d'eau avec des talus de 2/1. Leur longueur est de 200 mètres. Ils sont pourvus d'appontements et de moyens de déchargement. Sur le terre-plein qui les sépare et qui est à la cote 9 mètres, s'élèvent, à l'aplomb des appontements, des docks qui, par suite du relief

XXXII. Exposition. Le Coat de Kerveguen *(Cliché Paul Chabrier)*

XXXIII. Exposition de la Réunion, Conserves Lacaze & Cafés *(Cliché Paul Chabrier)*

naturel du sol, présentent cette disposition éminemment avantageuse aux manipulations, d'avoir leur rez-de-chaussée au niveau même des appontements, tandis que leur premier étage est de plain-pied avec les voies ferrées qui se raccordent au chemin de fer. Les navires sont ainsi en communication directe avec les quartiers producteurs de l'île et les transports se doivent faire de la façon la plus économique. En outre, le terrain naturel est à une cote assez élevée au-dessus de l'eau pour abriter les navires contre l'action du vent, et c'est là un avantage inappréciable dans une contrée trop exposée aux ouragans.

La longueur des bords disponibles dans ces bassins est de 800 mètres, et, dans celui qui les précède, de 360 mètres ; en tout, 1.160 mètres.

La superficie totale est d'un peu plus de 16 hectares. Ses installations comprennent les magasins, les bureaux, l'atelier pourvu d'un outillage très complet : tours, marteau-pilon, cubilot, etc., suffisant pour toutes les réparations, non seulement du matériel de construction, mais encore des navires à voiles ou à vapeur ; un puits fournit l'eau douce aux appareils.

Les dimensions du port avaient été fixées d'après le tonnage des voiliers qui, jusque dans ces derniers temps, fréquentaient seuls les parages de la Réunion. Mais, dès 1881, des vapeurs d'un fort tonnage y ont fait leur apparition, les grands paquebots de la ligne d'Australie y ont eu une escale. Aussi le vœu a-t-il été exprimé à diverses reprises, en France et à la Réunion, de voir augmenter la surface disponible dans les bassins intérieurs.

Déjà en 1884, la profondeur prévue à 6 m. 50 pour le bassin et pour les darses fut portée à 8 mètres, et la dimension du bassin dans le sens est-ouest fut aussi portée à 168 mètres, au lieu de 108 que comportait le projet primitif.

Avec ces dernières dimensions, nous avons pu jusqu'ici recevoir les bateaux qui fréquentent nos côtes, mais en présence de la tendance qu'ont les Compagnies de navigation à augmenter les dimensions de leurs navires, nous avons dû tout récemment nous préoccuper de la possibilité de donner au bassin des dimensions suffisantes pour recevoir des navires plus grands, et avons présenté au département un projet d'agrandissement du bassin intérieur qui porterait sa dimension est-ouest à 204 m. 50, au lieu de 168 mètres.

Toute la partie au-dessus du niveau de l'eau, c'est-à-dire plus de la moitié, a été débarquée à sec, soit par les procédés ordinaires de terrassement, soit au moyen d'excavateurs.

Pour la partie sous l'eau, on a employé d'abord deux, puis trois dragues d'une puissance proportionnée à l'emploi qu'on en voulait faire.

La plus petite, destinée à faire les premières passes et à frayer, pour ainsi dire, le chemin à la plus grande, a l'axe du tourteau supérieur à 5 m. 50 au-dessus du niveau de l'eau.

La grande drague, au contraire, destinée à attaquer les fonds de 8 mètres et plus, avait été conçue dans des conditions toutes particulières de puissance. L'axe du tourteau supérieur est à 9 mètres au-dessus de l'eau. L'élinde permet de draguer jusqu'à 9 mètres de profondeur.

En 1881, ces appareils furent mis à plat et montés dans un bassin spécialement creusé dans l'intérieur des terres, sur l'emplacement des grands bassins d'avant-port. Ils ont d'abord dû ouvrir une communication avec la mer, en creusant dans la plage un chenal de dimensions suffisantes pour le passage des gabares qui portaient les déblais à la mer. Ce chenal n'eut d'abord que 20 mètres de large et 2 m. 50 de profondeur, afin d'éviter une trop grande agitation dans l'intérieur de la fouille. Sans protection au début contre les raz de marée, car on commençait à peine au même moment la construction de la jetée Sud, ce chenal, avec des dimensions aussi exiguës, fut plusieurs fois obstrué.

Mais, dès la fin de 1881, la surface draguée à l'intérieur était assez grande pour qu'on pût donner à la communication une profondeur de 4 m. 50 sur une largeur de 45 m., et à partir de ce moment, on ne constata plus d'obstruction.

Les dragues fournirent dans toute l'année 1882 un travail assez régulier, interrompu seulement par les violences de la mer, qui s'opposaient trop souvent à la sortie des gabares. Elles continuent leur travail et, malgré l'extrême hétérogénéité des terrains, ne rencontrent pas d'obstacles sérieux. En un seul point on a heurté, sur une largeur relativement de peu d'étendue, un amas de galets volumineux et enchevêtrés, barrant le fond de l'avant-port et, pour l'enlèvement desquels il a fallu, après avoir essayé tous les autres engins spéciaux connus, recourir à des caissons à air comprimé. C'est là le seul obstacle qu'on ait rencontré. Par les retards qu'il a occasionnés, il a eu de l'importance. Il a été bientôt vaincu, et on n'a plus eu affaire qu'à des sables, des graviers et des limons sur lesquels les dragues ont retrouvé toute leur puissance. Ce port, ainsi creusé dans l'intérieur des terres, offre aux navires une sécurité qu'aux jours de tempête ils n'eussent pu trouver entre des digues avancées en mer. Il lui fallait cependant une entrée, protégée par des ouvrages en saillie sur le rivage. La plage était assez accore pour permettre de donner à ces ouvrages exposés la plus petite longueur possible, tout en amenant l'ouverture dans les grands fonds.

C'est ainsi que la partie des jetées en saillie sur le rivage a pu n'avoir que 100 mètres de développement et atteindre des fonds de 10 à 15 mètres. En même temps on leur donnait la forme en arc de cercle, dont nous avons déjà parlé. On augmentait ainsi plus rapidement qu'avec des jetées en ligne droite, la distance entre le pied de l'ouvrage et le chenal intérieur, dont les talus pouvaient être ainsi plus allongés et par conséquent plus stables. Grâce encore à cette disposition, la lame trouve dès son entrée un espace élargi où elle peut s'épanouir plus rapidement qu'entre des jetées rectilignes.

Chacune des jetées se compose de deux parties bien distinctes : l'amorce et le corps même de la jetée. L'amorce s'enracine sur la plage à la cote 4 m. 40 et s'avance jusqu'à 8 mètres de la baisse moyenne des eaux. Son épaisseur, dans le sens vertical, est de 2 mètres. Sa face supérieure a une pente continue de 2 centimètres par mètre. Le terrain naturel, ayant une pente d'à peu près 0 m. 04, l'extrémité de l'amorce, où toute fouille était rendue impossible à cause du déferlement de la lame, se trouve entièrement en saillie sur le sol. Elle est préservée contre les affouillements par des blocs de défense, accolés à ses faces extérieures ou intérieures. Sa largeur au départ est de 10 m. 50 et arrive graduellement à 14 m. 50, 10 mètres avant le point de départ où devrait commencer la jetée proprement dite.

Outre que cet élargissement accroissait la résistance de l'ouvrage, à mesure qu'il se rapprochait de la mer, il était encore motivé par la nécessité d'installer et de faire manœuvrer à partir de ce point l'appareil de pose des blocs qui composent le corps de la jetée.

Cette amorce a été faite en béton pilonné dans des coffrages formés de panneaux mobiles qu'on déplaçait au fur et à mesure de l'avancement. A la suite de l'amorce, vient la jetée proprement dite.

Le nom de brise-lames, de breakwater, conviendrait mieux à cet ouvrage, destiné uniquement à briser la violence de la mer et à assurer la tranquillité aux surfaces d'eau intérieures. Pour construire cette partie des jetées, on ne pouvait songer à employer des appareils flottants. Sans parler de l'agitation de la mer, qui eût rendu leur emploi presque impossible, où les abriter ? On n'avait sur toute cette côte ni port, ni anse où se réfugier en cas de mauvais temps. Il fallait donc construire entièrement la jetée en partant de terre, et pour cela terminer par une plate-forme suffisamment dressée pour permettre l'établissement des voies sur lesquelles devaient circuler les appareils de passe.

Enfin, sans avoir de données précises sur la profondeur maxima à laquelle se faisait sentir l'action de la lame, on avait pu s'assurer, pendant une période d'observations de plusieurs mois, que les raz de marée étaient très fréquents, que leur intensité équivalait à celle des mers de cyclone, et qu'ils atteignaient le fond jusque dans les profondeurs de 10 mètres. Il fallait donc se prémunir à la fois contre le renversement de l'ouvrage par la puissance vive des lames et contre les affouillements, ces deux actions devant être accrues par le ressac qui résulterait certainement de la saillie de l'ouvrage sur la côte. Il était non moins essentiel de se préoccuper de l'action des lames sur les jetées pendant la période de construction. Le corps de la jetée est entièrement composé de blocs de béton arrimés par tranches successives, d'une épaisseur uniforme de 2 m. 50, et posées directement sur le fond naturel, mélange de galets, de gravier et de sable.

AMÉNAGEMENTS DU PORT

Le port de la Pointe-des-Galets est divisé en trois parties bien distinctes :

L'avant-port, le canal de communication, le bassin intérieur.

1° *Avant-port*. — Bassin rectangulaire de 208 mètres de côtés entre plafonds ; est relié à la haute mer par un chenal d'entrée ayant 280 mètres de longueur sur 50 mètres de largeur entre plafonds, avec une profondeur variant entre 9 et 10 mètres au-dessous des plus basses mers. Cette partie du port est plus particulièrement à l'évitage des navires.

Il n'est muni d'aucun ouvrage permettant la mise à quai, et ne peut servir qu'accidentellement à l'opération des navires, à cause de l'agitation de la mer qui y est très sensible.

2° *Canal de communication*. — Réunissant l'avant-port au bassin intérieur. Ce canal a 187 mètres de longueur sur 20 mètres de largeur au plafond, avec une profondeur de 8 m. 50 aux plus basses mers.

3° *Bassin intérieur*. — Comprenant un bassin rectangulaire ayant entre plafonds N.-S. 198 mètres, et E.-O., 168 mètres.

Les darses nord et sud, aboutissant à ce bassin, ont chacune 200 mètres de longueur sur 40 mètres de largeur, avec une profondeur d'eau de 8 mètres en moyenne.

ESTACADES. — Des estacades, constituées par des pieux métalliques avec charpentes en bois, servent à l'accostage des navires le long des quais pour leurs opérations de débarquement ou d'embarquement, et donnent accès aux magasins construits de plain-pied, à la cote + 4 mètres.

Ces estacades, au nombre de neuf, donnent une longueur totale de 319 mètres pouvant recevoir et opérer à la fois 6 navires du plus fort tonnage et 2 navires de petites dimensions.

Voies d'accès. — Des voies ferrées, longeant les quais, se raccordent à la voie d'exploitation et desservent en même temps tous les magasins du port.

Magasins. — 1° Trois docks à étage sont établis sur la rive nord de la darse sud. Ils représentent une surface couverte de 3.744 mètres carrés et peuvent recevoir 150.000 balles de riz ou de sucre.

Ces magasins sont desservis par des grues à vapeur et par des palans hydrauliques.

2° Quatre magasins, établis sur le quai nord, représentent une surface couverte de 3.865 mètres carrés et peuvent recevoir 100.000 balles de riz ou colis divers.

3° Des hangars métalliques situés, l'un sur le terre-plein des docks, et l'autre sur le quai ouest du bassin, sont affectés : le premier, de 10 mètres sur 40 mètres, soit 400 mètres carrés de surface couverte, à abriter les rhums destinés à l'exportation ; le deuxième, de 10 mètres sur 60 mètres, soit 600 mètres carrés, aux colis d'importation débarquant des bateaux des Messageries maritimes.

4° Il existe, en outre, deux magasins provisoires de 320 mètres carrés de superficie chacun, dont l'un, situé sur le terre-plein des docks, sert de cave aux rhums ; et l'autre, situé sur la plage à l'angle N.-O. du bassin, sert de magasin à pétrole.

En résumé, la situation actuelle du port est la suivante :

Surface entre plafonds

Avant-port	43.264 mq.
Chenal de communication	3.740
Bassin	33.264
Darses	16.000
Total	96.268 mètres carrés.

Surface des Magasins

Docks à étage AB, CD, EF.	3.744 mq.
Magasins du quai Nord	3.865
Hangars métalliques	1.000
Magasins à rhum, et pétrole.	640
Total	9.249 mètres carrés.

PROJETS D'AMÉLIORATIONS

Chenal d'entrée. — La ligne « sud » du chenal d'entrée étant constamment envahie par les apports provenant de la rivière des Galets, et transportés par les raz de marée du Sud-Ouest, nous estimons qu'un prolongement de la jetée Sud aurait pour résultat de faire disparaître cet état de choses, et présentons un projet dans ce sens.

Atténuation de la houle dans le Port intérieur. — Pendant les raz de marée, la houle se propageant quelquefois jusque dans les bassins intérieurs, les navires amarrés à quai subissent un effet du ressac qui parfois fait rompre leurs amarres. Nous avons présenté au département un projet d'adoucissement des talus de l'avant-port, destiné à l'amortissement des lames pendant les grosses mers.

Agrandissement du Port intérieur. — En vue de l'augmentation progressive des dimensions des navires, il est à prévoir que d'ici quelques années, le port aura à recevoir des bateaux plus grands que ceux qui le fréquentent en ce moment.

En prévision de cette situation, nous avons fourni un projet d'agrandissement de bassin intérieur, qui porterait la dimension E.-O. à 204 mètres au lieu de 168 mètres, dimension actuelle. Dans le sens N.-S., la dimension actuelle de 198 mètres serait conservée, mais la facilité d'évolution des navires serait augmentée par la création des pans coupés aux angles du canal de communication.

Magasins. — Les constructions provisoires, servant de magasins aux rhums et aux pétroles, seront remplacées par des bâtiments définitifs en maçonnerie avec charpentes et couvertures métalliques. Des hangars métalliques seront établis, sur toute la surface située en face de la gare maritime, entre les magasins 23 et 24, et augmenteront la surface couverte de 1.200 mètres carrés.

Routes d'accès. — Pour faciliter l'accès des quais, une voie charretière, partant de l'avenue des Docks, longera la ligne « nord » des emprises du port, et se continuera jusqu'à la berge « ouest » du bassin, en face du bureau des Messageries maritimes.

MATÉRIEL DU PORT

L'entretien du port et de ses ouvrages est assuré par un matériel puissant :

1° Une drague marine, munie de 30 godets de 450 litres

chacun, actionnés par une machine de 300 chevaux, et pouvant en bon terrain assurer l'enlèvement de 1.500 mètres cubes en 12 heures de travail.

2° Une drague à fond plat, munie de 30 godets de 120 litres chacun, actionnés par une machine de 45 chevaux et pouvant assurer l'enlèvement de 300 mètres cubes en 12 heures.

3° Un remorqueur à deux hélices d'une force de 240 chevaux.

4° Un remorqueur de 120 chevaux.

Ces deux remorqueurs assurent le remorquage des voiliers.

4° Un remorqueur de 52 chevaux.

5° Une chaloupe à vapeur de 10 chevaux.

Le transport des déblais est assuré par quatre gabares à clapets, pouvant transporter 70 mètres cubes chacun.

Quatre chalands pouvant recevoir chacun 75 tonnes de marchandises, et pouvant accoster à des estacades basses reliées à la voie ferrée par des plans inclinés, assurent en cas d'insuffisance des estacades les opérations des navires.

L'eau pour la provision des navires peut être fournie directement par des bouches situées le long des quais sur les estacades ou par un chaland-citerne, muni d'une pompe à vapeur et d'une contenance de 80 mètres cubes.

Les réparations des navires, à flot, et de leurs machines, peuvent être assurées par des ateliers munis de machines-outils d'une puissance suffisante et permettant d'exécuter la plupart des travaux de fonderie, forges, tour, ajustage, chaudronnerie, tôlerie, charpente et menuiserie. Une cale de halage, en ce moment à l'étude, permettra ultérieurement d'exécuter les travaux de carénage des navires de faible tonnage, environ 500 tonnes.

Le matériel des jetées se compose d'un bardeur et de

chariots servant à conduire les blocs du chantier de construction à l'extrémité des jetées, où ils sont repris par un appareil de pose appelé « titan », qui sert à les placer à leur point d'immersion.

Cet appareil d'une grande puissance peut, à une portée de 13 mètres, immerger des blocs de 45 tonnes. Les blocs plus lourds, 75, 80 et 90 tonnes, ne peuvent atteindre cette portée, mais les plus gros peuvent encore être déposés à 7 mètres au delà du couronnement de la jetée sur lequel reposent les appuis extrêmes de l'appareil.

Les trois docks à étage sont desservis par deux grues à vapeur, d'une force de 1.500 kilog., placées sur les estacades de la rue Sud, et par trois palans hydrauliques, de même force, placés à l'intérieur des docks et servant à monter les colis du rez-de-chaussée à l'étage. En dehors des grues et palans hydrauliques, mentionnés ci-dessus, il en existe d'autres desservant les points suivants :

1º Une grue à vapeur de 3.000 kilog. desservant l'estacade « sud » de la darse « sud ».

2º Une grue à vapeur de 1.500 kilog. desservant l'extrémité ouest du terre-plein des docks.

3º Une grue à bras de 8.000 kilog., située en face de la gare maritime.

4º Une mâture pouvant prendre directement dans la cale des navires, des colis pouvant peser jusqu'à 15.000 kilog., sur l'estacade située en face de la gare maritime.

CHEMIN DE FER

VOIE

Le chemin de fer concédé part de Saint-Pierre pour aboutir à Saint-Benoît, en passant par Saint-Paul, le port de la Pointe-des-Galets, Saint-Denis et les quartiers intermédiaires, avec un développement de 126 kilomètres 250 mètres.

Comme les routes de la colonie, le chemin de fer franchit de nombreux torrents et le massif montagneux qui sépare Saint-Denis de la Possession, et qui n'est coupé que par deux étroites vallées : aussi les ouvrages d'art sont-ils très nombreux sur ce faible développement.

Parmi les principaux on peut citer :

Les ponts métalliques sur la rivière du Mât et l'étang de Saint-Paul, le premier d'une seule portée de 100 mètres.

Le pont métallique de la rivière des Galets à 8 travées de 50 mètres.

Le pont métallique de la rivière de Saint-Étienne à 10 travées de 50 mètres.

Le pont en maçonnerie de la Petite-Ravine à 5 arches de 18 mètres.

Le pont en maçonnerie de la Grande-Ravine à 7 arches de 18 mètres.

Le massif entre Saint-Denis et la Possession est franchi par un tunnel qui n'est interrompu que par les deux vallées de la Ravine-à-Jacques et de la Grande-Chaloupe (tunnel de protection, 84 mètres ; de Saint-Denis à la Ravine-à-Jacques, 5.680 mètres ; de la Ravine-à-Jacques à la Grande-Chaloupe, 730 mètres; de la Grande-Chaloupe à la Possession, 4.040 mètres).

Le cap Bourgogne est également franchi par un tunnel de 40 mètres, et la pointe du phare du Bel-Air à Sainte-Suzanne par un tunnel de 45 mètres.

Les travaux du chemin de fer ont été commencés en 1878, et malgré les difficultés de toute nature, et le percement du tunnel entre Saint-Denis et la Possession, sur une longueur de 10.524 mètres, ils étaient assez avancés en 1882 pour permettre à la Compagnie de mettre en exploitation, dès le 15 février, toute la partie comprise entre Saint-Benoît et Saint-Louis, sur un développement de 115 kilomètres.

Le 5 juillet de la même année, toute la ligne, depuis Saint-Denis jusqu'à Saint-Pierre, était mise en exploitation.

Il n'y a que trois communes de l'île qui ne soient pas desservies directement par le chemin de fer, ce sont : Sainte-Rose, Saint-Philippe et Saint-Joseph. Ces communes sont situées au sud de l'île, entre Saint-Benoît et Saint-Pierre, en passant par le Grand-Brûlé, cône de déjection du volcan en activité.

Leurs territoires, qui sont de formations récentes, sont peu productifs et présentent de grandes difficultés pour la construction d'une voie ferrée ; c'est pour ces motifs que le chemin de fer ne peut être prolongé au delà de Saint-Benoît et de Saint-Pierre.

Les dépenses provenant du fait de l'entretien de la ligne et des ouvrages d'art s'établissent ainsi :

DÉSIGNATION des DÉPENSES	DÉPENSES TOTALES		PRIX de revient par kilom. de voie	
Service central....................	29.394	19	0	119
Entretien de la ligne { Voie et ouvrages d'art......	217.778	11	0	890
Poteaux et ligne télégraphique..................	2.606	42	0	010
Bâtiments	20.436	07	0	084
Surveillance de la ligne	17.187	28	0	070
	287.402	07	1	173

MATÉRIEL ET TRACTION

Le tableau suivant donne le détail du matériel roulant en service au chemin de fer et port de la Réunion :

Machines	Locomotives type Creusot		9	
	— — Koechlin		5	
	— — Fives-Lille		2	16
Voitures	Voiture salon		1	
	Voitures mixtes		10	
	— 2e classe sans frein		21	
	— — avec frein		14	
	Breack		1	47
Wagons	Wagons à marchandises	Fourgons à bagages	10	
		— à marchandises	10	
		Wagons à houille	11	
		— à plate-forme	45	
		— transport de rhums	1	
		— citerne	2	
		— tombereaux bâchés	196	276
	Wagons de service	Wagon de secours	1	
		Wagonnets au service des docks	30	
		Wagons de ballast	8	39

Les voitures, wagons et fourgons, sont celles du type des chemins de fer français à la voie d'un mètre.

Les locomotives sont des machines tenders à trois essieux accouplés, pesant 12 tonnes à vide et 15 tonnes en ordre de marche.

XXIX. Exposition des Tabacs de la Réunion (*Cliché Paul Chabrier*)   XXX. Exposition de la Réunion, Rhums et Liqueurs (*Cliché Paul Chabrier*)

Elles peuvent remorquer des charges brutes :

De 170 tonnes en palier à la vitesse de 25 kil.
De 184 — — — de 20
De 75 — en rampe de 20^{mm} à la vitesse de 25 kil.
De 79 — — — — 20

Les foyers sont installés pour brûler du charbon.

Le parcours total, pendant l'année 1897, a été de :

Pour les machines.......... 246.253 kil.
Voitures à voyageur........ 1.120.447 —
Fourgons................. 394.689 —
Wagons à marchandises... 1.341.183 —

Ce qui fait par unité :

Machines................. 17.589 kil.
Voitures................. 23.839 —
Wagons................... 5.080 —

Le parcours total des trains étant de 244.968 kilomètres.

Les dépenses provenant du fait de ce service s'établissent ainsi :

DÉSIGNATION des DÉPENSES	DÉPENSES TOTALES	PRIX de revient par kilom. de train
Service central....................	13.385 80	0 075
Frais de traction { Appointements du personnel.	41.935 67	0 172
Combustibles des machines.	54.222 36	0 231
Abonnement d'eau douce et divers..................	15.315 75	0 062
Entretien et réparation du matériel....	89.334 22	0 364
	214.193 80	0 874

14

EXPLOITATION

PORT

L'exploitation commerciale du port est chargée :

1º De la réception des marchandises d'importation, de leur mise en magasin quand il y a lieu et de leur expédition par chemin de fer sur les différentes gares ;

2º De la réception des marchandises d'exportation, de la mise en magasin et de leur embarquement sur les navires exportateurs.

Elle perçoit les droits de quai, le magasinage, les frais de manutention, et en général les différentes taxes particulières au port.

Elle perçoit aussi le montant des réparations, cessions ou locations faites aux navires par les ateliers du port ou par les autres services.

Le tableau suivant donne l'importance du mouvement commercial du port de la Pointe-des-Galets depuis 1888 :

Navires entrés dans le Port du 1ᵉʳ janvier 1888 au 30 novembre 1898

Années	Navires Entrées	Navires Sorties
1888	40	40
1889	75	75
1890	56	56
1891	103	103
1892	105	105
1893	107	107
1894	91	91
1895	94	94
1896	109	109
1897	120	120
1898	115	114
Totaux.	1.015	1.014

On constata que le mouvement parti de 29.958 tonnes en 1888 alla en augmentant jusqu'en 1896. Il restera stationnaire ou diminuera, à moins qu'une entente n'intervienne avec les marines de l'île qui font au chemin de fer une concurrence facile et productrice pour elles, mais désastreuse au point de vue du prix de revient du fret. Le maximum a été atteint en 1896 avec 92.642 tonnes 500. Le maximum des entrées des navires a été atteint en 1897 avec 120 navires.

Le tableau ci-dessous donne l'importance du mouvement du port, par nature de marchandise importée ou exportée :

Numéros d'ordre	Classement des marchandises par importance de tonnage	Tonnage	
1	Riz et grain..................	22.871 t.	800
2	Sucre......................	22.464	300
3	Charbon de terre	12.714	800
4	Divers.....................	11.498	100
5	Lest.......................	5.032	200
6	Rhum......................	1.781	600
7	Engrais....................	1.736	300
8	Chaux et ciment............	1.076	400
9	Vins et vinaigre.............	1.071	700
10	Farine.....................	1.065	900
11	Bois de construction.........	583	700
12	Tapioca et fécule............	547	500
13	Pomme de terre.............	306	400
14	Vanille....................	93	500
15	Essences...................	42	100
16	Café......................	26	900
		82.913 t.	200
	Chevaux, mulets et ânes.......	562	

PRIX DE REVIENT

Les dépenses totales d'entretien et d'exploitation ont été en 1897 de 757.398 fr. 49 c., se décomposant comme suit et donnant par tonne manutentionnée la proportion ci-dessous :

Désignation des dépenses	Dépenses totales	Prix de revient par tonne manutentionnée	Tonnage manutentionné
Direction et frais généraux.	83.235 96	1.003	
Entretien du port	384.288 22	4.634	82.913 t. 200
Docks et gare maritime	287.797 02	3.496	
Détaxes	2.077 28		
	757.393 48	9.133	

Les recettes totales ont été pendant la même année de 777.297 fr. 89. Elles se divisent comme l'indique le tableau suivant :

Désignation des recettes	Montant	Recettes par tonne manutentionnée	Proportion p. 100
Droits de tonnage	145.955 25	1.76	18.78
— de quai	89.761 35	1.08	11.55
— de magasinage	42.472 65	0.51	5.46
Services accessoires	142.848 22	1.72	18.33
Travaux d'ateliers	33.695 15	0.40	4.38
Recettes communes	322.565 27	3.90	41.50
Total	777.297 89	9.37	100 %

Le coefficient d'exploitation du port est :

$$\frac{9.133}{9.37} = 0.97$$

Le bénéfice moyen par tonne est donc pour le port :

$$9.37 - 9.14 = 0 \text{ fr. } 236$$

Ce qui donne pour le mouvement total. 19.899 fr. 40.

EXPLOITATION DU CHEMIN DE FER

Le service du mouvement est assuré par huit trains réguliers mixtes : quatre dans le sens de Saint-Benoît à Saint-Pierre, et quatre en sens contraire.

Ces trains donnent un parcours total de 235.632 kil. et remorquent en moyenne 16 voitures par trains, 5 voitures et 11 wagons ou fourgons.

Le mouvement des voyageurs n'a jamais été assez acti pour que la création de trains express fût démontrée.

En dehors des trains réguliers et quand l'affluence des marchandises le commande, on met en circulation des trains de service dont la marche est prévue par le graphique général.

Le parcours de ces trains a été en 1897 de 9.336 kil., comprenant en moyenne 12 wagons.

Voici quelle a été en 1897 l'importance des transports :

Grande Vitesse.	Voyageurs...............	285.762
	Bagages.................	2.820 t. 918
	Chiens..................	1.200
	Finances................	735.224 f. 22
	Messageries.............	4.487 t. 874
	Bestiaux................	582
Petite Vitesse..	Bestiaux................	2.112
	Trafic intérieur.........	22.685 t. 826
	Importations............	71.945 370
	Exportations............	41.886 314

Le personnel employé dans les gares se compose de 61 agents commissionnés ou stagiaires et de 102 hommes d'équipe.

Les dépenses des gares se décomposent ainsi :

Personnel	Traitements et salaires....	161.418 f.	49
	Déplacements et indemnités	5.051	83
Dépenses diverses	Imprimés, fournitures de bureau, entretien du matériel et du mobilier, éclairage	14.765	64
	Machines de manœuvres..	25.542	»
	Frais divers...............	13.377	45
	Total........	220.155	41

Si nous ajoutons à ce chiffre :

1° Le service central du mouvement......	9.686	74
2° Le service des trains.................	40.318	55
Nous aurons la dépense totale du service................ Fr.	270.160	70

RECETTES VOYAGEURS

Le nombre des voyageurs transportés a été, en 1897 de :

1re Classe..................	22.009
2e —	263.753
	285.762

Donnant un parcours total de 7.202.135 kil.

1re Classe..................	645.987 km.
2e —	6.556.148
	7.202.135 km.

Et une recette de :

1re Classe..................	58.501	80
2e —	388.403	90
	446.905	70

ADMINISTRATION ET PERSONNEL

Le service du chemin de fer et du port de la Réunion est assuré :

1° Par un personnel commissionné spécial, ayant une hiérarchie propre, sans assimilation avec les divers services coloniaux ;

2° Par des agents auxiliaires et des ouvriers.

Le personnel commissionné se divise en personnel supérieur et personnel subalterne.

Le personnel supérieur composé des agents dont le traitement colonial dépasse 3.000 francs, comprend :

Un directeur et un sous-directeur ;
Des chefs et sous-chefs de service ;
Des agents supérieurs.

Les services sont au nombre de 7 :

Administratif..	Le service de la comptabilité centrale et du contrôle des recettes.
Techniques ...	Service des ateliers et de l'entretien du port. Service de la voie et des bâtiments. Service du matériel et de la traction.
Exploitation...	Service des docks. Service des gares et trains.
Caisse	Le service de la Caisse centrale est assuré par un fonctionnaire détaché du Ministère des finances.

STATISTIQUE

Longueur exploitée. — La longueur exploitée du chemin de fer et port de la Réunion est de 126 kilom. 250, non compris le développement des voies de service des gares et du port. Cette longueur ne saurait être augmentée, car les dépenses nécessitées par les difficultés que l'on rencontrerait pour l'exécution de nouveaux travaux ne seraient certainement pas en rapport avec l'augmentation du trafic qui en résulterait.

Pendant longtemps encore, sinon tout à fait, la longueur de ce chemin de fer restera la même.

On sera peut-être étonné du budget relativement élevé qui est affecté à un réseau d'aussi faible étendue, mais il ne faut pas oublier, comme on a une tendance à le faire, quand on s'occupe superficiellement de cette question du chemin de fer et du port de la Réunion, qu'à côté du chemin de fer, il y a un port qui s'alimente par les importations et lui sert de débouchés par les exportations.

Ce port, avec ses docks et entrepôts, ses ateliers, son matériel flottant, etc., etc., vient augmenter considérablement l'importance de l'entreprise et ajouter en quelque sorte à la longueur du réseau.

RÉSULTATS GÉNÉRAUX

Les recettes de l'exercice 1897, qui est le dernier liquidé, se sont élevées à la somme de 5.670.110 fr. 90, se décomposant comme suit :

Recettes d'exploitation...................... 1.925.465 33
Subvention du Ministère. { Service des obligations.. 2.508.500 »
Liquidation de l'arriéré et constitution du fonds de roulement......... 1.076.145 57
Subvention de la colonie..................... 160.000 »

                                          Total....... 5.670.110 90

Les dépenses se sont élevées à la somme de 4.424.897 fr. 48, se décomposant comme suit :

Service des obligations....................... 2.503.457 50
Dépenses d'exploitation et d'entretien.......... 1.612.391 02
Dépenses de parachèvement................... 210.121 79
Dépenses imprévues.......................... 98.927 17

                                          Total....... 4.424.897 48

Le résultat général des recettes totales fait donc ressortir sur les dépenses un excédent de 1.245.212 fr. 42.

Au point de vue industriel, les recettes d'exploitation, en y comprenant la subvention coloniale, comparées aux dépenses d'exploitation et d'entretien, accusent un excédent de 374.047 fr. 14, comme l'indique le tableau suivant :

Recettes. { Prévisions budgétaires, y compris la subvention coloniale............. 1.910.000 »
Excédent des recettes sur les prévisions. 175.465 33

                       Total des recettes....... 2.085.365 33
          Dépenses d'exploitation et d'entretien... 1.711.318 19

                                          Total........ 374.047 14

Sans les dépenses imprévues (98.927 fr. 17) qui ont

augmenté les frais d'exploitation, l'excédent des recettes eût été de 473.074 fr. 31.

RECETTES

Les recettes de l'exploitation portées au tableau précédent pour un chiffre de 1.925.465 fr. 33, se répartissent comme suit :

Voyageurs	446.905 70
Bagages et Messageries	68.680 48
Petite Vitesse	569.380 58
Recettes en dehors du trafic	63.200 68
Droits de tonnage	145.955 25
Droits de quai	412.326 62
Magasinage	42.472 65
Manutentions et produits divers	176.543 37
TOTAL	1.925.465 33

DÉPENSES

Les dépenses faites à la Réunion se composent d'après l'un des tableaux précédents :

Dépenses d'exploitation et d'entretien	1.612.391 02
Dépenses de parachèvement	210.121 79
Dépenses imprévues incombant à l'exercice	98.927 17
TOTAL	1.921.439 98

Cette somme de 1.921.440 fr. 98, se décompose comme suit :

Direction et frais généraux	265.399 10
Mouvement	270.160 70
Matériel et traction	214.193 80
Voie et bâtiments	287.402 07
A reporter	1.037.155 67

Report......	1.037.155 67
Entretien Général du port....................	384.288 22
Docks et Gare maritime.....................	287.797 02
Détaxes...................................	2.077 28
Travaux et parachèvements.................	210.122 79
Total........	1.921.440 98

Nous devons faire remarquer qu'en 1897, la dépense des frais généraux est faussée par les dépenses de payements imprévus faits sur cet exercice et devrait être ramenée à 265.399 fr. 10 — 98.927 fr. 17 = 166.471 fr. 93. En admettant que 50 % des frais généraux soient attribués au chemin de fer, nous aurons pour la dépense spéciale du chemin de fer :

Frais généraux..........................	83.235 96
Gares et trains...........................	270.160 70
Matériel et traction.......................	214.193 80
Voie et bâtiments........................	287.402 07
Total........	854.992 53

Avant de terminer cet exposé, nous nous faisons un devoir de signaler le rôle spécial rempli par chacun des directeurs qui se sont transmis, l'administration du C. P. R. depuis l'année 1887, époque de la déchéance de l'ancienne Compagnie.

Ce rôle a été la résultante de la manière de voir, des aspirations personnelles et de l'initiative de ces directeurs, qui se sont surtout inspirés des nécessités les plus impérieuses existant à l'époque de leur administration.

On se convaincra que ce rôle était délicat.

Il s'agissait de faire vivre une œuvre que l'industrie privée représentée pourtant par des personnalités d'élite abandonnait après l'avoir entreprise et lui avoir donné la première impulsion.

Cette mission était rendue plus difficile et plus délicate encore par l'attitude du pouvoir central qui résistait aux demandes de crédits indispensables pour pourvoir aux insuffisances de l'exploitation.

Ceci explique les écarts qui ont pu être constatés dans la direction depuis 1887.

Malgré ou peut-être à cause de ces divergences, de ces écoles pourrait-on dire, le chemin de fer de la Réunion semble avoir trouvé sa voie. La mise au point paraît définitivement atteinte ou sur le point de l'être, et les modifications qui pourront être apportées dans la marche des différents services ne seront plus que des modifications de détail.

Le chemin de fer de la Réunion fonctionne en définitive avec la même régularité et les mêmes moyens de contrôle que les chemins de fer de l'État en France. La direction du chemin de fer de la Réunion dans ses différentes évolutions conserve le mérite d'être arrivée par ses études, son énergie et son intelligente initiative, à ce résultat.

Les deux premiers directeurs, MM. Jullidière et Chapron, se sont remplacés mutuellement de 1889 à 1890. Leur rôle a principalement consisté à prendre en charge pour le compte de l'État, l'industrie abandonnée par la Compagnie de construction et à en assurer la marche régulière.

Peu de travaux ont marqué cette période qu'on peut appeler de transition. Cependant les premières modifications de tarifs sont étudiées et mises à l'essai.

Les travaux importants commencent avec l'administration de M. Colson, 1891.

Les efforts se portent d'abord sur l'outillage des gares et de la voie.

Les gares étaient pourvues de halles à marchandises en bois provisoires et en tout cas de contenance insuffisante pour assurer les besoins des transports. Toutes ont été remplacées par des halles définitives en maçonnerie, présentant une surface couverte suffisante pour abriter les marchandises pendant la période de production maximum.

Après entente avec la municipalité de Saint-Pierre, il a fait abandonner la gare primitive, située d'une manière aussi malheureuse qu'inexplicable, à 3 kilomètres de la ville, pour construire à proximité de la ville et du port une gare de tête qui comme importance est la deuxième du réseau.

La halle du Camberston a été construite sous cette administration.

Enfin la caractéristique de l'œuvre de M. Colson a été de donner à l'industrie locale, sous toutes ses formes, les plus grandes facilités compatibles, toutefois, avec les règlements de l'exploitation des chemins de fer.

M. Colson estimait que l'avenir du chemin de fer et la progression de ses recettes étaient inéluctablement liés à la production industrielle et commerciale du pays. Sa plus grande préoccupation a donc été de donner à cette production les moyens de se développer par la création de tarifs spéciaux bien appropriés d'une part, et par la construction d'un matériel simplifiant, tout en les assurant, les opérations d'embarquement, de transport et de magasinage, et les rendant économiques.

Cette œuvre déjà considérable n'a pas été l'unique

résultat des efforts de M. Colson. Le service de la traction a été complètement réglementé par lui. La mise en marche de trains d'essai lui a permis de déterminer d'une façon précise les coefficients de charges sur les différentes sections du réseau et de réglementer les primes d'économie des mécaniciens et chauffeurs, comme on le fait depuis longtemps sur les chemins de fer français, à voie normale.

Enfin, sous cette habile direction, le port n'a pas été négligé. Le magasin de dépôt n° 23 a été construit.

En 1892, M. de Varinay seconde M. Colson.

M. de Varinay s'est surtout attaché à réglementer les différentes branches de l'exploitation. En réunissant les règlements et ordres de service épars, il a constitué une sorte de code qui est encore appliqué à peu près intégralement aujourd'hui.

C'est sous cette administration que la période des travaux a été la plus active. Les deux cyclones du commencement de 1892 ayant détruit ou compromis de nombreux ouvrages, les travaux de réfection ont dû être entrepris et exécutés en pleine exploitation, au prix de très grandes difficultés.

Enfin, on a construit de toutes pièces au port les locaux et installations nécessaires pour y fixer les deux services de la voie et de la traction, jusque-là à Saint-Denis, et réunir au port, c'est-à-dire dans l'axe du réseau, tous les services techniques.

Cette dernière conception a demandé un effort financier assez considérable pour qu'on ait pu craindre à un certain moment que l'équilibre budgétaire du chemin de fer fût compromis. C'était en tout cas un pas en avant considérable dans le sens du progrès, et qui semblait du reste indiqué par la marche ascendante du trafic qui a atteint son maximum en 1896 avec 92.000 tonnes, comme nous l'avons vu.

En 1897, M. de Varinay était remplacé par M. Lebourhis, directeur actuel.

Son rôle, au point de vue administratif, lui a été tracé par le département. Il consiste surtout à assurer le contrôle financier de l'exploitation du chemin de fer par le pouvoir central, à le modifier dans ce sens, s'il existe déjà, à le créer là où il n'existerait pas.

L'initiative d'heureuses innovations a déjà été prise dans cet ordre d'idées par M. Lebourhis. Elles ont reçu l'approbation du département. On peut espérer qu'avant peu le fonctionnement de l'entreprise sera régularisé partout, et que dans le mouvement des recettes et des dépenses les règlements généraux de la comptabilité publique seront strictement observés.

Un programme de travaux au port et au chemin de fer a été dressé par M. Fontaneilles, ingénieur des ponts et chaussées, inspecteur des travaux publics des colonies, à la suite de son inspection de 1896-97. Les grandes lignes en ont été approuvées par le Comité technique du Ministère des colonies. Des projets ont été étudiés dans ce sens; la plupart ont reçu l'approbation ministérielle et sont en voie d'exécution.

Tout fait espérer que dans un petit nombre d'années l'outillage du port et du chemin de fer sera complet, et l'ère d'exploitation commerciale sera enfin, mais seulement, définitivement ouverte.

M. Lebourhis aura eu le mérite et la bonne fortune de conduire les choses à cet heureux résultat.

Port, le 28 mars 1899.

G. BIDEL,
Sous-Directeur du port et du chemin de fer de la Réunion.

Le signataire des lignes ci-dessus ne parle pas du rôle qui lui appartient dans la direction du port et du chemin de fer. Par un sentiment de modestie, il oublie que d'avril 1896 à avril 1897, il a été seul chargé de la direction. C'est pendant cette période que le trafic du chemin de fer a atteint son maximum. A différentes époques, M. le Sous-Directeur du port et du chemin de fer a eu à remplacer le directeur, notamment de septembre 1898 à mars 1899. C'est à cette circonstance que nous devons le travail si complet et si intéressant, publié ci-dessus. M. Bidel est d'ailleurs directeur des services techniques depuis 1892, et c'est lui qui, en cette qualité, a eu à élaborer tous les projets et à en assurer la bonne exécution.

LES TRAVAUX PUBLICS

L'île de la Réunion, par ses accidents de terrain, provoqués par l'action volcanique et l'action érosive des eaux, est un pays des plus pittoresques ; mais l'une des conséquences de ce pittoresque est que l'ouverture des routes et la construction des ouvrages d'art ont rencontré de grandes difficultés et nécessité de grandes dépenses.

Les premières voies de communication remontent à 1720 ; c'étaient de simples sentiers de piétons destinés à relier les principaux centres de la nouvelle colonisation (Saint-Denis, Saint-Paul, Saint-Pierre, Saint-Benoît).

Ce n'est qu'en 1825 que l'on entreprit, aux frais de la colonie, la construction des routes qui présentent le développement ci-après :

Route nationale de ceinture traversant tous les centres du littoral.................................... Kilom.	232
Ancienne route nationale de Saint-Paul à Saint-Leu.........	27
Route du littoral entre Saint-Leu et Saint-Louis............	18
Route de Salazie..	25
Route de Saint-Benoît à Saint-Pierre par l'intérieur........	73
Route de la Léproserie..................................	3
Rampe des Chicots.....................................	5
Route H. Delisle, parallèle à la route de ceinture et ouverte à des altitudes variant de 600 à 900 mètres.................	58
Route de l'Entre-Deux..................................	10
Route de Cilaos..	36
Route de Mafatte.......................................	20
Route par le bord de la falaise entre Saint-Denis et la Possession..	12
Total.....	519

A l'exception des trois dernières, qui ne sont que des sentiers pour piétons et cavaliers, toutes ces routes ont de 6 à 10 mètres de largeur et sont empierrées.

En l'absence de tout plan cadastral, il n'est pas possible d'indiquer exactement la longueur des chemins ouverts et entretenus aux frais des communes et des particuliers; aussi les chiffres donnés ci-après ne sont qu'approximatifs, mais inférieurs à la réalité.

Développement des chemins communaux.................. 755
    —   —   particuliers................ 1.598

L'ouverture des routes entretenues par la colonie, dans un pays volcanique, tourmenté, accidenté et sillonné de cours d'eau, a occasionné l'exécution de nombreux ouvrages d'art.

A l'origine, c'est-à-dire de 1825 à 1839, on construisit trois grands ponts suspendus sur les rivières de l'Est, des Roches et Dumas; les deux premiers furent détruits par des crues d'eau, le troisième, dont la pile menaçait ruine, a été remplacé par un pont métallique fixe et remonté en 1865, avec une ouverture moindre, sur la route de Salazie à la Savane.

C'était le seul pont suspendu qui restait dans la colonie, lorsqu'en 1892, le Conseil général a voté le crédit nécessaire pour achever celui de la rivière de l'Est, dont les massifs de retenue et les portiques étaient exécutés depuis 1868.

Ce pont, achevé en décembre 1893, a été construit avec les derniers perfectionnements apportés par M. Arnodin, constructeur à Châteauneuf-sur-Loire; il a une portée de 150 mètres d'axe en axe des portiques, et son tablier est placé à 50 mètres au-dessus du lit du torrent.

Les plus anciens ponts de la colonie ont été construits

en bois, en raison de la facilité que l'on avait de se procurer, presque à pied d'œuvre, des bois de grandes dimensions et de bonnes essences ; il en existe encore actuellement 76.

La colonie a entrepris de remplacer tous les ponts en bois par des ouvrages métalliques ou en maçonnerie, au fur et à mesure que leur reconstruction serait reconnue nécessaire.

Cette mesure s'imposait à cause de la rareté des bois de bonnes essences.

C'est ainsi que de 1883 à 1899, on a construit 18 ponts en maçonnerie de 15 à 25 mètres d'ouverture, et 17 ponts métalliques, dont le principal, sur la rivière des Marsouins, a 134 mètres d'ouverture.

Ce travail de substitution se continuera d'année en année, suivant les ressources du budget.

La colonie possède également plusieurs passerelles démontables, du système Eiffel, qui ont été construites dans les cirques de l'intérieur à des altitudes de 600 et 900 mètres.

Dans un certain nombre de torrents, on s'est borné à construire des radiers provisoires qui sont souvent détruits, mais rapidement rétablis ; ces radiers provisoires ont parfois un très grand développement, lorsqu'ils sont établis sur les cônes de déjection de certains torrents qu'il serait très coûteux de ponter, comme :

La rivière des Pluies, 1,000^m. — Des Galets, 640^m. — Saint-Étienne, 800^m.

Dans un des bras de la ravine des Patates-à-Durand, à Saint-Denis ; dans la rivière d'Abord, à Saint-Pierre, et celle des Avirons, à Saint-Leu, on a construit depuis plusieurs années, pour le passage de la route de ceinture, des radiers submersibles en maçonnerie qui ont bien tenu jusqu'à ce jour.

Édifices publics. — La colonie possède un certain nombre de bâtiments qui sont affectés aux services publics. Les uns, comme l'hôtel du Gouvernement, que l'on a mis plus d'un siècle à achever, ont été construits sans plan arrêté à l'avance et avec des matériaux communs ; d'autres, remontant à l'époque de la Compagnie des Indes, ont un aspect lourd et disgracieux ; d'autres enfin, comme le Palais de justice, sont d'anciennes demeures particulières, acquises par la colonie et aménagées pour leur nouvelle destination.

Pour les constructions en maçonnerie, en dehors des bois, les matériaux abondent et sont de première qualité, mais difficiles à travailler, à cause de leur résistance.

La pierre, généralement basaltique, provient de couches volcaniques refroidies.

Le sable, de même nature, provient des blocs détachés des versants des rivières et cirques intérieurs, et qui sont réduits dans leur marche vers le littoral lorsqu'ils sont entraînés par les torrents.

La chaux, de très bonne qualité, est fabriquée avec les coraux qui constituent des récifs sur plusieurs points du littoral dans la partie ouest de l'île.

Comme dans tous les pays volcaniques, on rencontre à la Réunion des dépôts de pouzzolane, mais ils sont rarement exploités, à cause du prix élevé de la main-d'œuvre et de leur peu de résistance lorsqu'ils sont employés avec des sables contenant des matières salines ou terreuses, ce qui est généralement le cas à la Réunion.

On préfère, pour les travaux hydrauliques, faire usage de ciments importés de la métropole, dont le prix de revient est encore inférieur à celui de la pouzzolane exploitée sur place, et dont les résultats sont certains.

Travaux maritimes. — L'île de la Réunion, privée d'un port naturel, n'a eu, jusqu'à l'ouverture des ports de Saint-Pierre et de la Pointe-des-Galets, que des rades foraines presque toutes agitées. De là la nécessité d'établir sur le rivage des appontements.

Trois de ces ouvrages ont été construits et sont entretenus aux frais de la colonie :

Le grand débarcadère de Saint-Denis.
Le pont Labourdonnais.
Le débarcadère de Saint-Paul.

En cas de cyclone, les chaloupes qui font le service de la rade de Saint-Denis pour le débarquement des navires, n'ont, comme lieu de refuge, que le Barachois, bassin formé par une digue parallèle au rivage, dont l'entretien est à la charge de la colonie.

Pour l'atterrissage des navires, on a construit deux phares sur le littoral.

Le premier, dont la construction remonte à 1845, est établi sur la pointe de Bel-Air, au N.-E.; il possède un feu fixe visible à 30 milles, et sa position est déterminée comme suit : 20° 53′ 11″ de latitude Sud et 53° 19′ 12″ de longitude Est.

Le deuxième, construit depuis la création du port de la Pointe-des-Galets, à l'extrémité N.-O. de l'île, est situé par 20° 51′ 35″ de latitude Sud et 53° 62′ de longitude Est. Il possède un feu clignotant dont la portée est de 15 milles.

Travaux hydrauliques. — De nombreux canaux de dérivation existent dans l'île; ils appartiennent aux communes, pour l'alimentation des villes, ou à des particuliers, pour l'irrigation ou la création de forces motrices. Les établissements publics de la colonie sont alimentés par des branchements appliqués sur les canaux des communes, suivant des conventions qui interviennent, lorsque la colonie concède les eaux des cours d'eau.

Le budget local ne supporte donc que les frais d'entretien de ces branchements. Pourtant, pour venir en aide à des communes pauvres, la colonie a fait exécuter à ses frais une conduite d'eau de 17 kilomètres pour alimenter la commune de Saint-Philippe et plusieurs barrages dans les lits des ravines de Saint-Paul, à charge, par les communes intéressées, d'entretenir ces ouvrages à leurs frais.

Actuellement, la colonie fait percer, à ses frais, pour la somme de 420,000 fr., un tunnel de 2,500 mètres, pour servir de canal d'amenée aux eaux de la rivière Saint-Denis destinées à l'alimentation du chef-lieu, qui n'est plus assurée dans de bonnes conditions par l'ancienne canalisation.

Établissements quarantenaires et sanitaires. — En 1890, la colonie avait fait construire sur la berge sud de l'avant-port de la Pointe-des-Galets une station sanitaire comprenant une étuve à désinfection à vapeur sous pression et une salle d'exposition aux vapeurs sulfureuses.

Cette installation n'étant pas susceptible d'agrandissement, en raison de sa situation à proximité des chantiers de la jetée Sud, qui sont toujours en activité, il a été décidé, en 1897, dès que la peste a fait son apparition dans l'Inde, que cette station sanitaire serait déplacée et rétablie sur la berge ouest du bassin du port de la Pointe, sur l'emplacement qui a été reconnu offrir le moins d'inconvénients.

La nouvelle installation a été faite d'après un programme

fixé par une Commission nommée par arrêté du 9 juin 1897. Elle comprenait : une étuve à désinfection à vapeur sous pression, une salle à désinfection aux vapeurs sulfureuses, deux hangars pour abriter les grains désinfectés et à désinfecter, une aire en maçonnerie pour l'exposition au soleil des grains, un logement pour le gardien. Pour son fonctionnement, on devait faire usage d'un appontement affecté jusque-là aux Messageries Maritimes.

Ce mode de débarquement présentant de graves inconvénients, une nouvelle Commission, instituée par arrêté du 22 août 1899, a décidé que la station serait munie d'un appontement spécial qui ne servirait qu'à l'accostage des chalands débarquant les marchandises, les navires ne devant pas entrer dans le port et rester mouillés sur la bouée. Elle a décidé, en outre, l'agrandissement de l'aire pour l'exposition des grains au soleil, la construction d'un magasin spécial, hors clôture, pour recevoir les grains désinfectés, un logement pour le personnel employé aux manutentions intérieures, une salle de bains et de douches. Ces derniers travaux sont en cours d'exécution.

Deux lazarets sont construits dans la vallée de la Grande-Chaloupe, sur le littoral, à 10 kil. de Saint-Denis ; les passagers qui doivent y faire quarantaine sont débarqués sur la plage au moyen d'un appontement.

Ces lazarets existaient lorsque le chemin de fer a été construit, et comme le littoral était un des points obligés du tracé, il en est résulté que la voie ferrée longe le mur nord du lazaret n° 1. Ce lazaret est destiné à recevoir des passagers de toutes catégories ; il possède un matériel approprié à sa destination.

On vient d'y construire un pavillon d'isolement, et on construit en ce moment un bâtiment pour bains et douches et un autre bâtiment pour abriter une étuve à désinfection à vapeur, sous pression, qui fonctionne déjà sous un abri provisoire.

Le lazaret n° 2, situé à 300 mètres environ en amont du premier, est destiné aux immigrants et aux fonctionnaires du service de l'immigration.

En cas de nécessité, l'étuve du lazaret n° 1 pourrait servir pour la désinfection à faire des effets provenant du lazaret n° 2 ou qui lui sont destinés.

Établissements thermaux. — L'action volcanique sur le massif N.-O. ne se manifeste plus que par des sources minérales, thermales ou froides, sulfureuses, bicarbonatées, mixtes, ferrugineuses et magnésiennes, dont les principales ont été citées plus haut.

Une route de voiture permet, en toute saison, l'accès de la station de Salazie (Hell-Bourg).

Pour se rendre aux stations de Cilaos et de Mafatte, on dispose de chemins de cavaliers ou de chaises à porteurs. Ces chemins, surtout celui de Mafatte, sont souvent impraticables, pendant la saison des pluies, par les éboulis et les débordements des rivières non pontées.

Les sources du Bras-Cabot sont d'un accès très difficile ; comme elles ne sont utilisées qu'en boisson, les piétons peuvent s'y rendre, pour y puiser l'eau, par un sentier tracé dans un flanc de montagne de 700 mètres d'élévation et de grande déclivité.

M. le gouverneur Beauchamp, pour faciliter l'accès des sources de Cilaos, qui sont les plus abondantes et d'une grande thermalité, et dotées en outre d'un matériel complet, a fait étudier un tracé de route de voiture qui pourra être mis prochainement à exécution.

Ressources budgétaires. — Le budget des travaux publics

est en moyenne de 550,000 fr. par an ; il a été porté à 1,600,000 fr. environ en 1899, en raison des travaux sanitaires qui ont été effectués et de ceux qui sont en cours d'exécution, pour la construction d'un hôpital colonial et d'une nouvelle canalisation pour Saint-Denis.

Personnel des Travaux publics. — Le service des travaux publics à la Réunion a été organisé par un arrêté du Gouverneur en date du 26 décembre 1855.

Le personnel de ce service qui est, en majorité, originaire de la colonie, est recruté, comme en France, à la suite d'examens dont les programmes sont ceux de la métropole.

Ce personnel se compose de :

    2 Ingénieurs coloniaux, dont un chef de service ;
    9 Conducteurs ;
    6 Commis.

NATUREL,
Ingénieur,
Chef du service des Ponts et Chaussées.

EAUX MINÉRALES

PLAINE DES PALMISTES [1]

Historique. — Les sources du Bras-Cabot ou Cabeau ont été découvertes par un agent forestier du nom de Rosemond Lauret; c'est lui qui y conduisit le docteur Jacob de Cordemoy, qui alla les examiner après avoir fait une excursion au volcan, en 1869. Ce savant naturaliste profita de sa visite pour prélever des échantillons qu'il confia à son ami, M. Conte, pharmacien, qui en fit une analyse sommaire. Cette étude révéla que l'eau minérale en question était riche surtout en sels de magnésie et de soude.

L'attention publique fut dernièrement attirée d'une façon particulière sur ces sources. Aussi, le Conseil général, sur la demande du maire de Saint-Benoît, vota un crédit qui permit de frayer un sentier praticable de la plaine des Palmistes aux sources du Bras-Cabot.

Devenues désormais plus accessibles, ces eaux furent l'objet d'un commerce qui en nécessita l'analyse complète.

Itinéraire. — Le sentier nouvellement ouvert dans la forêt de l'Ilette-Patience, est dû au service des ponts et chaussées, sous la direction de M. Lanel, chef cantonnier,

1. D'après M. Seymour.

qui a pu surmonter les plus grandes difficultés pour tracer un passage praticable pour piétons.

Malgré tout le savoir déployé par cet agent, ce chemin exécuté dans les conditions de temps et de ressources qui le rendaient si difficile, dans les conditions ordinaires, ne sera pas sans danger dans la saison pluvieuse. Il ne pourra donc jamais être transformé en une route bien sûre. Pour se rendre aux sources du Bras-Cabot, nous avons pris le sentier ci-dessus mentionné (l'ancienne route est par Bébour) passant près de la chapelle Sainte-Agathe, au 20ᵉ kilomètre (1,000 mètres d'altitude), nous avons traversé le bras de la Ravine-Sèche, dont le lit est complètement formé de laves très dures; nous gravîmes ensuite pendant trois quarts d'heure les pentes ardues de l'Ilette-Patience. Arrivés au sommet de cette montagne, d'une altitude de 400 mètres au-dessus de notre point de départ, la plaine, vue à vol d'oiseau, paraît très unie; il n'en est pourtant rien; accidentée et montueuse, elle se compose d'une suite de plateaux qui s'élèvent en gradins.

Continuant notre route pendant une heure et demie au milieu d'une forêt dont l'aspect nous représente un vaste fourré et un taillis épais, nous arrivons à un endroit dénommé la « Fenêtre » d'où le plus beau spectacle s'offre à nos yeux.

Sortant des sentiers boueux et des bois sans horizon, c'est avec joie que nous avons admiré le vaste panorama qui, de cet endroit se déroule devant nous. L'impression fut, en effet profonde, lorsque de l'étroit plateau où nous étions, nous pûmes contempler autour de nous les beaux sommets de l'île : le Grand-Bénard, les Salazes, le Bébour, le Mazarin, le Piton-Gingembre, etc., se détachant sur le ciel bleu; et, d'un autre côté, les plaines de Sainte-Rose jusqu'au Champ-Borne, et plus près, jusqu'à nos pieds, les vastes champs de Saint-Benoît descendant vers la mer.

Après quelques minutes de contemplation et de repos bien acheté, nous reprîmes notre marche, mais cette fois-ci pour descendre le versant opposé de la même ilette pendant 750 mètres environ, et nous rendre directement à une petite cabane en paille construite sur le bord du Bras-Cabot et destinée aux touristes.

ASPECT GÉOLOGIQUE DU SOL. — Arrivé sur le terrain où je devais opérer, c'est-à-dire quelques mètres des points d'émergence des sources minérales, comprenant l'importance qu'il y a en pareille circonstance à se rendre compte de la composition des terrains avoisinants auxquels les eaux empruntent souvent leurs propriétés, je me livrai à l'étude géologique du cirque dans le fond duquel jaillissent les sources que j'avais à analyser.

Les versants qui encaissent le Bras-Cabot représentent le plus bel aspect, la couche végétale est très épaisse ; elle se compose de détritus des végétaux qui ornent la crête des montagnes : les pentes sont considérables et la perpétuelle humidité qui les imprègne facilite le mélange des éléments végétaux.

Il en résulte que l'on peut considérer les constitutions géologiques de cet endroit comme faites d'un compost de terre de bruyère et végétale franche et noire et de sels minéraux.

Dans ces derniers éléments la chaux domine, représentée dans les fouilles que nous avons faites par des traces nombreuses de cette base, sous forme de sels divers.

Dans des terrains avoisinants, mais en dehors de notre cercle d'opérations, doivent exister les gisements de sels magnésiens, qui nous feront bientôt découvrir une forte proportion de cet agent dans les eaux en question.

ASPECT DES SOURCES. — De l'abri où nous avons campé à notre arrivée sur les bords du Bras-Cabot, on aperçoit sur la rive opposée les deux sources principales qui feront l'objet de notre étude.

Il faut donc traverser la rivière pour se rendre de l'une à l'autre : je désigne par le n° 1 celle située en amont du Bras-Chansons, et par le n° 2 celle en aval de cet affluent.

A la surface d'une roche basaltique de 10 à 12 mètres d'étendue, on remarque une foule de petites sources dont la principale n° 1 donne un débit de 35 litres à l'heure, et la source n° 2,60 litres environ.

Elles sont élevées à quelques centimètres seulement du niveau de l'eau de la rivière, la source n° 1 émergeant directement sur le bord de la pierre contre laquelle glissent les eaux de la rivière, aussi toutes deux à la moindre crue sont-elles appelées à être couvertes momentanément.

TEMPÉRATURE. — La température de ces deux sources est presque invariable; des observations faites depuis le matin à 5 heures et à différentes heures de la journée, je n'ai constaté qu'une différence d'un vingtième de degré. L'air ambiant était à 17°; l'eau de la rivière à 16° au lever du soleil, et la pression barométrique à 752 millimètres.

La source n° 1 accuse une moyenne de 20°90.

La source n° 2 accuse une moyenne de 22°90.

Gaz dégagé de l'eau minérale dans les cavités et le fond de la rivière. Les sources 1 et 2, ainsi que celles moins importantes qui s'échappent dans les environs de diverses fissures et que nous avons négligées intentionnellement présentent le même phénomène. A des intermittences peu éloignées, on voit surgir du fond des cavités où sourdent les eaux, des chapelets de bulles gazeuses qui vont à la surface du liquide. On voit aussi s'échapper de la rivière, vis-à-vis des sources 1 et 2, à une profondeur d'un mètre environ, les mêmes bulles gazeuses qui feraient croire à la présence d'autres infiltrations en dessous du niveau de la rivière. L'examen de ce gaz nous a révélé la présence de l'acide carbonique.

Nature chimique de l'eau au sortir de la source. — Ces deux sources ont entre elles beaucoup d'analogie ; je suis porté à croire qu'elles proviennent d'une nappe commune qui vient se faire jour à la surface de la pierre basaltique. Dans leur trajet, les filets d'eau se refroidissent différemment suivant leur parcours ou suivant leur mélange avec les eaux étrangères. Quoi qu'il en soit, la masse d'eau est peu abondante ; si elle suffit pour le moment aux besoins de la localité, il faudrait songer à l'augmenter pour l'avenir. Il y a donc lieu de faire des travaux de barrage et de captation. L'eau de ces sources présente la même limpidité, leur saveur est alcaline. A leur surface on voit une matière pelliculaire blanchâtre, elle laisse déposer au fond de la cavité un dépôt ocreux renfermant des conferves.

Les eaux évaporées laissent après une certaine concentration voir un dépôt de carbonate neutre de chaux, de magnésie et de fer, dépôt dû à l'expulsion de l'acide carbonique libre. Le liquide, débarrassé de l'acide carbonique par une simple ébullition, acquiert une réaction fortement alcaline.

D'après les examens et les résultats obtenus, ces eaux doivent être classées comme sodo-magnésiennes ferrugineuses.

Examen microscopique. — L'examen microscopique de

cette eau minérale, sources 1 et 2, ne révèle pas la présence d'infusoires. Le dépôt formé dans le fond de la bouteille, au bout de quelques jours, est principalement composé de substances gélatineuses noires du genre conféroïdes. On rencontre également au fond du bassin, une matière ocracée qui contient des conferves de couleur verte.

Conservation. — Après plusieurs semaines de séjour dans des bouteilles, même bien bouchées, l'eau minérale de ces sources a laissé dégager une légère odeur fétide provenant d'une décomposition provoquée par la présence des conferves qui jouent un grand rôle dans leur conservation. Je crois qu'en les surchargeant d'acide carbonique à l'aide d'appareils dont se servent les pharmaciens, elles pourraient se conserver longtemps.

Consommation. — Pendant mon séjour aux sources du Bras-Cabot, on emportait une moyenne journalière de 70 litres, soit pour les habitants de la plaine, soit pour les demandeurs des localités voisines.

Composition de l'eau. — En employant les procédés indiqués par des spécialistes (Ossian père et fils), l'eau du Bras-Cabot accuserait la composition suivante :

Bi-carbonate de fer, bi-carbonate de chaux, bi-carbonate de magnésie, bi-carbonate de soude, bi-carbonate de potasse, alumine, chlorure de sodium, sulfate de soude, silice, matières organiques, acide phosphorique.

MAFATTE

La source sort d'une fissure de lave située si près de la rivière, qu'elle est parfois recouverte dans les crues.

L'eau sulfureuse est conduite dans les baignoires portatives en zinc, à l'aide de conduits en fonte, que le service

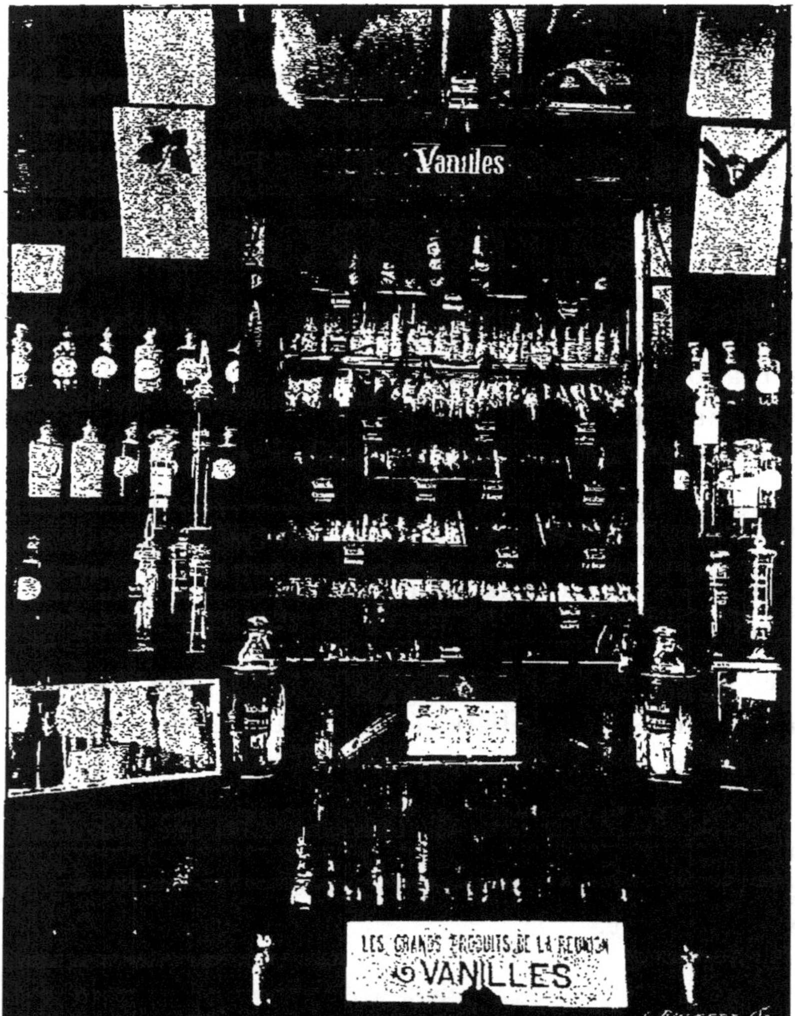

XXXIV. Exposition de la Réunion, vitrine des Vanilles (*Cliché Wallon-Boric*)

des ponts et chaussées fait enlever pendant l'hivernage, c'est-à-dire la mauvaise saison, parce que les crues d'eau pourraient les emporter, motif pour lequel des piscines n'ont pu être créées.

L'eau est limpide et incolore avec des filaments blanchâtres en suspension, douce et onctueuse au toucher, elle exhale une odeur sulfhydrique bien sensible en absorbant l'oxygène de l'air. La composition donne les éléments suivants :

Sulfure de sodium, sulfure de fer, sulfure de manganèse, sulfate de soude, chlorure de sodium, carbonate de soude, phosphate de soude, silicate de soude, silicate de potasse, silicate de chaux, silicate d'alumine, silicate de magnésie, matières organiques, traces d'iode, de fluor et de cuivre.

L'eau de Mafatte a donc beaucoup d'analogie avec celle de Cauterets, le Raillère, Petit-Saint-Sauveur, Amélie-les-Bains; on la conseille contre les affections de la poitrine, du larynx, de la peau, la goutte et les rhumatismes.

Le débit de la source est de 900 litres à l'heure, soit 22 mètres cubes pour vingt-quatre heures, quantité suffisante pour 60 à 70 bains par jour.

M. Delavaud, pharmacien de la marine, avait constaté au début 400 litres par heure; grâce aux travaux exécutés par M. Dumesgnil d'Engente, sous la direction de M. l'ingénieur des mines Debette, le débit a été porté à 900 litres.

Le cyclone de 1892 ayant détruit huit ou dix maisons qui n'ont pas été reconstruites, le plateau de Mafatte ne peut guère recevoir que sept ou huit familles par an. Ce nombre restreint correspond à la quantité de demeures respectées par le cyclone.

Mafatte est à 710 mètres d'altitude, à 20 kilomètres

environ de Saint-Paul, en partant de la route nationale à mi-chemin de Saint-Paul à la Possession.

CILAOS

Les sources de Cilaos sont distantes du Gros-Morne, en ligne directe, de plus de 4 kilomètres, et la direction de la coupée du Bras-des-Étangs se porte plutôt vers le Piton-des-Neiges que vers le Gros-Morne. Ces sources ont été découvertes en 1828, par Paulin Tescher.

Les sources chaudes sont situées sur la rive droite du Bras-des-Étangs, dans le lit même de la rivière. On les voit sourdre par une grande quantité de petits filets, du dessous de gros blocs de roche volcanique accompagnées d'une grande quantité de bulles gazeuses. Comme elles sont situées dans le lit d'un torrent, à pente très rapide, et qui devient très impétueux à l'époque des pluies, on n'avait pu les capter, et les travaux qu'on avait essayé d'entreprendre avaient été toujours emportés par les eaux. A l'époque des pluies, elles se trouvaient donc tout à fait couvertes. Dès que le beau temps était revenu, la rivière s'étant retirée, on creusait à l'endroit où elles se trouvent, on enlevait le sable et les pierres qui les encombrent, et on obtenait ainsi ces baignoires naturelles, du fond desquelles on voit l'eau jaillir par un grand nombre de filets. Lorsque nous avons visité les sources, il y avait six baignoires ainsi creusées, protégées par autant de petites cases en paille. La température de chacune de ces baignoires n'est pas la même; elle varie de 38 degrés et demi à 32 degrés, ce qui semble indiquer que certaines reçoivent des infiltrations de la rivière. Ces infiltrations ont été occasionnées par des mines tirées dans le voisinage des sources, qui ont ébranlé les couches. Derrière les baignoires, se trouve une petite source, sortant directement du roc, et qui sert de cuvette. La température de celle-ci est de 29 degrés et demi. Autour et sur le front du rempart, les maisons en bois servent de logement. Depuis, des travaux ont été entrepris et l'on peut maintenant profiter des sources en toute saison.

Sur la rive gauche, un peu plus haut que les sources thermales, au pied d'un rocher, non loin du pont, se trouve une autre source minérale, froide, qui a à peu près la même composition chimique que les autres, sans en avoir la température. Le degré de minéralisation à peu près le même, ne peut faire admettre qu'elle soit refroidie par des infiltrations d'eau ordinaire. On est plutôt conduit à admettre qu'elle a la même origine que les autres, et qu'elle est refroidie par un plus long trajet dans le sol et à très peu de profondeur. Cette source froide, délaissée à tort par les malades qui, attachant une grande importance à la température, se gorgent de l'eau de la cuvette, nous paraît devoir être d'une exploitation très utile.

Sur la rive gauche du Bras-des-Étangs, et sur le flanc du rempart qui surplombe cette rive, se trouvent encore des maisons de baigneurs, et le chemin qui conduit aux eaux ; ce sont ces rampes, à pente très dure, qui servent ordinairement de promenade, et qu'on appelle le Bord.

La Source froide. — La source froide de Cilaos est située sur la rive gauche, un peu plus amont que les sources thermales. Elle sort directement d'une roche feldspathique, à un mètre au-dessus du niveau de la rivière. Elle a été soumise, à la source, aux mêmes expériences que l'eau de la source thermale.

Un litre d'eau froide de Cilaos renferme 0 gr. 2607 de carbonate de soude et 0 gr. 0543 de carbonate de potasse.

Un litre de cette source froide renferme les principes suivants :

Soude, potasse, chaux, magnésie, silice, oxyde ferreux, chlore, acide, acide carbonique (des carbonates neutres), matières organiques.

J'ajouterai ici, comme une note précieuse, que j'ai fait usage, pendant tout le temps que j'ai vécu à Cilaos, de l'eau tant négligée de cette source froide, et que je m'en suis parfaitement bien trouvé. On peut la prendre pure, mélangée avec le vin, à ses repas, avec l'eau-de-vie ou le rhum, à toutes les heures, sans courir le risque d'extra-purgation. J'en ai conseillé l'usage à d'autres personnes qui en ont apprécié les qualités toniques et fortifiantes.

Cette eau se conserve très bien, contrairement à l'eau des sources chaudes, car plus une eau minérale est froide à son point d'émergence, plus elle est gazeuse, et, par conséquent, plus susceptible de se conserver, à condition qu'elle soit bien bouchée, car la déperdition d'acide carbonique, qui tient en suspension des matières organiques, occasionnerait le dépôt de ces matières, qui ne tarderaien- pas à se transformer en acide sulfhydrique. Les rapport teurs de 1862 déclarent qu'elle peut rester un an sans perdre de sa limpidité et de sa saveur aigrelette et agréable. Je connais plusieurs habitants de Saint-Pierre qui entretiennent un courrier spécial dont l'occupation est de monter trois fois par semaine aux sources de Cilaos pour prendre chaque fois une dame-jeanne d'eau de la source froide. Les familles qui font exclusivement usage de cette eau, comme boisson, sont généralement indemnes de toute maladie, leurs enfants sont gros, gras, bien portants, ayant les chairs fermes et le teint d'une fraîcheur ravissante, tout comme s'ils habitaient sur les hauteurs du plateau du Bras-des-Étangs.

Source chaude. — Voici maintenant la composition de la source chaude de Cilaos d'après l'analyse récemment faite par M. Delteuil, l'un des chimistes les plus distingués de la Réunion :

Bi-carbonate de soude, bi-carbonate de potasse, bi-carbonate de magnésie, bi-carbonate de chaux, bi-carbonate de fer, sulfate de soude, chlorure de sodium, silice, matières organiques, acide carbonique libre, iode, fluor, alumine, acide phosphorique, manganèse.

SALAZIE

Les eaux minérales de Salazie se trouvent dans un des trois grand cirques centraux de l'île. Lors de la première exploration faite par MM. Le Pivan, Toulorge et Marcadien, on suivait pour y arriver, le lit de la rivière du Mât, qu'il fallait traverser 27 fois, lorsque le temps le permettait. Cependant la nature de ce cirque, moins abrupt, moins accidenté et moins profond que celui de Cilaos, avait engagé le Gouvernement de l'île à tracer un sentier praticable seulement pour les piétons et les montures, qui nécessita plusieurs travaux remarquables sur la rivière du Mât, lesquels furent exécutés par M. Pierre Cazeau. Plus tard, on établit un chemin carrossable, jusqu'au pont de l'Escalier. M. Hubert Delisle fit commencer une belle route carrossable qui va jusqu'à la source même ; c'est ce chemin que nous allons suivre. En partant de l'embranchement de la route nationale situé un peu avant d'arriver au pont de la rivière du Mât, on descend par une pente rapide, mais non dangereuse, sur le bord de la rivière, que la route côtoie pendant quelques instants. Devant vous s'ouvrent les gorges de Salazie, qui bornent l'horizon : des deux côtés, des remparts basaltiques, d'où s'échappent de magnifiques cascades ; au fond, le lit impétueux de la rivière; partout une végétation luxuriante. Après un trajet de 11 kilomètres, on arrive au premier pont, appelé pont de l'Escalier, remarquable par sa hardiesse, assis sur deux blocs de basalte entre lesquels mugit, à une grande profondeur, le torrent sur lequel il est jeté. On se trouve déjà à 178 mètres au-dessus du niveau de la mer. Dans ce trajet, on peut remarquer que la coupe de la rivière du Mât est la même que celle des deux autres grands torrents, que nous avons déjà visités. Partout, en effet, on admire de magnifiques colonnes basaltiques, semblables à d'immenses tuyaux d'orgue; d'autre fois, le basalte prend une forme particulière et est disposé en rayons d'une parfaite régularité; on dirait que la lave, à l'état liquide, ayant d'abord rempli une cavité, s'est ensuite cristallisée, en rayonnant du centre à la circonférence. Ailleurs, elle est disposée en couches, en forme de roche Tarpéienne. Dans le lit de la rivière, on rencontre des roches basaltiques dans lesquelles se trouvent des filons de carbonate de chaux, cristallisés en rayons prismatiques de rhombe ou disséminés dans les roches.

Après le pont de l'Escalier, la route continue sur la rive droite, formant des rampes à pente très douce qui permettent de gravir jusqu'au plateau Wickers, d'où l'on peut contempler, dans toute leur majesté, le Gros-Morne et le Piton-des-Neiges. Bientôt, après avoir passé un pont récemment construit, remarquable par sa solidité, on est rendu au village de Salazie. Une excellente route continue jusqu'à Hell-Bourg à 919 mètres au-dessus du niveau de la mer; de chaque côté sont d'énormes remparts, et le tout forme un magnifique point de vue, que l'on quitte à regret pour monter encore au-dessus des bois.

Sur le plateau de Hell-Bourg sont situées la plupart des maisons qui servent de logements aux personnes qui vont prendre les eaux. Au milieu d'elles, s'élève le magnifique hôpital, succursale de l'hôpital militaire qui rend de si grands services aux fonctionnaires métropolitains et coloniaux débilités par les fièvres de Madagascar, par l'anémie, ou les séjours prolongés dans les colonies.

Tout concourt à rendre la station thermale de Salazie d'une grande importance. On peut s'y rendre facilement et dans toutes les saisons, surtout dans la saison de l'hivernage, où, malgré les pluies qui ne sont guère plus abondantes que dans les autres parties de l'île, la température, qui monte rarement au delà de 37° à midi et qui descend jusqu'à 14° le matin et le soir, retrempe et tonifie les organes. Tout, jusqu'aux végétaux, ressent l'action bienfaisante de ce climat. Du plateau de Hell-Bourg, on domine tout le cirque de Salazie, formé par les remparts de la plaine des Fougères (1,680 mètres), de la plaine des Chicots (2,275 mètres), de Cimandef (2,226 mètres), de la plaine des Merles (1,875 mètres) qui le sépare du cirque de la rivière des Galets; par le Gros-Morne, le Piton-des-Neiges (3,069 mètres) qui le sépare du cirque de la rivière Saint-Étienne, et le rempart de la plaine des Salazes (2,188 mètres). De Hell-Bourg, on se rend à la source thermale par des rampes très douces. La source thermale est située sur le bord de la rivière du Bras-Sec, à 872 mètres au-dessus du niveau de la mer, et jaillit, d'une roche feldspathique (eurite).

Des travaux d'encaissement, exécutés en 1852 et 1853 ont permis d'utiliser tous les filets qui s'échappent de dessous la roche basaltique, de manière à les réunir dans un réservoir commun, parfaitement scellé, d'où partent les conduits destinés à la buvette et aux bains.

Au-dessus de la source, à droite, se trouve un bâtiment qui contient une dizaine de baignoires desservies par l'eau de la source, modérément chauffée. En face s'élève un établissement de douches froides. Sur les rampes, situées de l'autre côté de Hell-Bourg se trouvent une quantité de petites maisons appartenant à la Société des Eaux, qui les loue aux personnes qui viennent faire usage des eaux de Salazie.

Il y a deux sources dans le réservoir, toutes les deux sont minérales et contiennent les mêmes éléments chimiques :

Bi-carbonates de soude, de magnésie, de chaux, de fer, de l'hydrochlorate de soude, du sulfate de soude, un peu de silice.

L'eau de Salazie renferme un peu moins d'une fois et demie son volume d'acide carbonique libre.

Un litre d'eau de la source thermale de Salazie renferme les composés suivants :

Acide carbonique libre, bi-carbonates de soude, de potasse, de magnésie, de chaux, de fer, chlorure de sodium, sulfate de soude, silice, matières organiques.

SOURCE PÉTRIFIANTE

Aux environs des sources thermales, il existait autrefois une source dite pétrifiante : elle prenait sa source de la base des Salazes. Une feuille, une matière organique quelconque qu'on y déposait était au bout de très peu de temps recouverte d'une couche épaisse de sels calcaires qui lui assurait une conservation presque indéfinie. Cette source a été détruite par l'éboulis du Grand-Sable, en 1876. Mais une autre a été découverte depuis dans le cirque de Cilaos, où les eaux minérales sont beaucoup plus nombreuses et abondantes.

A. PRÉMONT.
Pharmacien à Saint-Paul.

STATISTIQUE, ENQUÊTES ÉCONOMIQUES DOCUMENTS ANNEXES

SERVICE FINANCIER

La centralisation des services financiers est, comme dans les départements de la métropole, entre les mains d'un trésorier-payeur.

Le trésorier-payeur reçoit dans ses caisses les produits des droits d'enregistrement et du domaine, des droits de douane et d'octroi, des contributions indirectes, etc.

Il opère directement par ses percepteurs le recouvrement des contributions directes.

Les percepteurs sont au nombre de onze, répartis dans les principaux centres de l'île, appelés quartiers.

Ils sont en même temps receveurs municipaux. Les ressources des communes, en dehors de leurs biens propres qui sont de minime importance, et des centimes qu'elles ont le droit d'ajouter au principal des contributions directes, consistent principalement dans la répartition qui est faite entre elles du montant des droits d'octroi perçus à l'entrée dans la colonie. Ces droits, ainsi que les droits de douane et de sortie pour certains produits, remplacent l'impôt foncier sur les propriétés non bâties, qui n'existe pas à la Réunion.

BUDGET DE 1899

Recettes

RECETTES PROPRES AU SERVICE LOCAL

Chapitre 1. Enregistrement et Domaines..	506.700	
Chapitre 2. Contributions directes..........	549.000	
Chapitre 3. Douanes, Contributions indirectes, Postes............................	2.607.600	
Chapitre 4. Produits divers................	92.331	
Chapitre 5. Prélèvement sur la Caisse de réserve pour travaux d'utilité publique urgents...................................	341.246	4.096.877

RECETTES POUR ORDRE

Chapitre 6. Réintégration après régularisation des payements faits en France et pour compte de divers....................	400.000	
Chapitre 7. Remboursement et allocation aux communes, à la Chambre de commerce et à la Chambre d'agriculture....	1.082.200	1.482.200
Total général des recettes....................		5.579.077

Dépenses

DÉPENSES PROPRES AU SERVICE LOCAL

1re Section. Dépenses obligatoires

Chapitre 1. Dettes exigibles, Pensions......	450.895
Chapitre 2. Services administratifs.........	315.311
A reporter.....	766.206

Report........	766.206	
Chapitre 3. Instruction publique............	267.423	
Chapitre 4. Police générale................	373.273	
Chapitre 5. Immigration....................	81.900	
Chapitre 6. Hospice des aliénés............	59.106	
Chapitre 7. Douanes.......................	228.079	
Chapitre 8. Dépenses assimilées à la solde.	50.000	
Chapitre 9. Fonds mis à la disposition du Gouverneur................................	20.000	
	1.845.987	

2e *Section. Dépenses facultatives*

Chapitre 10. Services représentatifs.........	30.000	
Chapitre 11. Services financiers.............	499.229	
Chapitre 12. Postes.........................	260.613	
Chapitre 13. Eaux et forêts.................	116.128	
Chapitre 14. Ports et rades.................	56.541	
Chapitre 15. Hôpitaux et Hygiène publique.	121.201	
Chapitre 16. Services annexes..............	34.762	
Chapitre 17. Travaux publics................	677.776	
Chapitre 18. Dépenses assimilées à la solde.	26.000	
Chapitre 19. Bourses, Subventions, Secours.	138.675	
Chapitre 20. Dépenses non classées........	289.965	4.096.877

DÉPENSES POUR ORDRE

Chapitre 21. Avances au département pour payements faits en France, et payements dans la colonie pour compte de divers et donnant lieu à remboursement............	400.000	
Chapitre 22. Versements aux communes, aux Chambres de commerce et d'agriculture pour impôts encaissés pour elles.	1.082.200	1.482.200
Total général des dépenses............		5.579.077

PRINCIPALES EXPORTATIONS DU 1er JANVIER 1889 AU 31 DÉCEMBRE 1898

DÉSIGNATION DES DENRÉES

		FARINEUX ALIMENTAIRES		DENRÉES COLONIALES				BOISSONS	COMPOSITIONS DIVERSES
		TAPIOCA et FÉCULES	POMMES de TERRE	SUCRE	CAFÉ	VANILLE	TABAC	RHUM	HUILES ESSENTIELLES
1889	Quantités	427.192 k.	1.296.425 k.	26.236.260 k.	161.671 k.	51.969 k.	78.049 k.	557.187 lit.	7.722 lit.
	Valeurs	440.007 fr.	66.138 fr.	9.608.979 fr.	380.818 fr.	1.797.303 fr.	171.208 fr.	350.772 fr.	7.953 fr.
1890	Quantités	955.243 k.	867.510 k.	37.307.361 k.	346.715 k.	54.063 k.	162.779 k.	1.129.111 lit.	1.261 lit.
	Valeurs	1.031.662 fr.	141.720 fr.	12.259.786 fr.	771.600 fr.	1.697.499 fr.	600.056 fr.	731.811 fr.	1.380 fr.
1891	Quantités	502.905 k.	588.060 k.	38.987.402 k.	272.598 k.	51.344 k.	103.933 k.	1.321.761 lit.	1.102 lit.
	Valeurs	547.166 fr.	93.067 fr.	13.173.989 fr.	646.928 fr.	759.388 fr.	293.813 fr.	864.432 fr.	1.211 fr.
1892	Quantités	664.759 k.	486.280 k.	38.402.729 k.	92.058 k.	99.390 k.	74.467 k.	1.676.218 lit.	10.315 lit.
	Valeurs	731.234 fr.	80.237 fr.	14.362.620 fr.	263.274 fr.	2.246.338 fr.	255.613 fr.	921.919 fr.	453.860 fr.
1893	Quantités	1.001.166 k.	468.549 k.	30.186.575 k.	96.875 k.	84.617 k.	129.575 k.	2.032.920 lit.	9.528 lit.
	Valeurs	1.161.352 fr.	108.845 fr.	12.713.461 fr.	329.283 fr.	2.839.113 fr.	364.460 fr.	1.179.093 fr.	442.129 fr.
1894	Quantités	1.398.706 k.	502.276 k.	35.714.705 k.	113.872 k.	80.917 k.	81.419 k.	1.656.057 lit.	7.899 lit.
	Valeurs	1.566.550 fr.	189.301 fr.	11.862.020 fr.	382.953 fr.	1.598.168 fr.	318.911 fr.	927.391 fr.	119.622 fr.
1895	Quantités	2.072.696 k.	680.586 k.	46.432.370 k.	63.431 k.	103.631 k.	76.554 k.	1.221.876 lit.	12.112 lit.
	Valeurs	2.279.965 fr.	196.069 fr.	11.830.152 fr.	206.540 fr.	3.363.679 fr.	189.007 fr.	672.031 fr.	399.696 fr.
1896	Quantités	729.682 k.	522.306 k.	44.878.899 k.	43.831 k.	69.162 k.	72.529 k.	1.758.323 lit.	16.140 lit.
	Valeurs	755.220 fr.	108.106 fr.	10.989.295 fr.	145.073 fr.	3.661.745 fr.	282.653 fr.	910.695 fr.	491.638 fr.
1897	Quantités	943.289 k.	984.323 k.	44.914.900 k.	82.887 k.	100.562 k. 812	54.883 k.	1.903.580 lit.	9.108 lit.
	Valeurs	971.587 fr.	152.093 fr.	11.221.484 fr.	388.919 fr.	4.092.505 fr.	243.311 fr.	981.448 fr.	452.190 fr.
1898	Quantités	604.318 k	730.499 k.	31.418.913 k.	103.130 k.	110.991 k. 073	63.693 k.	1.924.647 lit.	16.139 lit.
	Valeurs	619.425 fr.	130.457 fr.	9.072.535 fr.	258.177 fr.	3.810.490 fr.	240.109 fr.	986.382 fr.	624.744 fr.

		FARINE	GRAM	LÉGUMES SECS	MORUE	RIZ	SAINDOUX	VINS ORDINAIRES	TISSUS
	1889	kilos	kilos	kilos	kilos	kilos	kilos	litres	francs
Quantités	de France ou Colon. franç.	Néant	Néant	2.315	678.526	Néant	269.019	1.413.640	1.838.910
	de l'Étranger............	1.140.394	1.737.703	1.528.737	33.432	21.489.170	551.622	371.795	785.695
	1890								
Quantités	de France ou Colon. franç.	Néant	Néant	30.225	195.024	Néant	158.625	1.333.233	1.887.883
	de l'Étranger............	245.642	645.156	1.696.956	263.958	38.928.342	446.211	566.173	1.645.430
	1891								
Quantités	de France ou Colon. franç.	2.325	Néant	13.835	411.556	1.299.904	170.611	1.590.305	2.068.171
	de l'Étranger............	1.774.256	1.684.032	1.363.464	80.513	19.079.024	443.136	557.650	404.448
	1892								
Quantités	de France ou Colon. franç.	45.520	Néant	103.556	573.682	684.101	382.917	1.931.560	1.826.520
	de l'Étranger............	1.156.613	1.974.834	2.113.236	263.767	20.415.579	496.510	662.640	465.830
	1893								
Quantités	de France ou Colon. franç.	32.935	Néant	5.413	320.616	563.988	69.133	1.642.051	1.729.921
	de l'Étranger............	881.778	1.569.955	1.657.379	11.953	22.816.056	596.576	116.627	241.256
	1894								
Quantités	de France ou Colon. franç.	9.003	Néant	7.608	611.247	640.000	152.005	2.918.518	3.097.240
	de l'Étranger............	2.118.980	2.200.293	1.388.502	Néant	19.174.497	558.418	65.663	265.614
	1895								
Quantités	de France ou Colon. franç.	Néant	Néant	660.992	1.132.150	Néant	87.066	2.595.069	1.805.953
	de l'Étranger............	1.743.078	2.640.573	1.371.784	Néant	26.786.298	537.345	25.153	32.671
	1896								
Quantités	de France ou Colon. franç.	85.970	30.000	168.359	1.048.342	2.392.875	87.817	2.584.064	2.584.874
	de l'Étranger............	1.427.909	3.044.940	884.187	Néant	12.562.977	760.334	20.345	295.295
	1897								
Quantités	de France ou Colon. franç.	832.608	Néant	669.010	683.787	11.695.868	155.062	2.228.109	2.448.191
	de l'Étranger............	389.850	906.943	147.717	Néant	8.844.690	751.804 k. 600	7.099	205.801
	1898								
Quantités	de France ou Colon. franç.	310.427	Néant	307.811	982.469	8.120.809	201.933	2.564.737	1.410.745
	de l'Étranger............	722.520	1.316.790	251.226	Néant	14.042.397	558.839	1.282	209.000

SERVICE MONÉTAIRE

La *Réunion* connaît à peine la monnaie métallique. L'or et l'argent ne s'y rencontrent que très accidentellement dans les transactions. Le peu qui est introduit dans la colonie, soit par importation, soit pour la solde des fonctionnaires métropolitains (les seuls qui soient payés en argent), est aussitôt drainé par la spéculation et exporté avec prime.

La monnaie en cours consiste dans les billets de la Banque de la Réunion, qui ont cours légal. Ils sont de 5, 25, 100, 500 fr.

La menue monnaie est assurée au moyen de jetons en nickel, mis en circulation par la Trésorerie, et qui sont de 0,50 c. et 1 franc.

A raison de circonstances très variables et très diverses, spéculation, insuffisance de récoltes, excédent de l'importation sur l'exportation, les billets de la Banque de la Réunion sont le plus souvent frappés d'un change, qui, dans les années favorables, ne dépasse pas 2 ou 3 %, mais qui s'est élevé quelquefois jusqu'à 32 %.

LE TÉLÉGRAPHE

Nous avons dit que les communications télégraphiques étaient confiées à une Compagnie privée. Nous n'avons pas à insister sur ce sujet. Voici quelques renseignements sur les lignes télégraphiques de la colonie :

Longueur des lignes :

Saint-Denis à Saint-Pierre	106	
Saint-Pierre à Saint-Philippe	36	
Saint-Pierre au Tampon	12	
Saint-Louis à l'Entre-Deux	15	
Saint-Louis à Cilaos	35	
Total pour Partie Sous le Vent	204	204
De Saint-Denis à Saint-Benoît	40	
De Saint-Benoît à Saint-Pierre	18	
De Saint-Benoît à la Plaine	21	
De Saint-André à Hell-Bourg	27	
Total pour Partie du Vent	106	106
Ensemble		310

Ces lignes ont été établies :

De Saint-Denis à Saint-Pierre	1870
De Saint-Denis à Saint-Benoît	1871
De Saint-Benoît à Sainte-Rose	1886
De Saint-Pierre à Saint-Philippe	1887
De Saint-André à Hell-Bourg	1888
De Saint-Louis à l'Entre-Deux	1889
De Saint-Pierre au Tampon	1896
De Saint-Louis à Cilaos	1898
De Saint-Benoît à la Plaine	1898

Il existe sur ces lignes 26 postes télégraphiques :

Saint-Denis, Possession, Port, Saint-Paul, Saint-Leu, Avirons, Étang-Salé, Saint-Louis, Saint-Pierre, Petite-Ile, Saint-Joseph, Saint-Philippe, le Tampon, Entre-Deux, la Rivière (Saint-Louis), Cilaos, Sainte-Marie, Sainte-Suzanne, Saint-André, Cambuston, Bras-Panon, Saint-Benoît, Sainte-Rose, la Plaine-des-Palmistes, Salazie (village), Salazie, Hell-Bourg.

Une nouvelle ligne est projetée pour la localité de Mahavel, située à Saint-Pierre, lieudit la Ravine-des-Cabris. Cette ligne sera sans doute reliée à celle du Tampon.

Le nombre des télégrammes expédiés, tant par l'Administration que par le public, est de 50,000, année moyenne.

LA MAIN-D'ŒUVRE
LES DENRÉES COLONIALES — LE CHANGE
LES MARCHANDISES D'IMPORTATION

Il n'est point de question qui soit plus importante et dont l'étude soit plus urgente. On peut dire d'une façon générale que la plupart des colonies manquent de main-d'œuvre, soit pour les besoins agricoles, soit pour l'exécution de travaux publics exceptionnels.

La Réunion, principalement, souffre de cette pénurie de bras, et son agriculture se meurt littéralement faute de travailleurs : nombreux sont les champs laissés en friche, souvent même les cultures restent sur pied, faute de pouvoir être manipulées.

La population autochtone, du reste notamment réduite désormais par la levée des conscrits, reste réfractaire aux travaux de l'usine. Si quelques-uns consentent à aller aux champs, ils ne possèdent pas l'assiduité voulue pour la manipulation et la fabrication du sucre. En admettant même que les créoles soient assez nombreux, il faut toujours avoir recours pour ces travaux, qui demandent de la régularité, de l'assiduité et de l'application, à des équipes d'engagés.

Dans cette occurrence, d'où est-il possible de tirer la main-d'œuvre? De l'Inde? De l'Afrique? De l'Indo-Chine? De Java?

L'Inde est le pays qui nous a fourni les plus nombreux,

les plus dociles et les meilleurs travailleurs ; aussi les aspirations de la colonie se sont-elles portées de préférence de ce côté. La reprise de l'immigration indienne semblait assurée, à la suite de l'enquête de M. Mackensie, commissaire spécial du Gouvernement de l'Inde, de son rapport favorable, du nouvel accord projeté entre lui et notre gouverneur d'alors, M. Manès, accord qui a été spontanément accepté par un groupe important d'agriculteurs, puis par le Conseil général. Mais une opposition opiniâtre de notre représentation [1] en empêcha jusqu'à ce jour la réalisation. Cette opposition se base sur ce que notre représentation considère comme une atteinte à l'égalité la quatrième clause du contrat, qui dit que : *les enfants issus d'immigrants indiens ne perdent pas leur nationalité et ne seront pas astreints au service militaire.*

Cette raison ne semble être qu'un prétexte, car l'avantage de recruter quelques soldats de plus serait loin de compenser les avantages que retireraient la colonie et la métropole elle-même de l'introduction des travailleurs de l'Inde anglaise. Au surplus, il y a lieu d'exclure de l'armée les Indiens fils d'immigrants, parce qu'ils ne présentent aucune des qualités recherchées chez le soldat, ainsi que le démontre le rapport du médecin militaire Théron, qui a suivi les premières opérations du recrutement dans la colonie.

En maintes circonstances, le Conseil général, les Chambres de commerce et d'agriculture et le Syndicat agricole, en séances particulières et en réunion plénière, ont formé des vœux pour la reprise de l'immigration indienne :

1. Par suite d'une entente entre les députés de la Réunion, M. le Ministre des Colonies et M. le Gouverneur de l'Inde française, il y a lieu d'espérer qu'une prochaine immigration pourra avoir lieu entre l'Inde française et la Réunion (NOTE DE L'ÉDITEUR).

mais ces vœux ont toujours été combattus comme il est dit plus haut.

On a alors tenté d'établir un courant d'immigration du côté de la côte d'Afrique ; mais les hommes qui nous sont venus d'Inhambane et de Quilimane et qui ne possédaient, du reste, pas les qualités du bon travailleur des champs, se sont fait rapatrier à l'expiration de leur engagement.

Malgré le peu de garantie qu'offrait pour le travail le caractère de ces hommes récalcitrants et têtus, on a renouvelé à plusieurs reprises des tentatives à la côte d'Afrique ; mais on s'est heurté contre la concurrence du Natal. C'est ce qui fait qu'on avait renoncé à toute prétention de ce côté. Mais, nos ateliers agricoles se développant de plus en plus tous les jours, une partie de nos champs restant en friche et de nos récoltes sur pied, le Syndicat des Agriculteurs, de sa propre initiative, tente actuellement un nouveau recrutement à la côte d'Afrique. Malgré le choix fait de notre ancien Protecteur des immigrants, auquel cette mission a été confiée, il ne faut pas s'illusionner et se bien pénétrer, au contraire, des nombreuses difficultés auxquelles il va se heurter.

Entre temps, la colonie avait tourné ses vues vers d'autres points, le Tonkin, par exemple, dont la population est si dense. Ses tentatives de ce côté sont restées jusqu'à ce jour infructueuses.

On n'ignore pas, cependant, que cette question a fait l'objet des préoccupations de notre gouverneur, M. Beauchamp, pendant son séjour en France. Peut-être réussira-t-il à décider le nouveau Ministre des colonies à se pénétrer de la triste situation de la colonie et du sort réservé à brève échéance à son agriculture. Si le Ministre voulait bien insister auprès du gouverneur général de la Cochinchine, il le déciderait certainement à nous céder un certain contingent de travailleurs qui trouveraient chez nous tout le bien-être qu'ils ne peuvent posséder chez eux. Il suffirait, pour la première année, d'environ 1.500 laboureurs, avec une rotation de quatre à cinq cents pour les années suivantes pour remplacer les immigrants qui retourneraient chez eux. Comme on le voit, ce sacrifice ne serait pas bien lourd pour un pays comme le Tonkin, et il est difficile d'admettre qu'une colonie française puisse se refuser à venir en aide à une autre colonie française.

Cette immigration aurait, au reste, pour conséquence de développer encore les relations commerciales qui, depuis quelques mois, se sont largement établies entre les deux colonies. Il est évident que l'introduction ici des coolies tonkinois ne pourrait qu'accélérer ce mouvement. Notre Chambre de commerce, animée d'un juste élan patriotique, a en outre émis le vœu, dans sa séance du 11 octobre 1898, que les exemptions accordées aux riz, farines et blés étrangers par le décret du 26 novembre 1891 soient rapportées et que ces farineux alimentaires soient désormais soumis, à leur entrée dans la colonie, aux droits prévus dans le tarif général des Douanes.

Reste Java, où des démarches ont été également faites, et d'où, grâce à la gracieuse intervention de M. Chailley-Bert auprès du gouverneur général des Indes Néerlandaises, des bras auraient pu nous venir. Mais le projet de contrat reçu par M. le Gouverneur ici et le chiffre du recrutement limité à deux cents hommes ne peuvent que laisser peu d'espoir de ce côté.

Voilà donc bien la situation dans laquelle se débat la colonie. Jamais la pénurie de bras ne s'était fait sentir à elle aussi forte et, juste au moment où, par l'application d'une culture raisonnée, elle pourrait se récupérer de toutes ses pertes, après avoir lutté avec tant de courage et de constance contre l'invasion des insectes parasites, contre les sécheresses répétées, alors que les climats sont plus cléments, elle se voit privée du principal élément d'action.

Depuis longtemps elle se plaint, elle réclame, elle agit ; faudra-t-il qu'au moment où un courant d'immigration sera possible, elle voie toutes les autres colonies en réclamer leur part? Ce ne serait pas juste, mais c'est à craindre : pas juste, parce que nous ne demandons, nous, qu'à combler les vides et à réparer les pertes de nos ateliers dépeuplés, à pouvoir faire fonctionner nos usines sans en créer de nouvelles, tandis qu'ailleurs les besoins, quoique réels, se font sentir pour ces créations, rien n'y peut souffrir que l'ambition arrêtée de nouveaux colons.

André Blay,
Président de la Chambre de Commerce,
Président du Comité d'Exposition.

DENRÉES COLONIALES

Demandes. — *1º Quel est le prix de vente; 2º le mode de livraison; 3º la destination; 4º le droit de sortie; 5º l'utilisation en Europe; 6º l'usage local pour le payement?*

Réponses. — *Sucre*. — 1º Les cours varient suivant ceux du marché européen; 2º livraison au port avec vérification de 10 0/0 pour la pesée; 3º les ports français pour la plus grande part et très peu pour Madagascar; 4º 2 0/0 de la valeur suivant mercuriale; 5º par les raffineries et pour les candis; 6º payement comptant sans escompte.

Café. — Mêmes réponses quant aux questions n⁰ˢ 1, 2, 4, 6; 3º la France; 5º par les épiceries.

Vanille. — Mêmes réponses pour les questions n⁰ˢ 1,

4, 6; 2° la livraison est faite à Saint-Denis; 3° la France principalement, l'Allemagne en second lieu et l'Angleterre : 5° par les épiceries, les chocolateries, les confiseries.

Rhum. — 1re et 2e questions, de fr. 44 à 45 l'hectolitre de rhum à 54°, livrable à bord; 3e, la France et Madagascar; 4e, en franchise de droits; 5e est retravaillé avant d'être vendu comme rhum et utilisé aussi pour les liqueurs et dans la fabrication des vins; 6e payement au comptant sans escompte.

Tabac. — Le tabac n'a pas de cours établi; il est presque toujours expédié à Maurice et à Madagascar pour compte des fabricants; il jouit de la franchise en douane.

Essences. — Mêmes réponses que pour la vanille. Celles de géranium sont parfois accaparées à leur arrivée en France, mélangées à des essences inférieures et revendues sous la désignation d'essences de la Réunion.

Change. — La moyenne du change, pendant les dix dernières années, a été pour :

1889	de	3	0/0 de prime à vue.
1890	de	8	0/0 —
1891	de	9	0/0 —
1892	de	10	0/0 —
1893	de	16	0/0 —
1894	de	12	0/0 —
1895	de	10	0/0 —
1896	de	3 1/2	0/0 —
1897	de	3	0/0 —
1898	de	2 1/2	0/0 —

et de 1/2 0/0 de plus par mois, suivant l'usance de 30, 60 ou 90 jours de vue; ainsi le change à vue de 2 1/2 0/0 est porté à 4 0/0, lorsque l'usance est à 90 jours.

Les fluctuations du change sont assez indifférentes au commerce, à moins qu'elles n'aient lieu subitement.

Au contraire, l'agriculture bénéficie de la hausse. En effet, si quelques articles de consommation lui coûtent plus cher, par compensation tous ses produits se vendent à un prix proportionnellement plus élevé.

MARCHANDISES D'IMPORTATION

Demandes. — *1° Quels sont les pays d'origine; 2° les droits de douane; 3° de quai; 4° d'octroi; 5° les prix des transports dans les quartiers; 6° l'usage pour les payements?*

Réponses. — *Farines.* — 1° Peu de France, la plus grande partie d'Australie, d'Amérique et de l'Inde avant l'existence de la peste; 2° pas de droit de douane; 3° et 5° un seul droit payé au port de fr. 15 par tonneau de 800 kil. comprend le débarquement, le droit de quai et le transport dans toutes les gares; 4° le droit d'octroi est de 5 fr. par 100 kil.; 6° le payement est fait au comptant avec escompte de 5 0/0 ou à 45 jours, escompte 4 0/0.

Riz. — *Gram.* — *Légumes secs.* — 1° Inde et Indo-Chine pour le riz, Inde pour le gram et certains légumes secs, Madagascar également pour les pois du Cap; 2° en franchise de douane; 3° et 5°, fr. 10 par tonneau de 1.000 kil.; payés au port pour tous droits et transport dans toutes les gares; 4° octroi : *riz*, 0 fr. 40 par 100 kil., *gram*, 1 fr. par 100 kil.; 6° même mode de payement que pour la farine.

Morue. — 1re question : toujours de provenance française ou de colonie française avec de très récentes et très importantes importations d'Amérique; 2e franchise de droits pour la morue française, qui, au contraire, est primée de fr. 20 par 100 kil. à l'entrée; 3ᵉ et 5ᵉ fr. 15 par tonneau de 1.000 kil. pour tous droits et transport à Saint-Denis ; 4ᵉ octroi fr. 1 par 100 kil.; 6ᵉ même usage que ci-dessus pour le payement.

Saindoux. — 1º De France, d'Amérique, de Chine et de l'Inde; 2º le saindoux français en franchise de douane, l'étranger fr. 14,50 par 100 kil. ; 3ᵉ et 5ᵉ fr. 10,10 pour tous droits au port par tonneau de 800 kil. et transport à Saint-Denis fr. 8,50 par 100 kil.; 6ᵉ même mode de payement; 4ᵉ octroi fr. 10 par 100 kil.

Vins. — 1ʳᵉ de France; 2ᵉ franchise de douane ; 3ᵉ et 5ᵉ fr. 15 par tonneau de 4 barriques pour tous droits au port et transport à Saint-Denis ; octroi fr. 7 par hectolitre ; 6ᵉ même usage pour les payements.

Tissus. — 1ʳᵉ de France et de l'étranger; 2ᵉ les premiers en franchise de douane, les autres divers droits; 3ᵉ et 5ᵉ débarquement au cubage, transport au poids suivant tarif de chemin de fer en grande ou petite vitesse ; 4ᵉ octroi variant de 4 à 10 % suivant genre de tissus; 6ᵉ le payement s'en fait ordinairement par traites documentaires accompagnant le connaissement.

J. LAFFON,
Secrétaire-Archiviste de la Chambre
de Commerce.

ENQUÊTE SUR L'AVENIR DE LA COLONIE

Avis de M. Léon Colson, président de la Chambre d'agriculture. — Les réformes que demandent la Chambre d'agriculture et le Syndicat central agricole, ont été exposées dans une brochure parue en 1894 et que vous retrouverez sans doute avec M. Bouflet, ingénieur au Crédit foncier colonial. Elles sont plus nécessaires que jamais, mais la question la plus urgente à résoudre est celle d'une immigration quelconque, en particulier de l'immigration indienne; cette question domine toutes les autres, qui, sans elle, ne donneront aucun résultat, car, si dans un bref délai, en 1900 même, on ne peut introduire des travailleurs étrangers, la production de la colonie continuera à décroître, et la richesse publique aussi bien que la richesse privée marcheront rapidement vers la ruine. C'est un véritable cri d'alarme, que nous poussons aujourd'hui au nom de l'agriculture, l'âme de notre pays; puisse-t-il être entendu de ceux qui peuvent nous donner une prompte satisfaction !

Avis de M. Hugot, conseiller général. — Une comparaison est facile à établir qui n'est pas en faveur de la situation actuelle de notre île :

Il y a trente-cinq ans, même il y a trente ans, la Réunion possédait soixante-deux mille travailleurs immigrants qui lui étaient fournis et renouvelés par un mouvement continuel d'immigration.

A cette époque, sa production annuelle en sucre seul s'élevait à 60.000 et même 70.000 tonnes. Ses récoltes annuelles de café étaient toujours d'un chiffre élevé.

Son commerce, alimenté par une agriculture aussi prospère, était en conséquence très florissant.

En résumé, la prospérité générale de notre colonie était telle, qu'une grande aisance régnait sur toute son étendue.

Depuis l'année 1882, l'immigration indienne, la seule qui existait, ayant été arrêtée par l'opposition de l'Angleterre, le nombre de nos immigrants a diminué au point qu'il se trouve réduit aujourd'hui à 18.000 environ, chiffre absolument insuffisant pour les besoins de notre agriculture.

N'ayant plus à leur disposition les bras indispensables, nos propriétaires se sont trouvés dans l'absolue nécessité de diminuer leurs plantations. Notre production générale s'est trouvée atteinte à ce point que notre principal produit, le sucre, est tombé à 39.500 tonnes, et que, cette année, notre récolte ne dépassera guère 30.000 tonnes, si même elle arrive à ce chiffre.

Ce manque de travailleurs est poussé à un tel point, en ce moment, que nombre de nos usines n'ont pu terminer leurs récoltes aux époques habituelles; que d'autres, nombreuses aussi, ne pourront les finir, et se trouveront dans la très pénible obligation de laisser beaucoup de cannes sur pied, ce qui est une autre cause de grandes pertes pour nos propriétaires!

Ce n'est pas tout! Les travailleurs sont devenus si rares que, pendant les cinq et six mois de manipulation, les usines elles-mêmes ne peuvent plus être pourvues du nombre d'hommes indispensables à la fabrication. De plus, pendant ce même temps, il n'est pas un seul propriétaire qui réussisse à rallier le plus petit nombre de journaliers pour entretenir ses champs dans l'état de propreté nécessaire à leur bonne végétation.

Les conséquences de ce manque de travailleurs frappent de suite l'esprit : diminution considérable dans les produits de nos usines ; diminution aussi de la production par les champs que leurs propriétaires ne peuvent entretenir. Il en est de même de toutes nos autres cultures, café, vanilles, maniocs, etc., etc., qui ne peuvent recevoir les soins indispensables faute de bras.

Une comparaison qui s'impose et qui fait bien ressortir la situation tout à fait inférieure de notre colonie, est ce qui se passe à Maurice, notre voisine de l'océan Indien :

Les Anglais, toujours très soucieux de la prospérité de leurs colonies, se sont de tout temps préoccupés de fournir de nombreux travailleurs les propriétaires de Maurice. Aussi la production de cette île augmente dans des proportions considérables. Après être restée quelques années entre 125.000 et 140.000 tonnes, ses deux dernières récoltes viennent chacune de s'élever à 180.000 tonnes ! Aussi quel mouvement ! quelle prospérité l'on constate dans cette île si rapprochée de nous !

Notre gouverneur, M. Beauchamp, a si bien compris l'importance de procurer des travailleurs agricoles et autres à la colonie qu'il est chargé d'administrer, qu'il n'a pas hésité à solliciter du Ministre la mission qu'il est allé remplir au Tonkin, dans le but de lui procurer les immigrants qui lui sont indispensables. Les vœux de tous nos habitants l'accompagnent pour la réussite complète de sa mission.

Ma conclusion, que j'ai déjà exprimée dans la séance du Comité d'Exposition du 12 août dernier, est que notre belle colonie, jadis si prospère, est vouée à une ruine certaine, et dans un bref délai, si le département qui est chargé de ses destinées ne lui donne pas promptement la bonne immigration qu'elle ne cesse de lui demander depuis près de vingt ans.

Avis de M. Dolabaratz, directeur du Crédit foncier colonial, vice-président de la Chambre d'agriculture. — L'avenir de cette colonie peut être prospère, mais à plusieurs conditions, qui sont, selon moi :

1° Suppression de la représentation au Parlement ;

2° Substitution au lycée de la Réunion d'un établissement d'instruction professionnelle tenant à la fois des écoles commerciales, des écoles d'agriculture et des écoles d'arts et métiers ;

3° Réduction, par tous les moyens possibles, de la consommation de l'alcool ;

4° Inamovibilité du siège et de la fonction pour la magistrature ;

5° Création d'une source de recrutement de travailleurs, pour assurer à bref délai à la colonie les bras qui lui manquent ;

6° Cessation absolue des opérations que le Trésor fait en concurrence avec les banques privées et qui ont pour effet de compromettre les intérêts de la Banque de la Réunion ;

7° Émission, par la Banque de la Réunion, d'une monnaie divisionnaire d'argent, du même module et du même titre que les monnaies similaires françaises ;

8° Substitution de l'inspectorat des finances à l'inspectorat des colonies.

Avis de MM. Isautier frères & Cie. — A notre avis, l'avenir de la colonie ne dépend que des progrès de son agriculture et des industries qui en dérivent.

Deux choses sont indispensables à sa prospérité :

La reprise de l'immigration qui devra lui donner les ouvriers qui lui manquent, et le dégrèvement total, à leur entrée en France, pour ses produits qui n'ont pas de similaires.

Avis de M. Garsault, délégué spécial de la colonie a l'Exposition universelle de 1900. — Une immigration régulière, constante et saine, afin que les grandes propriétés soient toujours pourvues des travailleurs indispensables ; — un change favorisant la production locale, compensant le peu de valeur réelle de la main-d'œuvre et d'autant plus élevé que la journée de travail agricole est plus payée ; — l'éviction des commerçants chinois ou l'application de moyens économiques propres à empêcher l'envoi en Chine des bénéfices réalisés dans le pays ; — la meilleure partie du contingent militaire faisant son service en France, afin de puiser à la source même les idées et les habitudes de travail et d'économie de la mère-patrie, de connaître le reste de la terre autrement que par ouï-dire, et de comprendre, une fois de retour ici, les progrès nécessaires dans toutes les branches de l'activité coloniale et la meilleure utilisation des ressources du pays en vue de l'exportation ; — l'assimilation aussi complète que possible de la Réunion à un département français et par conséquent la suppression des droits de douane pour les produits de la Réunion à l'entrée en France et pour les produits de la mère-patrie à la Réunion ; — les statistiques foncières, cadastrales, commerciales et industrielles soigneusement établies par la Chambre de commerce ; — les statistiques agricoles mises à jour par la Chambre d'agriculture ; — un reboisement continu, non pas sur le littoral, où il est nuisible, parce qu'il empêche l'action vivifiante des brises du large, mais dans les hauts, et comprenant, comme cela se fait déjà, les eucalyptus et les pins, mais aussi, partout où cela sera pratique, les arbres rustiques de tous les pays, tels que les pommiers à cidre, merisiers, châtaigniers, noyers, quinquinas, campêche, gaïac, santal, etc.; — la constitution de vignobles reprise par le service forestier dans tous les cirques de l'intérieur et au Volcan; — nos sources thermales mises à la portée de tous et installées néanmoins avec tout le confort et même le luxe nécessaires pour attirer et retenir nos voisins; — l'établissement d'une station météorologique au Grand-Bénard; — les recettes du budget basées presque uniquement sur les rhums et les tabacs au moyen de l'établissement d'une Régie coloniale des tabacs; — le nombre des fonctionnaires réduit, et leur traitement et leur responsabilité augmentés; — un gouvernement actif, aux idées larges, généreuses et pleines de bon sens, sévère envers les fonctionnaires, paternel envers ses administrés, constamment accessible à tous; — l'installation du lycée non pas sur le littoral où il n'est pas à l'abri des épidémies, mais dans une station sanitaire des hauts où les enfants puissent développer à la fois leur corps et leur intelligence; — la petite propriété des hauts utilisée, en dehors des forêts, en pâturages, par de petits fermiers bretons, berrichons ou champenois adonnés à l'élevage, et, dans les terres riches, aux cultures de produits de luxe, tels sont les moyens les plus propres à assurer à la colonie un avenir prospère.

DOCUMENTS ANNEXES

I

L'ÉLEVAGE DES ANIMAUX DE L'ESPÈCE BOVINE

Les animaux de l'espèce bovine étant les plus nombreux et ceux qui rendent le plus de services pour le travail de la culture à l'île de la Réunion, c'est de leur élevage que nous nous occuperons spécialement. L'on trouve également sur les habitations un grand nombre de mulets, mais ces animaux coûteraient plus cher à élever jusqu'à l'âge de 4 ou 5 ans, âge auquel ils peuvent rendre des services, qu'on ne les paye quand ils arrivent de la République Argentine, d'où on les amène généralement ; je crois donc que, sauf pour quelques grands propriétaires qui peuvent en élever un certain nombre pour les utiliser sur leurs propriétés, l'élevage de ces animaux ne peut pas se faire en grand, et que pendant longtemps encore il faudra se résigner à en introduire de l'extérieur.

Il n'en est pas de même pour les animaux de l'espèce bovine, surtout aujourd'hui que nous sommes menacés d'être privés des envois de bœufs de Madagascar, où ils deviennent de plus en plus rares depuis que par suite des épidémies terribles de typhus qui ont eu lieu au Transvaal et dans les Républiques sud-africaines, les envois dans ces pays se sont chiffrés par milliers.

Il y a seulement quelques années les animaux de

l'espèce bovine étaient si nombreux dans cette colonie qu'il nous était envoyé des bœufs de 3 ou 4 ans pour 50 à 60 fr. ; aujourd'hui les mêmes animaux, mais ayant 18 mois à deux ans seulement, sont vendus 150 et 160 fr. Comme à cet âge ils sont encore incapables de travailler aux rudes travaux auxquels on les destine et qu'il faut encore les garder près d'une année pour les acclimater et les habituer aux travaux qu'ils devront exécuter, dans ces conditions il y aurait avantage à en élever dans le pays. Mais une question très importante se pose alors : quels sont les animaux de l'espèce bovine dont l'élevage donnerait les meilleurs résultats? Il y a actuellement à la Réunion des bœufs appartenant à 3 types différents :

Le bœuf de Madagascar, le bœuf Mascate ou Moka et le bœuf du pays.

Les bœufs de Madagascar sont des animaux de taille moyenne, généralement noirs ou rouges ou de l'une de ces deux couleurs mélangée de blanc; ils ont le front étroit, des cornes en croissant ou en lyre très développées et sur le garrot une loupe énorme formée par une agglomération de graisse; les reins sont courts et la queue attachée haut. Leur poids atteint rarement plus de quatre à cinq cents kilos, et il est souvent bien inférieur à ces chiffres; ces animaux ne sont pas très robustes, et si on leur demandait un travail très fatigant, ils seraient promptement usés, il faut les faire travailler avec ménagement. J'ai remarqué, depuis que je suis appelé à en soigner un grand nombre, qu'ils sont plus sujets que les animaux de n'importe quelle autre race, à la tuberculose; dans les quartiers de Saint-André, Saint-Benoît, Sainte-Rose, Saint-Philippe, où les pluies sont fréquentes, ils ne résistent pas longtemps; donc pour moi, ce n'est pas de ce côté qu'il faut chercher des reproducteurs.

Les bœufs Moka sont appelés aussi bœufs mascates, parce qu'ils viennent d'Arabie et sont généralement embarqués à Mascate ; mais il n'en est amené que très rarement, la grande partie de ceux qui existent dans la colonie descendent de quelques vaches et taureaux que l'on a introduits dans le pays en 1820 et qui ont fait souche.

Ils sont plus petits que les bœufs de Madagascar, ils ont des cornes en croissant très petites, la poitrine large, sont plus bas sur pattes et plus épais que ces derniers et ont une loupe très développée sur le garrot.

Ces animaux sont très bons pour le travail, très endurants, ils viennent mieux dans les régions hautes que le bœuf malgache. Peut-être pourrait-on arriver à les élever dans ce pays, mais il est très difficile de se procurer des reproducteurs.

Les bœufs dits du pays, sont des animaux qui descendent de taureaux et de vaches importés de France par quelques grands propriétaires ; ils n'ont pas de caractères communs, ils tiennent naturellement de leurs ascendants et se reconnaissent à première vue des sujets de Madagascar et de Mascate par l'absence de bosse sur le garrot.

Ils ne sont pas très nombreux, car jusqu'à présent, à cause de la facilité que l'on avait d'en faire venir à peu de frais de Madagascar, l'on a toujours regardé à faire la dépense nécessaire pour faire venir un nombre suffisant de taureaux et de vaches pour pouvoir être la base d'une production sérieuse. Mais dans ce pays, où sans avoir des prairies naturelles ou artificielles, l'on a des plaines assez étendues comme la plaine des Cafres, la plaine des Palmistes et beaucoup d'autres endroits où il y a des plantes très bonnes pour la nourriture des animaux de l'espèce bovine (voir la liste plus loin), les ressources ne manquent pas.

Dans un pays où il y a tous ces éléments, il serait facile, en dépensant un peu d'argent pour faire venir quelques centaines de vaches et un certain nombre de bons taureaux de France, d'arriver d'ici peu de temps à ne plus avoir besoin de demander d'animaux de l'espèce bovine à Madagascar, c'est-à-dire à nous suffire. Cela est si vrai que la commune la plus importante de l'île après Saint-Denis, je veux parler de Saint-Pierre, se suffit déjà à elle-même. Mais c'est la seule : dans tous les autres points de l'île, quand l'on est seulement un mois sans recevoir d'animaux du dehors, les bouchers ne savent plus où trouver de la viande.

Maintenant quels seraient les bœufs qui réussiraient le mieux dans ce pays ?

Après avoir bien étudié les diverses régions et les plantes qui y viennent, je crois que c'est avec les bons bœufs de Salers, et après, avec les Garonnais, que l'on arriverait au meilleur résultat, ces bœufs étant très rustiques et d'un acclimatement facile ; mais avant de prendre une détermination ferme, l'on pourrait faire quelques expériences, et pour cela il faudrait dans plusieurs points de l'île mettre à la disposition des planteurs, des taureaux de différentes races, et l'on pourrait ainsi juger des résultats au bout de quelques années.

II

NOTES SUR LES MALADIES CONTAGIEUSES DES ANIMAUX DOMESTIQUES

Les maladies contagieuses sur les animaux sont très rares à l'île de la Réunion. La rage, le rouget du porc, la fièvre aphteuse, la dourine, la peste bovine y sont tout à fait inconnus, la morve et le farcin ne s'y rencontrent que très rarement, et quand on en constate un cas, en remontant à la source, l'on voit que l'animal qui en est atteint a été importé récemment et avait, en arrivant dans le pays, le germe du mal en lui ; jamais l'on n'a constaté un cas de morve ou de farcin chez un cheval, un mulet ou un âne importé depuis plus d'un an dans la colonie. L'on peut donc affirmer d'après les recherches que j'ai faites que toutes ces maladies sont étrangères au pays, ce qui est d'autant plus surprenant que pour la rage, par exemple, on en constate de nombreux cas à Maurice et à Madagascar dont les climats diffèrent très peu du nôtre, et que tous les ans l'on reçoit par les paquebots venant d'Europe des centaines de chiens : malgré cela, de mémoire d'homme, l'on ne se rappelle pas avoir vu un cas de rage dans l'île. Mais, il y a deux maladies qui sont très communes sur les animaux de l'espèce bovine et surtout sur les bœufs venant de Madagascar. Ce sont la tuberculose et la fièvre charbonneuse.

De la première, je parlerai peu, car elle présente identiquement les mêmes symptômes et la même marche que sur les animaux des espèces françaises ; j'ai simplement remarqué que le bœuf malgache y est beaucoup plus prédisposé que celui de toutes les autres espèces, et que sur cent bœufs atteints de tuberculose, il y en a au moins quatre-vingts appartenant à la race malgache ; au contraire, les bœufs du pays y sont bien moins sujets que ceux des races françaises. La deuxième maladie contagieuse qui fait beaucoup de ravages sur les animaux de l'espèce bovine est la fièvre charbonneuse, l'on peut même dire qu'elle existe à l'état endémique dans certains endroits, dans les hauts de Saint-Paul par exemple, où elle fait son apparition tous les ans à l'époque des grandes chaleurs.

Les changements qui s'opèrent dans la constitution physique de l'air à cette époque, les modifications qu'ils impriment à la sanguinification et par suite à toutes les autres fonctions donnent naissance sans doute à une prédisposition qui fait que les animaux, sous l'influence de causes dont l'essence intime nous échappe, deviennent aptes à contracter les maladies charbonneuses.

L'altération des fourrages produite également par le soleil ardent de cette saison, pourrait bien avoir aussi une influence sur le développement de cette terrible maladie, et ce qui me fait penser ainsi, c'est qu'un abaissement de température, une pluie passagère amènent souvent un ralentissement de l'enzootie charbonneuse.

Les symptômes sont les mêmes que ceux que j'ai constatés en France, mais avec cette différence qui est probablement due au climat, c'est que les animaux meurent en une ou deux heures. L'animal cesse de manger et de ruminer, a des frissons, des sueurs partielles, des tremblements, la peau est sèche, le poil piqué, la prostration est extrême, la marche chancelante, puis l'animal tombe en expulsant des matières sanguinolentes par l'anus et meurt, comme je le disais plus haut, en une ou deux heures, avant que l'on ait eu le temps d'essayer un traitement, même quelquefois de s'apercevoir qu'il est malade.

Il n'y a donc de différence entre la fièvre charbonneuse qui existe ici et celle qui faisait tant de ravages dans certains départements de France avant la découverte de l'illustre Pasteur, que dans la durée de la maladie. Je crois donc qu'il serait bon, dans l'intérêt des propriétaires d'en arriver à faire ce que l'on fait dans ces départements français, c'est-à-dire de faire inoculer préventivement tous les animaux que l'on achète pour le travail de la culture : l'on arriverait ainsi à faire disparaître cette terrible maladie, et alors, à part la tuberculose, nous n'aurions plus de maladie contagieuse à l'île de la Réunion.

J. GAUTHIER,
Médecin-vétérinaire à Saint-Denis (Réunion), ex-vétérinaire sanitaire principal de Paris et du département de la Seine.

III

LISTE DES FOURRAGES EMPLOYÉS OU A UTILISER A LA RÉUNION

(Feuilles, graines, racines, tiges, coques, fruits, etc.)

Absinthe sauvage
Affouches
Aloès bleu
Ambérique
Ambreuvatte
Antaque
Arrow-root
Avocat-marron
Avoine
Banane
Bancoulier
Blé
Bois noir
Cacao
Café
Canne à sucre
Caroubier
Chiendent
Chouchou
Citrouille
Coco
Consoude
Coton

Datte
Dholl
Fataque
Goyave
Gram
Guango
Herbes de bambou, d'eau, de Guinée, dure
Indigo blanc
Laiteron
Latanier
Lilas
Limon d'eau
Lin
Lupin
Luzerne
Maïs
Manguier
Manioc
Mimosa
Orge
Ouatier
Papayer

Patate
Piquant
Pistache marron
Pois amer
Pourpier
Ramie
Riz
Rosier

Safran
Sulla
Traînasse
Trèfle
Tournesol
Vesce
Voème

LISTE DES PARASITES
DE LA CANNE A SUCRE ET DU CAFÉIER

Étudiés par M. Edmond BORDAGE

DIRECTEUR DU MUSÉUM D'HISTOIRE NATURELLE DE LA RÉUNION

I. — Canne à sucre

PARASITES ANIMAUX :

Diatrée strié (*Diatræa striatalis* Snellen); tribu des Crambides.

Sésamie à aspect de Nonagrie (*Sesamia nonagrioides*, var. albiciliata, Snellen), famille des Noctuélides.

Grapholite (*Grapholita schistaceana* Snellen), famille des Tortricides.

Alucite de la canne (*Dendroneura sacchari* Bojer), famille des Tinéides.

Aphis sacchari (Zehntner).

Delphax saccharivora (Westwood).

Aleurodes Berghii (Signoret).

Dactylopius.

Icerya sacchari.

Pou à poche blanche (*Gasteralphes Iceryi* Signoret).

Oryctes.

Cétoines.

Termites.

Conocéphale différent.

Phylloptère feuille de laurier.

PARASITES VÉGÉTAUX :

Coniothyrium melasporum (Saccardo).
Trichospheria sacchari Massee.
Colletotrichum falcatum Went.
Thielaviopsis ethaceticus (Went).
Ustilago sacchari.
Striga hirsuta.
Parasite de la Gommose.

II. — Caféier

PARASITES ANIMAUX :

Botyde du caféier (Thliptoceras octoguttalis Felder), famille des Pyralides.

Élachiste du caféier (Cemiostoma coffeella G. M.), famille des Tinéides.

Gracilaire du caféier Gracilaria coffeifoliella Motch), famille des Tinéides.

Cochenilles du caféier (Dactylopius adonidum, Lecanium coffea, Lecanium nigrum).

Curculionide du caféier (Cratopus punctum Fabr.).
Fourmis.
Termites.
Phylloptère feuille de laurier.

PARASITES VÉGÉTAUX :

Hemileia vastatrix.
Glaesporium coffeanum (Delacroix).

LES RAPPORTS AVEC LA MÈRE-PATRIE

L'ABSENCE DU CABLE SOUS-MARIN
LES COMPAGNIES DE NAVIGATION
LES CONDITIONS DE LA VIE ACTUELLE DANS LA COLONIE

Dans les chapitres précédents on a vu, quelles sont les cultures actuelles de la colonie et un tableau général des importations et exportations a pu renseigner les lecteurs sur les principaux objets de commerce.

Peut-être s'étonnera-t-on de ne rien trouver concernant la principale culture du pays, la canne à sucre et celle si ancienne et si renommée du café.

Nous avons estimé que ce sont là des études déjà faites si souvent et avec une si entière compétence par des auteurs si nombreux que nous n'aurions pu que donner des redites. Il nous suffira d'indiquer aux personnes que ces études intéressent la brochure publiée par la colonie à l'occasion de l'Exposition universelle de 1889 et l'ouvrage dû à l'initiative du Ministère des colonies en 1900. Mêmes réflexions en ce qui concerne le quinquina, les fécules et les essences qui sont en grand progrès.

Ajoutons que grâce aux efforts de la Chambre d'agriculture et de la Chambre de commerce, grâce à ceux des grands propriétaires, notamment le Crédit Foncier, Colson & Cie, Choppy, de Kervéguen, Hugot, Adam de Villiers, auxquels il faut joindre surtout le nom de M. Isautier, il y a lieu d'espérer que l'*Hemileia vastatrix* qui a détruit tant de belles et riches caféières ne tardera pas à disparaître. Nos colons doivent se proposer ce but d'autant plus que, sur l'initiative due à M. Brunet, député de la Réunion, les cafés coloniaux entreront désormais en France sans payer de droits.

Au surplus, la vie agricole de la colonie se transforme peu à peu.

Autrefois, à l'époque où la culture de la canne à sucre produisait de très beaux bénéfices, on a détruit un peu inconsidérément les caféières qui avaient fait la richesse du pays.

Aujourd'hui, tous les grands établissements sont outillés encore en vue de l'exploitation de la canne à sucre, et on ne peut abandonner cette culture sans laisser en même temps de grands capitaux improductifs.

Mais de nombreux propriétaires tournent leurs efforts vers la vanille, qui est une source de produits de plus en plus considérable.

La distillation des mélasses et celle du vesou prennent une importance plus grande chaque jour, et il se pourrait aussi que la culture du tabac prît prochainement, grâce à des débouchés nouveaux, une grande extension. Les terres ne sont pas encore épuisées, et l'avenir du pays, si la question de la main-d'œuvre était enfin résolue, pourrait être fort enviable[1].

Malheureusement, l'outillage de notre plus ancienne colonie n'est pas encore complet. Notre port et notre chemin de fer devraient être complétés par l'établissement d'un câble sous-marin qui nous relierait à la mère-patrie.

---

1. MM. de Mahy et Brunet, députés de l'île de la Réunion, à la suite d'une entrevue avec M. le Gouverneur de l'Inde française, ont reçu l'assurance qu'une immigration de travailleurs indous à la Réunion se ferait sans difficulté. (Note de l'Éditeur.)

Nous sommes, en effet, tenus encore à l'écart du mou‚ vement européen, à cause de l'absence d'un télégraphe. Nous sommes quelquefois quinze jours sans nouvelles, et les événements les plus importants peuvent s'accomplir à notre insu dans le reste du monde.

Deux lignes principales de navigation font le service entre la France et la Réunion.

Nous devons citer d'abord la Compagnie subventionnée des Messageries Maritimes.

Le 2 de chaque mois, un navire quitte le port de la Pointe-des-Galets pour Tamatave, Sainte-Marie, Diego-Suarez, Aden, Djibouti, Suez et Port-Saïd, pour arriver à Marseille le 25 du même mois vers 9 heures du soir.

Le 17 de chaque mois, un autre emporte passagers et correspondances pour Tamatave, Diego-Suarez, Nossibé, Majunga, Mayotte, Moroni, Zanzibar, Djibouti, Suez, Port-Saïd, et arrive à Marseille le 15 à 8 heures du matin, ayant accompli un parcours de 6.616 milles ou 12.252.832 mètres.

Au départ du 2, correspond à Diego-Suarez, un départ le 15 pour Nossibé, Ananalave, Majunga, Maintirano, Morundava, Ambohibé et Tuléar.

A ce même départ du 2 de la Réunion, correspond un départ du 15 de Diego-Suarez pour Mozambique, Beira, Lorenzo-Marquez et Natal.

D'autre part, les paquebots des Messageries Maritimes pour la Réunion partent de Marseille le 10 et le 25 de chaque mois.

Malheureusement l'arrivée d'un de ces courriers a lieu au port de la Pointe-des-Galets justement le 17 chaque mois, juste au jour fixé pour le départ de la Réunion, de sorte qu'il est impossible, une fois par mois, de répondre aux lettres venant de France, courrier par courrier. De même, le courrier arrivant le 25 à Marseille coïncide avec le départ du même jour de Marseille pour la Réunion. Il semble qu'il serait possible à la Compagnie des Messageries Maritimes d'ordonner des itinéraires de manière à ne faire partir son paquebot de la Réunion — qui est tête de ligne — que le 19 ou le 20 au lieu du 17.

Par cette seule et facile modification, les négociants français recevraient leurs réponses quinze jours plus tôt et les affaires deviendraient plus promptes et plus sûres.

La Compagnie des Messageries Maritimes correspond avec Maurice le 10 et le 20 de chaque mois.

Sept paquebots sont actuellement spécialement affectés par cette Compagnie au service de la Réunion; ce sont :

Pour la ligne de la Réunion à Marseille :

Natal de 4.074 tonnes et 3.400 chevaux de force.
Yangtsé 3.802 — 2.900 —
Djemma 3.785 — 2.900 —
Iraouaddy 3.785 — 2.900 —
Oxus 3.790 — 2.900 —

Pour la ligne de la côte ouest de Madagascar, c'est-à-dire Diego-Suarez et Tuléar :

Persépolis de 1.806 tonnes et 1.400 chevaux.

et pour la ligne de Diego-Suarez à Natal :

Gironde de 3.243 tonnes et 2.900 chevaux.

Ces paquebots présentent un nombreux personnel de marins, médecins, mécaniciens et chauffeurs, garçons maîtres d'hôtel et femmes de chambre pour le service des passagers, qui n'ont généralement qu'à se louer de la Compagnie.

Le prix du fret, sauf contrats spéciaux, est de 60 fr. du tonneau.

Les prix des passagers de la Réunion à Marseille et vice versa, par paquebots des Messageries Maritimes sont : en première classe de 1.100 fr., en 2ᵉ de 770 fr., en 3ᵉ de 415 fr.

Des réductions sont faites aux passagers qui prennent des billets d'aller et retour et le prix varie de 650 fr. à 1.935 fr.

La Compagnie havraise péninsulaire de navigation à vapeur, sous l'habile direction de M. E. Grosos, au Havre, rend également de très grands services à la Réunion.

Cette Compagnie a un départ mensuel régulier pour la Réunion du Havre le 1er, et de Marseille le 20. Les escales sont : Saint-Nazaire, Pauillac, Canal de Suez, Djibouti, Majunga, Diego-Suarez, Tamatave, Réunion, Maurice et Réunion (terminus).

Le retour s'effectue de la Réunion à Marseille, *via* Canal de Suez. Les vapeurs peuvent faire escale au retour soit dans un port de Madagascar, soit à Zanzibar. Ils remontent jusqu'au Havre.

6 grands vapeurs de 4 à 5.000 tonneaux sont affectés au service de la Réunion. Les avantages des paquebots postaux leur sont accordés sous le rapport des assurances maritimes.

Chaque vapeur débarque ses marchandises soit au port, soit à Saint-Denis, selon les besoins des réceptionnaires et embarque soit au port, soit sur les rades de l'île, suivant les besoins des expéditeurs.

Ils sont généralement pourvus d'installations pour passagers de 1e, 2e et 3e classe.

Les prix de la Réunion à Marseille sont : en 1re classe 600 fr., en 2e 400, en 3e 250; de Marseille à la Réunion ils sont un peu plus élevés : 900 fr. en 1re, 700 fr. en 2e, 400 fr. en 3e. Mais les passagers d'Europe sur ces steamers sont plus souvent à destination de Madagascar.

Le prix du fret d'un port de France à la Réunion est de 60 fr. du tonneau, celui de la Réunion à un port de France est de 40 fr. pour le sucre, le café, les fécules et de 45 fr. pour le rhum, sauf contrats spéciaux.

A envisager l'avenir du service particulier de la Réunion à Marseille pour les deux Compagnies que nous venons de citer, son développement dépend évidemment de celui plus ou moins grand de la fortune publique à la Réunion et à Madagascar, et il est à espérer que l'importance de ce service augmentera d'année en année et que des rapports de plus en plus fréquents contribueront à améliorer les conditions de la vie actuelle.

La vie coloniale à la Réunion est assez curieuse à observer, puisqu'il s'agit de la plus ancienne de nos colonies, et puisqu'un incroyable mélange de races a apporté dans les conditions sociales les goûts les plus divers et les habitudes les plus opposées, et aussi parce que des changements profonds dans la richesse du pays se sont produits depuis la fondation de la colonie.

Pour ce qui se passait autrefois nous en sommes réduits aux conjectures. Il est probable que les premiers occupants de l'île ont vécu d'une vie presque uniquement matérielle. Le pays était sain et plein de ressources. Il n'y avait aucun serpent, aucun animal sauvage dangereux. Ils établirent au bord de l'étang poissonneux de Saint-Paul des cases faites sur le modèle de celles de Madagascar et portèrent à peu près au hasard la hache et le feu dans les magnifiques forêts du pays.

Peu à peu les cultures s'étendirent, des villages se créèrent, des églises se fondèrent, et l'esclavage aidant, de magnifiques établissements agricoles prospérèrent de toutes parts.

Les produits coloniaux, sucre de canne (introduite par les premiers colons et venant sans doute de Madagascar), café (dont une espèce est indigène et dont plusieurs autres furent introduites à différentes reprises depuis 1708), girofle, muscade, poivre, vanille (introduite en 1819), se vendaient à un prix des plus rémunérateurs et bientôt de véritables fortunes s'édifièrent parmi les colons.

Avec le bien-être, le désir de jouissances moins matérielles se fit sentir, et la colonie se développa sous tous les rapports.

Mais les grands propriétaires avaient avec la France des relations éloignées ; il fallait, par voiliers, de trois à six mois pour faire le voyage de la Réunion en France.

Ils restèrent donc dans la colonie, ils y dépensèrent leurs revenus et répandirent l'aisance autour d'eux, en favorisant le déploiement de nombreux établissements commerciaux ou industriels destinés à leur procurer les objets nécessaires à l'accroissement de leurs propriétés et à l'augmentation de leur bien-être. D'autre part, la Réunion était le point d'attache de l'escadre de la mer des Indes, escadre fort importante à cette époque ; une garnison nombreuse défendait l'île, et c'était une source à la fois de dépenses et de revenus.

La situation a bien changé aujourd'hui. Les terres se sont appauvries ; on obtient à grand'peine et à grande dépense ce qui autrefois coûtait moins d'effort et d'argent. Les grandes propriétés existent toujours, mais les grands propriétaires ou les actionnaires des grandes Sociétés sont presque tous en France et dépensent dans la mère-patrie les bénéfices réalisés à la Réunion.

Le petit commerce et une part considérable du grand sont aux mains des Chinois ou des Arabes Indous, dont les bénéfices prennent également le chemin de la Chine ou de l'Inde.

Il y a là peut-être l'explication d'une situation économique qui paraît inquiétante à de fort bons esprits.

Fort heureusement l'industrie de la fabrication des alcools s'étend de jour en jour et donne des produits renommés. La vanille enrichit encore cultivateurs et préparateurs. La culture du tabac peut contribuer plus tard à apporter un fort contingent à la prospérité locale et à écarter le spectre de la misère que des pessimistes laissent entrevoir à une échéance plus ou moins longue.

Néanmoins, il serait important de procéder à la confection de statistiques qui font défaut actuellement pour résoudre certains problèmes : valeur des propriétés non bâties, mouvement de fonds occasionné par les échanges, estimations de l'épargne réalisée par le commerce, l'agriculture et l'industrie, évaluation de l'emploi de cette épargne et étude de moyens propres à la conserver et à l'utiliser dans le pays, sans compter beaucoup d'autres questions qui ne sauraient trouver leur place ici et qui intéressent au premier chef l'avenir du pays.

Pour le moment, la vie est encore à la Réunion moins rude que dans beaucoup d'autres pays, surtout pour les classes laborieuses. Les besoins, à cause du climat, sont très réduits, et nombre de petits propriétaires qui n'ont aucune idée des nécessités de l'existence en Europe, vivent parfaitement heureux. La vie matérielle est relativement peu coûteuse pour tous.

La classe la plus intelligente qui éprouve le besoin de satisfactions moins matérielles est également mieux partagée à la Réunion que dans d'autres colonies françaises.

Les bibliothèques publiques, les Sociétés musicales, le théâtre, la presse, les conférences des professeurs du lycée, les réceptions à l'hôtel du Gouvernement et chez les hauts fonctionnaires, les réunions mondaines donnent une large satisfaction à ces aspirations, et en réalité, il est peu de voyageurs qui n'aient glorifié l'île de la Réunion et

XXXV. Pavillons de la Réunion. Allée centrale (*Cliché Wallon-Borie*)

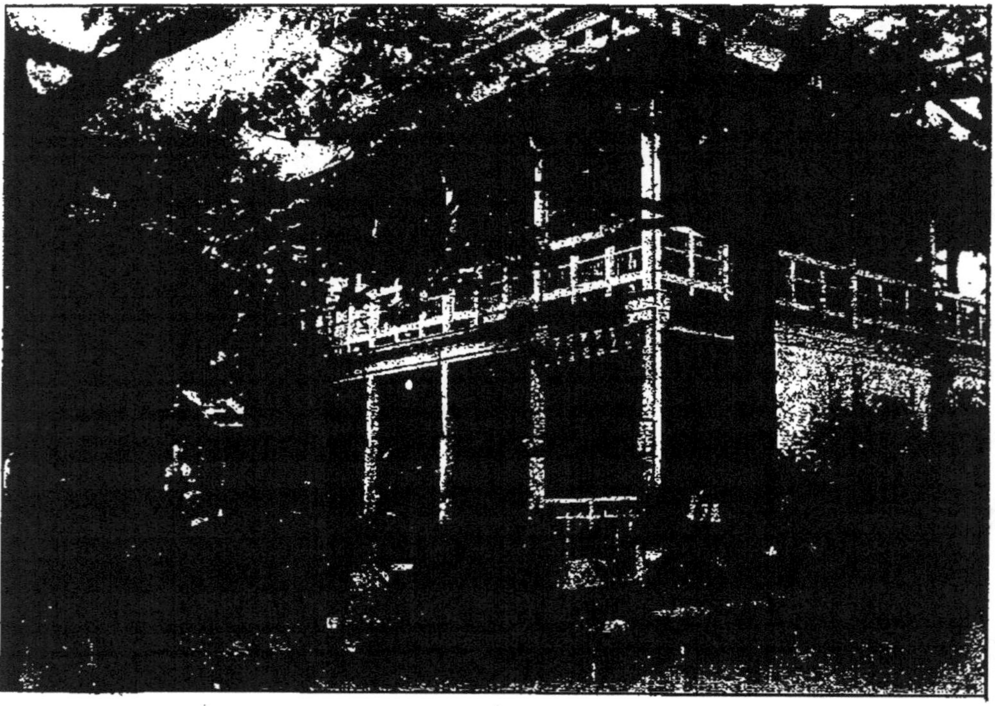

XXXVI. Pavillons de la Réunion, vue d'ensemble (*Cliché Wallon-Borie*)

qui n'aient emporté de son climat, de ses sites merveilleux, des aimables réceptions de ses habitants, le meilleur souvenir.

C'est un pays qui attire et qui retient. Il est le sanatorium créé comme exprès pour tous les habitants de la mer des Indes. Il a donné de sa vitalité, de sa générosité et de sa fécondité les preuves les plus admirables. Il a fourni à la mère-patrie depuis qu'il est exploité, c'est-à-dire depuis environ deux cents ans, des hommes de valeur, d'héroïques marins ou soldats, des poètes et des savants qui justifient l'orgueil créole et qui suffiraient à illustrer les plus grands pays du monde[1]; il est illogique, il est impossible de supposer que malgré les difficultés de l'heure présente, son avenir ne sera pas digne de son passé.

1. Nous ne pouvons redire tous les traits d'héroïsme accomplis par les créoles. Les temps de guerre ne sont pas seuls à les faire naître. Nous rappellerons ici le dernier qui est tout récent : deux jeunes filles, Mlles de Sigoyer, pour sauver leur père tombé dans un bâtiment incendié (une guildiverie), se sont précipitées dans les flammes sans qu'on puisse les retenir et y ont trouvé la mort après d'horribles souffrances. Il n'y a pas dans l'histoire de plus bel exemple de dévouement filial. — A. G.

APPENDICE

LE PAVILLON DE LA RÉUNION

A L'EXPOSITION UNIVERSELLE

L'intéressante *Notice* publiée sur la Colonie fournit tous les renseignements nécessaires à ceux qui veulent bien connaître notre vieille colonie de la mer des Indes : histoire, géographie, économie politique, commerce, industrie, finances, travaux publics, renseignements généraux, statistique, rien n'a été négligé. Une visite au pavillon de la Réunion complétera utilement cette documentation, er mettant sous les yeux des visiteurs tous les produits, tous les articles de commerce, tous les objets fabriqués dont il est question dans cette *Notice*. Ce sera la meilleure leçon de choses qu'on puisse attendre d'une promenade à l'Exposition coloniale.

Aussi bien, le regretté M. Chabrier, M. Garsault, son digne successeur comme commissaire de la section, M. Brunet, commissaire adjoint de la section et leurs collaborateurs présents ou éloignés, ceux qui sont restés là-bas, et ceux qui sont venus ici pour classer méthodiquement les objets exposés et pour offrir au public les moyens de se documenter et de s'instruire, ont-ils droit à notre reconnaissance.

On saura gré par exemple au Comité local, à la Chambre d'agriculture et aux divers Chefs de service de la Réunion, d'avoir préparé les éléments d'appréciation que nous énumérons aujourd'hui. On gardera un souvenir ému au défunt M. Chabrier qui, sous la haute inspiration de M. Charles Roux, l'éminent délégué du Ministère des Affaires étrangères et des Colonies à l'Exposition coloniale, a su mener à bien l'œuvre architecturale artistique, élégante et commode conçue par M. Scellier de Gisors. Mais on devra réserver la grosse part de reconnaissance à notre excellent confrère de la presse républicaine Garsault, qui avec un zèle infatigable, une compétence sans égale et une bonne grâce inlassable, a su, depuis la maladie de M. Chabrier, organiser cette exposition, mettre en valeur les produits d'un pays qui lui est si cher à tant de titres... et se rendre sympathique à tous ceux qui ont eu la chance de l'approcher.

Garsault, qui est un ancien camarade des journaux de Normandie, a un premier mérite que nul ne saurait lui contester. Il est d'une bonne humeur que rien n'altère. Travailleur acharné avec cela, il devait forcément réussir. Quand il a quitté le journalisme où il s'était fait une bonne place, au Havre, pour aller planter sa tente à la Réunion, on se disait : il est fou ! Il veut faire du tabac là où chacun sait que le tabac n'est pas fumable. Eh bien, Garsault a fait du tabac excellent, très fumable, très combustible dont peuvent se régaler les amateurs... Malheureusement, il paraît que la Régie nous refuse ces délices, et c'est là ce qui nous a valu l'amusante anecdote racontée par M. le président de la République et que j'ai reproduite dans mon journal *La Dépêche coloniale* :

« Ici un incident amusant se produit. Tandis que
» M. Garsault se donne une peine infinie pour faire valoir

» sa vitrine de vanilles, ses vieux rhums, ses cafés, ses
» eaux minérales, ses bois de camphre, M. le Président
» de la République, qui est très fumeur, a aperçu une
» vitrine de tabacs sur laquelle, trop modeste, l'aimable
» commissaire n'osait pas appeler l'attention.—Du tabac!
» dit M. Loubet. Est-il bon?

» — Délicieux, Monsieur le Président, mais il est inter-
» dit de le fumer.

» — Comment cela! mais le tabac des colonies françaises
» devrait, ce me semble, pouvoir se fumer en France.

» M. Garsault explique cette fantaisie de la Régie, et
» M. Loubet, mis en verve, raconte avec esprit une amu-
» sante discussion qui se passa jadis entre MM. Lockroy
» et Léon Say, deux hommes d'esprit, eux aussi, au sujet
» de la valeur des tabacs du département des Bouches-
» du-Rhône. M. Lockroy les jurait excellents et M. Léon
» Say les déclarait infumables ; enfin tout le monde se mit
» d'accord sur ce terrain de conciliation : ces tabacs sont
» délicieux, seulement ils sont incombustibles.

» Cette anecdote dite avec finesse et bonhomie a eu un
» très vif succès... mais elle n'a pas consolé M. Garsault. »

Non, sans doute, l'anecdote n'a pas consolé Garsault, qui a mis des capitaux importants et a apporté un travail énorme dans une affaire qui devrait marcher toute seule, et que la vieille, l'absurde routine empêche seule de se développer. Mais qu'il prenne patience : la Régie finira bien par entendre raison. Elle vient, sous la pression de l'opinion publique, d'accepter de vendre les cigarettes mexicaines; il y a deux ans, elle se décidait à mettre en circulation les Bastos d'Algérie ; à la longue, elle cédera sur ce point encore et consentira à livrer au consommateur français le meilleur des tabacs... français des colonies. Ce jour-là, le commissaire actuel de l'Exposition de la Réunion aura non seulement sa fortune assurée, ce qu'il mérite à tous égards, mais encore il aura doté notre vieille colonie d'une branche d'industrie nouvelle susceptible d'augmenter dans des proportions considérables sa force productive... et nos fumeurs français d'un tabac excellent.

Il semble que tout ceci nous éloigne de notre sujet initial, qui est la description du pavillon de la Réunion; mais non ! ce n'était pas possible en effet d'analyser les produits de cette île sans mentionner l'un de ceux qui semblent avoir le plus d'avenir, et si nous avons parlé du tabac, c'est qu'à l'heure où les vieux produits du pays, sucre, café, semblent en décroissance, il était du plus haut intérêt de signaler en première ligne cette branche nouvelle d'exploitation qui peut être destinée à assurer un jour la fortune de la Réunion.

Il semble bien sans doute que la vanille et le rhum devraient suffire à alimenter l'activité commerciale de l'île ; mais si l'on ajoute à ces deux éléments économiques si importants, le tabac ; si la consommation de ce produit, au lieu de rester stagnante et de se faire uniquement sur place, arrive à fournir à l'exportation, elle constituera un mouvement commercial considérable dont il y a lieu de tenir compte dès à présent, si l'on veut décrire utilement au point de vue pratique, l'Exposition de la Réunion.

Les organisateurs de cette Exposition n'ont pas eu pour but exclusif de faire joli, c'est-à-dire de montrer de belles et bonnes choses sous un aspect gracieux et artistique: ils ont voulu, en instruisant le public immense qui défile devant leurs vitrines, faire profiter la colonie des observations qu'il y recueille, se mettre à même de se rendre compte de la valeur du sol, lui faire voir les produits qu'on y récolte et ceux dont on devrait développer la culture. A ce titre, comme production d'avenir, le tabac devait particulièrement appeler l'attention. C'est pourquoi nous lui avons consacré la première place, en indiquant sur quelles idées générales M. Chabrier et ses dignes successeurs, ont tablé pour installer leurs intéressantes Expositions.

La construction même du pavillon de la Réunion se ressent avantageusement de ces idées pratiques. D'abord son emplacement a été admirablement bien choisi. Alors qu'aux expositions précédentes notre plus ancienne colonie était assez difficile à trouver pour le public, elle a maintenant pignon sur rue.

Reléguée jadis dans quelque coin de diorama commun à plusieurs autres colonies, elle étalait trop peu des bocaux trop rares, où ne se remarquaient, pas assez, des produits dont rien ne faisait ressortir l'intérêt.

Il en est aujourd'hui tout autrement.

A la Réunion, la fièvre paludéenne s'est dès longtemps changée en une fièvre de progrès; tout le monde a tenu à coopérer au succès de l'Exposition ; chacun y a mis du sien, et on a réussi à grouper tous les éléments possibles d'instruction et d'attraction. Ici la tâche a été rude. En l'absence de M. Chabrier, malade, Garsault a dû assumer toutes les responsabilités, prendre personnellement toutes les mesures nécessaires, veiller à tout et travailler sans relâche au succès d'une Exposition qui s'affirme enfin l'une des plus réussies.

Ajoutons que le commissariat général, en lui adjoignant le jeune Brunet, qui est l'un des collaborateurs de M. Charles Roux et qui déploie beaucoup d'intelligence, de tact et d'activité, a été on ne peut mieux inspiré.

Aujourd'hui l'Exposition de la Réunion est au complet, non seulement au point de vue personnel, mais encore au point de vue des installations et de l'organisation.

Son pavillon, très simple, très confortable et très élégant, situé dans le groupe des vieilles colonies françaises, est incontestablement le mieux placé de tous. Situé en face de la Guadeloupe, devant la Martinique, en bordure sur la grande avenue qui descend de l'aile droite du Trocadéro, il domine la Seine. De la varangue (verandah), chère à tous les créoles, qui règne tout autour de la salle d'exposition, un panorama splendide se découvre. Les jardins du Trocadéro avec leurs constructions coloniales de toutes formes et de toutes couleurs : l'Indo-Chine, à droite, montrant ses pagodes et ses palais, ses maisons annamites et tonkinoises, ses *arroyos* où circulent les *sampans* et les *jonques*; la Tunisie et l'Algérie à gauche, pointant vers le ciel toujours bleu — car la saison elle-même est toujours favorable — leurs blancs minarets; au bas de la côte, le Dahomey tout rose ; le Sénégal massif, prodigieux, inquiétant, fétichiste, dans sa mosquée Sonraï ; puis, de l'autre côté les élégants cottages du Canada, de l'Australie, les stucs surchargés d'ornements de Java, les clochers carillonnants de l'Asie russe ; en face, la Seine que nous oserons encore, quoique la métaphore apparaisse bien usée, qualifier de fleuve aux flots d'argent; et par delà, le Champ-de-Mars, immense, sublime, champ de paix cette fois, où la prodigieuse activité humaine accumula toutes ses forces, toutes ses énergies, tous ses progrès, et que clôt, — comme un rideau étincelant, flamboyant, multicolore — l'incomparable dentelle du Château-d'Eau.

J'ai tenu à insister sur cette situation exceptionnelle, parce qu'elle constitue l'un des éléments de succès de l'Exposition dont je m'occupe aujourd'hui. J'ai vu sous cette varangue qui règne autour du pavillon, les promeneurs, déjà las, que fatigue le grouillement de la foule, les artistes que préoccupe le désir de trouver un beau point de vue, je les ai vus, dis-je, venir s'asseoir sans façon dans les confortables fauteuils, les reposantes *berceuses* placés là par les soins des commissaires, et y goûter, en même temps que la fraîcheur et l'ombre, le charme d'un délicieux paysage. De même, j'ai vu, au pied du pavillon, sur la terrasse qu'occupe le bar-restaurant où se dégustent les produits du pays, j'ai vu, à cause de la douceur d'une température... coloniale, les coloniaux eux-mêmes venir s'asseoir sous les grands arbres, manger les karis les plus divers et les mangues, les bibasses, les combavas, les bananes les plus authentiques, en savourant les rhums, les cafés exquis... parce qu'on est bien là, parce qu'on y est au frais et parce que ce n'est pas cher.

Voilà ce qui frappe tout d'abord quand on vient visiter le pavillon de la Réunion.

Que si, poussé par un désir d'observation plus scrupuleuse, d'étude moins alanguie, et pour tout dire, moins paresseusement jouisseuse, on veut se rendre un compte exact de tout ce que renferme à l'extérieur et à l'intérieur cette intéressante Exposition, voici ce que l'on verra :

En dehors du pavillon dont nous avons décrit l'aspect extérieur, on trouvera un kiosque tout à fait élégant, œuvre de M. Naturel, l'architecte distingué, enfant de Bourbon qui fait honneur à son pays. Cet élégant édicule est construit entièrement en bois de l'île et contient l'exposition des Eaux et Forêts de la Réunion.

C'est là que nous pénétrerons tout d'abord, si le lecteur veut bien nous permettre de guider ses pas : de magnifiques fanjans (beaux vases ornementaux taillés dans la fougère arborescente), ornés de plantes tropicales, se dressent à l'entrée de l'avenue qui conduit au kiosque et à la porte du kiosque lui-même.

Au centre, une table couverte d'un tapis malgache (un

lambas) supporte des gradins recouverts de peluche sur lesquels sont rangés, tels des bijoux, les échantillons des bois d'origine, présentés selon la forme adoptée à l'École forestière. Cette collection des plus intéressantes est due à M. Kerourio, chef du service des eaux et forêts de la Réunion. Elle retient l'attention des spécialistes. Mais aussi quelles admirables essences! Qui ne voudrait posséder un meuble en petit ou grand natte, en tamarin, en bois noir, en benjoin, en lilas, en jacquier, en tacamaka, en bois de fer, en camphrier, une boîte à gants en branle, en copallier, en fleur jaune, en bois de rose? un petit fût en teck?...

Nombreuses sont les utilisations de ces bois magnifiques, et la preuve, d'ailleurs, en est donnée dans le kiosque même, dont le fond est occupé par un piano artistique, sonore... et juste, en ronces de bois noir, exécuté par la maison Alphonse Blondel, dont nous aurons à parler ailleurs et qui fait de véritables œuvres d'art.

Aux quatre coins du kiosque, sur des tablettes aménagées avec un goût parfait, on peut voir tous les produits de la forêt autres que les gros bois : des cannes pour lesquelles les amateurs sont légion, des pots à tabac en fougère, des échantillons de miel vert, de cire... et même d'eaux minérales... car nous en avons d'hygiéniques, d'infaillibles, etc.

Le kiosque est, comme nous l'avons dit, voisin du bar de dégustation, où le Seigneur Ricard, qui est bien de la Réunion, celui-là, débite tant d'authentiques produits. J'ai mentionné les arbres épais répandant, à l'entour du pavillon, l'ombrage tamisé de leur verdure printanière : j'ai même parlé, je crois, de *fanjans* qui font l'admirative stupéfaction des promeneurs cosmopolites. La Guadeloupe, la Martinique, en exposent bien de ces vases en racine de fougère arborescente; mais quelle colonie pourra comme la Réunion, en produire dont la taille dépasse un mètre?

« Ils sont si beaux, me disait un jour Garsault, qu'on nous les vole! »

Dans ce même kiosque une charmante vendeuse offre la *Notice*, tandis qu'une pianiste du plus grand avenir, Mme Lary d'Halencourt, auteur de nombreuses œuvres musicales estimées, fait entendre, en compagnie de M. Vachs fils, sur l'excellent piano d'Alphonse Blondel, les airs créoles les plus connus.

Et maintenant, gravissons le large escalier qui conduit à l'Exposition principale des produits de la Réunion. A l'heure où j'écris ces lignes, la foule est telle qu'à peine je puis me frayer un passage. De bien loin, sur tout le parcours de l'avenue très large qui longe le pavillon, les visiteurs s'arrêtent attirés, fascinés, oserai-je dire, par la magnifique exposition de bois, meubles, fourrages, objets en paille de M. Bellier de Villentroy, vice-président de la Chambre d'agriculture.

Cette exposition occupe tout un côté de la varangue extérieure. Là, on voit les bois du pays non plus comme de simples échantillons, mais sous la forme de belles planches et de magnifiques meubles réparés et revernis par les soins du délégué spécial, notamment un cartonnier en dix-huit essences différentes de bois du pays et des malles de bois de camphrier fort belles.

S'il m'était permis d'exprimer ici, avec tout le respect qu'on doit à une réputation consacrée comme celle des établissements du Chaudron, d'exprimer un simple regret d'artiste ou même d'amateur ayant l'habitude du meuble, je dirais qu'il est fâcheux que M. Bellier de Villentroy ait coté à des prix véritablement inabordables les ravissants spécimens de son industrie qu'il a bien voulu nous envoyer.

La concurrence est grande à l'Exposition. Sans parler de la production européenne, on peut dire que le Tonkin l'Algérie, la Tunisie, Ceylan fabriquent de l'ébénisterie... mieux qu'au faubourg Saint-Antoine, avec des essences plus rares. Nul climat, sans doute, ne nous donnera les bois parfumés, résistants, élégants, qu'on trouve à la Réunion et que M. Bellier de Villentroy fait travailler avec tant de goût... mais encore faut-il tenir compte des besoins et des ressources de son époque.

De l'autre côté de la varangue se trouve une exposition scolaire des plus importantes. L'école centrale de Saint-Denis, celle de Saint-Pierre, s'y font remarquer parmi bien d'autres, pour les écoles de garçons. L'école du camp Ozoux, celle de Saint-Leu, celle de la Rivière-Saint-Denis sont à citer parmi les écoles de filles. Des travaux ornés de belles photographies sur l'historique de l'enseignement primaire par M. J.-B. Bossard, inspecteur primaire à la Réunion, et Laffon, directeur de l'École centrale de Saint-Denis, sont également exposés dans la première vitrine et méritent toute l'attention[1].

Enfin, deux autres vitrines ornent le reste des côtés libres de la varangue ; dans l'une se trouvent des travaux de dame d'une finesse, d'une élégance, d'un goût exquis. Les objets en paille de chou-chou, notamment ceux de Mmes Blanche Dubourg et Élisa Payet, y sont renfermés et brillent à travers les glaces avec de curieux reflets de métal et de soie ; dans l'autre vitrine se trouvent les vête-

---

1. Un autre travail de M. Mounier, chef du service de l'Instruction publique, nous a été signalé par M. le Délégué spécial, mais il avait probablement été classé ailleurs, il ne faisait pas partie de l'Exposition de la Réunion.

ments d'une coupe distinguée, exposés par M. Maurice Lagrave, et les chaussures de M. Paul Guiraud.

Pénétrons enfin dans la salle centrale. L'ensemble général est réellement beau.

La décoration due à la collaboration de MM. Garsault, Naturel et de Kervéguen est à la fois sobre, harmonieuse, riche, sérieuse et attrayante.

La salle, éclairée sur les quatre côtés par de hautes verrières placées entre le plafond et le sommet de la varangue extérieure, est tendue d'une étoffe d'un vert un peu éteint, très décoratif, sur lequel se détachent les vitrines en bois du pays (natte ou acajou) contenant des rayons recouverts de peluche d'un rouge sombre.

A hauteur d'appui, une table appuyée au mur fait le tour de la pièce ; elle supporte des gradins recouverts de velours grenat montant jusqu'à la moitié de la hauteur des murs.

Cette disposition, qui permet de donner place à de nombreux produits et de les classer d'une manière agréable à l'œil, n'eût pourtant pas été suffisante pour donner satisfaction à tous les exposants de la Réunion. Une table centrale a dû être ajoutée, et c'est celle qui se présente tout d'abord à l'œil du visiteur.

Trois principaux exposants occupent la table centrale :

En face de la porte, le Crédit foncier colonial avec une riche exposition de vanilles, quinquinas, sucres, thés, liqueurs, cafés, graines, etc. A droite, les établissements Colson et Cie avec des plans d'usine, et de belles photographies, une vitrine spéciale pour les cafés, un tonneau élégant contenant du rhum de 50 ans, des flacons en cristal ciselé contenant du vin de litchis, des sucres, des alcools divers ; à gauche, M. Charles Choppy avec une élégante vitrine pour ses vanilles et de superbes bocaux pour ses sucres et ses cafés ;

En face de la table centrale, entre deux grandes vitrines, M. de Kervéguen occupe une place dont le décor est beaucoup remarqué : sur un fond occupé par une panoplie de sagaies et d'armes diverses se détachent d'élégants bocaux contenant des huiles, des vins, des rhums, des sucres, des cafés, et deux jolies vitrines pour les tapiocas et les vanilles.

Un choix de laves du volcan de la Réunion et de nombreuses statuettes représentant des serviteurs indous complètent d'une façon originale cette fort belle exposition. C'est également M. de Kervéguen qui a prêté les tableaux de fruits du pays ornant d'une manière heureuse les murs du pavillon.

Notons, du même côté, la vitrine contenant les tabacs Garsault, admirablement disposée, et celle contenant les essences. Cette dernière est ornée d'un fort beau tableau ancien, attribué à Van Dyck.

De tous côtés, sur les gradins, les expositions particulières se dressent en pyramides, ornées de peluche, séparées par des flots de satin vert dont les bouillonnés gracieux dessinent d'élégantes arabesques. Des liqueurs remplissant des flacons de cristal aux reflets de couleurs brillantes, des rhums dans des bouteilles de toute forme, des alcools, des condiments, des graines, des cafés, des sucres, des chocolats, des plantes aromatiques, des tapiocas, des conserves, des miels, des cires, des vins de fruits tropicaux, des produits pharmaceutiques, etc., s'étagent, étincellent, chatoient et attirent les regards de tous les côtés à la fois.

Le long des murs sont disposés de nombreux tableaux de plantes médicinales, œuvre particulièrement intéressante de M. Duchemann, instituteur à Saint-Paul. Une peinture du sultan Saïd Ali représentant le site célèbre du Bernica à Saint-Paul est également fort remarquée.

Mais nous voici devant le bijou et la merveille de l'Exposition de la Réunion.

C'est la vitrine contenant des vanilles.

Elle est disposée avec un art charmant, et il n'est pas de photographe visitant le pavillon de la Réunion qui ne demande l'autorisation de la reproduire.

Ce sont des séries d'élégantes boîtes vitrées où les vanilles les plus belles de notre colonie reposent sous leur couche de givre. Dès écussons très artistiques où sont peints les noms des exposants se détachent sur l'acajou des boîtes argentées; et partout autour de ces boîtes, empiétant parfois sur le cristal des vitrines, des lianes de vanilles tressées courent, grimpent, retombent en grappes, et se pressent enfin pour s'échapper de la vitrine et former au-dessous du motif principal de la décoration les deux lettres R. F. nattées comme des cheveux et embaumées de tout le parfum de l'exquise vanille de la Réunion.

Garsault doit être blasé sur les compliments qu'on lui a faits au sujet de cette admirable vitrine. Nous ne pouvons cependant terminer cet article sans lui renouveler tous les nôtres.

Si nous comparons l'Exposition de la Réunion à celle des deux autres colonies du même groupe, la Martinique et la Guadeloupe, nous sommes frappés par la vitalité que prouvent l'abondance et la qualité des produits exposés.

Mais que dirons-nous si nous la comparons à celle de l'île Maurice, sa voisine et sa rivale anglaise de la mer des Indes ! Tout l'avantage est sans contestation possible en faveur de la Réunion.

Un pays qui peut donner sur un territoire cultivé depuis si longtemps, des produits semblables n'est certes point un pays mort. Le seul reproche qu'on pourrait lui faire, c'est de suffire trop largement à l'existence de ses habitants.

Qu'ils ne s'endorment pas dans leurs délices de Capoue; qu'ils imitent l'exemple de ce Noir qui trouva, dit-on, le moyen de féconder la vanille ; malgré la quantité des produits qu'ils ont tirés du sol, malgré les sommes formidables qu'en ont extraites la métropole ou l'étranger... qu'ils travaillent, qu'ils progressent, et la bonne mère nourricière qu'est la Réunion, cette vache à lait, comme l'appellent irrévérencieusement certains économistes contempteurs, ne leur refusera ni les moyens d'existence, ni la fortune.

Si l'un de ses seins (celui du coton par exemple) tarit, l'autre, celui de la vanille, du rhum, du tabac apparaîtra plus gonflé, plus chargé de richesses, grâce au concours des travailleurs que le Gouvernement ne peut manquer d'envoyer prochainement dans la colonie, en les empruntant au trop-plein de l'Inde française.

Il appartient aux générations nouvelles de ménager les anciennes cultures, de les rénover, s'il se peut, et de diriger, dans tous les cas, leurs efforts vers les cultures nouvelles qui sont le salut et l'avenir.

Ce faisant, elles auront bien travaillé pour notre vieille colonie de la mer des Indes et pour la France républicaine qui veut la prospérité de tous ses enfants : ceux que lui ont laissés les régimes passés et ceux qu'elle-même enfanta.

BOULAND DE L'ESCALE,
Secrétaire du Congrès international de sociologie coloniale.

Par suite des conditions qui nous ont été imposées par l'Administration supérieure et en raison du court délai qui nous a été laissé pour la publication de cette notice, il nous a été impossible d'insérer plusieurs études fort intéressantes et très documentées, mais dont l'étendue dépassait le cadre de cet ouvrage ; d'autres travaux nous sont parvenus trop tard pour paraître dans ce volume. Nous nous sommes bornés à présenter sous forme de tableaux ce qui concerne les fourrages, les parasites de la canne à sucre et du café, et nous avons dû résumer en certaines parties les monographies relatives à l'Instruction publique, au chemin de fer et au port, à la culture du tabac ainsi que le travail si littéraire du Dr Vinson. Par contre, nous avons pu ajouter l'excellent article de M. Bouland de l'Escale sur l'Exposition de la Réunion. Cet appendice qui complète heureusement la notice permettra aux lecteurs qui n'ont pu visiter le pavillon de se rendre compte de tout l'intérêt de cette originale Exposition.

L'Éditeur.

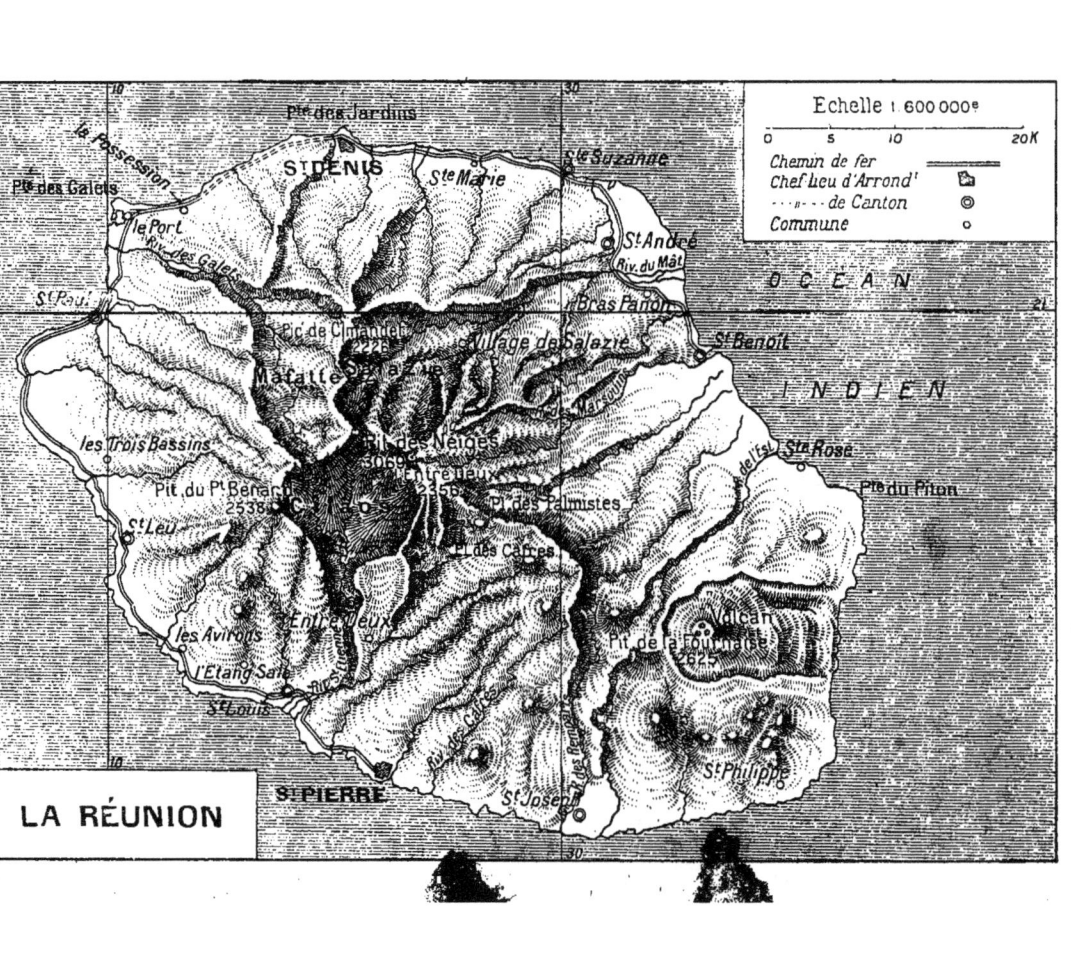

TABLE DES MATIÈRES

	Pages
Avant-Propos	v
Collaborateurs de la présente publication	vi
Comité d'Exposition de Saint-Denis	vii

Géographie : L'île aujourd'hui. — Aspect actuel. — Coup d'œil général sur la colonie. — Une idéale pyramide. — Le tour de l'île en bateau. — Panorama des quartiers. — Un phare digne de la Réunion......................... 1

Géographie : L'île autrefois. — Son histoire géologique. — Sa découverte. — Son utilisation. — Principaux événements de la vie politique de la colonie jusqu'à nos jours. — Son organisation actuelle............................. 17

Les forêts de la colonie : Superficie. — Constitution des forêts particulières et domaniales. — Produits des forêts de la colonie. — Importation des bois dans la colonie. — Reboisement.. 33

Le Tabac : Différentes espèces. Semis. Dernier repiquage. — Mise en nourrice, écimage. — Coupe. Repousses. — Porte-graines. — Mise à la pente. — Influence sur la combustibilité. — Mise en carottes. — Fermentation. — Emploi du tabac. — Mode de fabrication et de vente. — Bénéfices des fabricants. — Exportation. — Cigarettes du Moulin-Joli. — Impôts. — Rendements. — Conseils à l'usage des planteurs de tabac de la Réunion............................... 63

Vanille, Thé, Cultures diverses.................. 103

Les Plantes médicinales......................... 117

Faune 140

Service de l'Instruction publique : Administration et législation. — Organisation du service. — Enseignements supérieur, secondaire, primaire. — Le Collège royal. — Le Lycée. — Cours normal annexé au Lycée. — École normale. — Inspection primaire. — École primaire centrale. — École manuelle d'apprentissage.................................. 147

Chemin de fer et Port de la Réunion : Historique. — Construction du port. — Aménagements du port. — Projets d'amélioration. — Matériel. — Chemin de fer. — Voie. — Matériel et traction. — Exploitation du port et du chemin de fer. — Administration et personnel. — Statistique........... 187

Les Travaux publics : Routes et ponts. — Édifices publics. — Travaux maritimes. — Travaux hydrauliques. — Établissements quarantenaires et sanitaires........................ 225

Eaux minérales : Plaine des Palmistes. — Mafatte. — Cilaos. — Salazie, source pétrifiante....................... 235

Statistique : Service financier. — Budget de 1899. — Tableaux des importations et des exportations. — Service monétaire. — Le télégraphe. — La main-d'œuvre, les denrées coloniales. — Le change. — Les marchandises d'importation. 249

Enquête sur l'avenir de la Colonie................ 265

Documents annexes : L'élevage des animaux de l'espèce bovine. — Notes sur les maladies contagieuses des animaux domestiques. — Liste des fourrages employés ou à utiliser à la Réunion. — Liste des parasites de la canne à sucre et du caféier... 271

Les Rapports avec la mère-patrie : L'absence du câble sous-marin. — Les Compagnies de navigation. — Les conditions de la vie actuelle dans la colonie..................... 281

Appendice : Le pavillon de la Réunion à l'Exposition Universelle.. 291

www.ingramcontent.com/pod-product-compliance
Lightning Source LLC
Chambersburg PA
CBHW050315170426
43202CB00011B/1901